马克思主义研究文丛

马克思哲学思想发展史研究

马克思哲学思想发展的内在逻辑

（第一卷）

张一兵◎主编

中央编译出版社

图书在版编目（CIP）数据

马克思哲学思想发展史研究：1—6卷 / 张一兵主编. —北京：中央编译出版社，2018.8
ISBN 978-7-5117-3577-5

Ⅰ. ①马…
Ⅱ. ①张…
Ⅲ. ①马克思主义哲学 - 研究
Ⅳ. ①B0 -0

中国版本图书馆 CIP 数据核字（2018）第 118289 号

马克思哲学思想发展史研究：1—6 卷

总 策 划	
出 版 人	葛海彦
出版统筹	贾宇琰
责任编辑	杜永明
美术编辑	王洪广　吴成英
责任印制	刘　慧
出版发行	中央编译出版社
地　　址	北京西城区车公庄大街乙 5 号鸿儒大厦 B 座（100044）
电　　话	（010）52612345（总编室）　（010）52612339（编辑室）
	（010）52612316（发行部）　（010）52612346（馆配部）
传　　真	（010）66515838
经　　销	全国新华书店
印　　刷	三河市华东印刷有限公司
开　　本	710 毫米×1000 毫米　1/16
字　　数	1863 千字
印　　张	125.5
版　　次	2018 年 8 月第 1 版
印　　次	2018 年 8 月第 1 次印刷
定　　价	490.00 元

网　　址：www.cctphome.com　　　邮　箱：cctp@ cctphome.com
新浪微博：@ 中央编译出版社　　　微　信：中央编译出版社(ID: cctphome)
淘宝店铺：中央编译出版社直销店（http://shop108367160.taobao.com）
　　　　　（010）55626985

本社常年法律顾问：北京市吴栾赵阎律师事务所律师　闫军　梁勤
凡有印装质量问题，本社负责调换，电话：（010）55626985

五月五 🤝

总　序

张一兵

马克思是全世界无产阶级和劳动人民的革命导师，是马克思主义的主要创始人，是马克思主义政党的缔造者和国际共产主义的开创者，是近代以来最伟大的思想家。他给我们留下的最有价值、最具影响力的精神财富，就是以他名字命名的科学理论即马克思主义。它犹如壮丽的日出，照亮了人类探索历史规律和寻求自身解放的道路。马克思主义的诞生是人类历史上具有划时代意义的一件大事件，是人类文明孕育出来的最绚丽的果实；它构成了人类文明历史长河中的一部绚丽史诗，是人类伟大思想遗产交响乐中的一部恢宏的青春乐章；它见证了历史的百年沧桑和风云巨变，演绎出一幅波澜壮阔的历史画卷。自马克思诞辰至今，两个世纪过去了，人类社会也发生了巨大而深刻的变化，但马克思的名字依然如暴风雨中的惊雷响彻云霄，他的学说依然闪烁着无比耀眼的真理光芒！2018年是马克思诞辰200周年，也是《共产党宣言》公开发表170周年，更是中国改革开放40周年。站在新时代的制高点上，深切缅怀马克思的伟大人格和历史功绩，重温马克思的崇高精神和光辉思想，深刻领会和把握马克思主义的真精神，奋力开创21世纪马克思主义和当代中国马克思主义研究新篇章，是当今时代赋予当代中国马克思主义理论工作者的一项神圣而又光荣的历史使命。

一、今天我们为什么要纪念马克思？

"五百年沧海桑田，三千载世事浮沉。"恩格斯曾预言说，马克思的英名和事业将永垂不朽！200年波澜壮阔的历史，已充分证明，恩格斯的预言是无比正确的！

200年后的今天，我们之所以要隆重地纪念这位伟大思想家，是因为他揭示了人类社会发展的普遍规律和资本主义社会发展的特殊规律，创立了马克思主义，为人类认识世界、改造世界提供了强大的思想武器，为无产阶级革命和人类解放事业指明了前进方向。恩格斯说，资产阶级革命时代是一个需要巨人而且产生了巨人的时代，他们的历史使命是为现代资产阶级统治打下基础。① 同样，无产阶级革命时代也需要自己的巨人，从而为无产阶级和人类解放打下基础。马克思无疑是那个时代造就的最伟大的巨人。他结合时代发展趋势，围绕人类向何出去、资本主义向何处去以及人类解放的主导力量等重大问题展开深入研究，在充分继承人类优秀文化遗产，特别是英、德、法优秀文化成果的基础上，科学地解答了这些重大问题，揭示了人类社会发展的普遍规律和资本主义发展的特殊规律，将社会主义奠基在科学的基础之上，创立了马克思主义学说，为人们认识世界、改造世界提供了科学武器。真金不怕火炼，真理不怕时间考验！与马克思所处的时代相比，当今世界确实发生了翻天覆地的变化，但不得不承认，我们依然处在马克思所指明的历史时代，人类社会至今仍然生活在马克思所阐明的发展规律之中。习近平总书记指出，在人类思想史上，就科学性、真理性、影响力、传播面而言，没有一种思想理论能达到马克思主义的高度，也没有一种学说能像马克思主义那样对世界产生了如此巨大的影响。真理的力量是不可战胜的。实践证明，无论时代如何变迁、科学如何进步，马克思主义依然显示出科学思想的伟力，依然占据着真理和道义

---

① 《马克思恩格斯选集》第4卷，人民出版社1995年版，第262页。

的制高点。

200年后的今天,我们之所以要隆重地纪念这位伟大思想家,是因为他的思想深刻改变了世界历史的进程。马克思毕生的志向和初心就是要实现无产阶级和全人类解放。英国马克思主义历史学家霍布斯鲍姆将马克思生活的时代,称为"革命的年代",即工业革命和法国大革命的双元革命时代。资产阶级在不到一百年的时间里创造了巨大生产力,开创了世界历史,取得了伟大的历史成就,但同时也充分暴露了资本主义的内在矛盾。站在时代发展的制高点上,马克思已充分认识到,资本主义不可能是人类社会的终点,它必将被一种更高的社会形态所代替:作为资产阶级的掘墓人,无产阶级将肩负起时代赋予他们的历史使命,成为世界历史的真正主人,无产阶级革命已成为当时不可逆转的时代潮流。因此,马克思将毕生心血投入到资本主义生产方式批判和无产阶级革命运动,献身于全人类解放的伟大共产主义事业,创立了科学社会主义和无产阶级政党理论,点燃了全世界劳苦大众的热切希望,为人类解放事业提供了指路明灯。

"没有革命的理论,就不会有革命的行动。"马克思主义是人类解放的头脑,无产阶级是人类解放的心脏;马克思主义把无产阶级当作自己强大的物质武器,无产阶级把马克思主义当作自己强大的精神武器。马克思主义与无产阶级的结合,宣告了伟大的无产阶级革命时代的到来。在马克思主义的指导下,共产主义和社会主义从一种空想变成了一种科学,从一种学说变成了一种现实的运动,从一种被蔑视的"幽灵"变成了一项最崇高的伟大事业。马克思逝世时,恩格斯曾悲痛地评价道:"我仍然不能想象,这个天才的头脑不再用他那强有力的思想来哺育两个半球的无产阶级运动了。我们之所以有今天的一切,都应当归功于他;现代运动当前所取得的一切成就,都应归功于他的理论的和实践的活动;没有他,我们至今还会在黑暗中徘徊。"① 从第一国际到巴黎公社再到西欧各国无产阶级政党的成立,共产主义事业在欧洲大地上不断生根发芽、茁壮成长,虽然共产主义运动在西欧遇到了种种挫折和强大阻力,未能取得无产阶级革命的最终胜

---

① 《马克思恩格斯选集》第4卷,人民出版社1995年版,第655—656页。

利，但它却在世界范围内高高举起了共产主义旗帜，为人类解放事业积累了宝贵经验，激励着一代又一代的共产党人和人民大众为之"抛头颅、洒热血"。马克思的事业是欧洲的，更是全世界的。经过西欧无产阶级革命的洗礼，马克思的事业从西方走向世界，并在古老的东方结出了最璀璨的果实。十月革命的胜利，打破了资本主义一统天下的世界格局，建立了世界上第一个社会主义国家——苏联，实现了社会主义从科学理论到社会现实的转变，使马克思的事业变成了现实，开创了人类历史的新纪元。世界社会主义运动的中心也由此从西方转移到东方，被压迫国家的民族解放运动成为时代发展的潮流。第二次世界大战结束后，一大批社会主义国家诞生，特别是中华人民共和国的成立，极大地壮大了世界社会主义力量，深刻改变了人类历史的总体格局和发展趋势。

200年后的今天，我们之所以要隆重地纪念这位伟大思想家，是因为他的思想彻底改变了中国。中国曾经是世界上最强大的国家，为人类文明发展作出了重大贡献。1840年鸦片战争以来，长期领先世界的东方大国渐渐沦为西方列强欺凌的对象，中国也沦为半殖民地半封建社会。19世纪50年代，针对中国社会的发展趋势，马克思曾预言，"过不了多少年，我们就会亲眼看到世界上最古老帝国的垂死挣扎，看到整个亚洲新纪元的曙光"①，并科学预见了"中国社会主义"的出现，甚至还为他们心中的新中国取了一个靓丽的名字——"中华共和国"②。在中华民族积贫积弱、任人宰割的时期，各种主义和思潮都进行过尝试，资本主义道路没有走通，改良主义、自由主义、无政府主义、民粹主义等也都"你方唱罢我登场"，但都没有解决中国的前途和命运问题。

"十月革命一声炮响，给我们送来了马克思列宁主义。"中国选择走马克思指出的革命道路，选择马克思列宁主义，是历史的、人民的、实践的必然选择。在马克思列宁主义与中国工人运动相结合的过程中，中国共产党诞生了，这是一件开天辟地的大事件。中国共产党一经成立，就始终把马克思主义这一科学理论作为自己的行动指南，把实现共产主义和中华民

---

① 《马克思恩格斯选集》第1卷，人民出版社1995年版，第712页。
② 《马克思恩格斯全集》第7卷，人民出版社1959年版，第265页。

族伟大复兴作为己任，带领中国人民创造了一个个惊天动地的人间奇迹，谱写了一曲曲气吞山河的壮丽史诗，实现了中华民族从站起来到富起来再到强起来的伟大飞跃。中国特色社会主义进入新时代，开创了科学社会主义事业的新篇章。中国共产党在近百年的奋斗中所取得的成就，比中国历史上任何一个时代、比国际上同时期任何一个政党取得的成就还要多还要大！它深刻改变了近代以来中华民族发展的方向和进程，深刻改变了中国人民和中华民族的前途和命运。

中国共产党是马克思事业最忠诚的继承者和发展者，也是马克思主义精神的忠实传人。习近平总书记指出，马克思主义是我们立党立国的根本指导思想，背离或放弃马克思主义，我们党就会失去灵魂、迷失方向。90多年来，中国共产党之所以能够完成近代以来各种政治力量不可能完成的艰巨任务，就在于始终把马克思主义这一科学理论作为自己的行动指南，并坚持在实践中不断丰富和发展马克思主义。中国社会的革命性变革以铁一般的事实证明，若没有马克思主义的指引，就不可能有中国革命、建设、改革的成功，就不可能有中华民族迎来伟大复兴光明前景的新时代；中国社会的革命性变革以铁一般的事实证明，只有坚持中国共产党的领导，在实践中丰富和发展马克思主义，才能不断谱写科学社会主义事业的新篇章；中国社会的革命性变革以铁一般的事实证明，中国共产党是马克思主义精神的忠实继承者，背离了马克思主义，就没有中国的现在和未来。

今天，我们纪念马克思，是为了深刻铭记马克思人类解放的毕生志向和价值情怀，做到不忘初心，牢记使命；我们纪念马克思，是为了深刻感悟和把握马克思主义的真理力量，坚定马克思主义信仰，永葆共产党人的精神风范；我们纪念马克思，是为了深刻领会和熟练掌握马克思主义立场、观点、方法，坚持以人民为中心的研究导向，在实践中不断丰富和发展马克思主义，努力赋予马克思主义以新的时代内涵，积极推进21世纪马克思主义的创新发展；我们纪念马克思，是为了深刻彰显马克思主义与时俱进的理论品格和实践特质，坚持问题导向，系统解答时代和实践提出的重大课题，将马克思主义蕴含的科学原理和科学精神运用到统揽"四个伟大"的实践中去，奋力谱写新时代坚持和发展中国特色社会主义新篇章，不断开创21世纪马克思主义研究新境界。

二、奋力开创21世纪中国马克思主义研究新篇章

时代是思想之母，实践是理论之源。伟大的时代铸就伟大的思想。真正的哲学是时代精神的精华，是文明的活的灵魂。任何一种伟大的思想都不是凭空产生的，而是在聆听时代声音、回应时代呼唤、分析和解决重大而紧迫的时代问题中产生的。马克思主义不是书斋里的学问，而是为了改变人民历史命运而创立的，是在人民求解放的实践中形成的，也是在人民求解放的实践中丰富和发展的。马克思主义之所以永葆生机活力，就在于它不是一个封闭僵化的理论体系，而是随着时代、实践、科学发展而不断发展的开放的理论体系，它并没有终结真理，而是开辟了不断通向真理的道路。实践发展永无止境，我们认识真理、进行理论创新，就永无止境。

马克思主义具有与时俱进的理论品质。恩格斯说："我们的理论是发展的理论，而不是必须背得烂熟并机械地加以重复的教条。"[①] 马克思主义不是教条，而是行动指南，必须随着实践的发展而发展。一部马克思主义发展史就是马克思、恩格斯以及他们的后继者们不断根据时代、实践、认识发展而发展的历史，是不断吸收人类历史上一切优秀思想文化成果丰富自己的历史。如果不顾历史条件和现实条件的变化，把马克思主义当成教义，或从马克思主义经典作家那里搜集一大堆语录，生硬地"裁剪"活生生的现实实践，那就窒息了马克思主义的生命力，这绝不是真正的马克思主义者应有的行为和态度。

教条主义和实用主义地对待马克思主义，绝不是真正的马克思主义者。19世纪70年代末80年代初，法国第一个无产阶级政党法国工人党成

---

① 《马克思恩格斯选集》第4卷，人民出版社1995年版，第681页。

立，马克思、恩格斯同马克思的女婿拉法格等人共同制定了法国工人党纲领，马克思起草了纲领的导言。不过，由于理论问题的分歧，法国工人党一开始就分为两个派别：一派积极宣传科学社会主义理论；一派则要求取消马克思参与制定的党纲，反对社会革命，主张改良主义。不过，机会主义改良派却自我标榜为"马克思主义者"，他们打着马克思主义的旗号，做着与马克思主义完全相悖的事情。关于这种"马克思主义者"，马克思生前曾对他的女婿拉法格说，如果他们算是马克思主义者的话，"我只知道我自己不是马克思主义者"[①]。恩格斯后来曾多次转述马克思的这句话，来批判被德国社会民主党内部"青年派"和德国学界歪曲得面目全非的或教条化的"马克思主义"。恩格斯说，如果马克思还在世的话，可能会把海涅对自己的模仿者说的话转送给那些所谓的"马克思主义者"："我播下的是龙种，而收获的却是跳蚤。"[②]

自觉学习、掌握、运用马克思主义立场、观点、方法来分析问题、解决问题，是真正马克思主义者的重要品质。马克思主义立场观点方法是马克思主义科学思想体系的精髓和活的灵魂。中国共产党是马克思主义最坚定的坚持者和发展者。中国共产党始终坚持解放思想、实事求是、与时俱进、求真务实的思想路线，把马克思列宁主义基本原理同中国具体实际和时代特征结合起来，不断在实践中丰富和发展马克思主义，取得了一个又一个具有重大标志性的理论创新成果。习近平新时代中国特色社会主义思想是马克思主义中国化的最新成果，开创了马克思主义中国化的新境界，是当代中国的马克思主义和21世纪的马克思主义，是新时代全党全国人民为实现中华民族伟大复兴而奋斗的行动指南。

马克思主义的研究中心和话语权，总是随着社会主义革命和建设实践的发展而不断变化。实践需要是推动马克思主义研究走向繁荣发展的根本动力，后者是与社会主义事业的发展以及对马克思主义理论的需求程度成正比的。哪里有火热的社会主义实践运动，哪里就有强大的研究动力。苏东剧变之后，中国共产党带领中国人民勠力同心、砥砺奋进，使社会主义

[①] 《马克思恩格斯选集》第4卷，人民出版社1995年版，第691页。
[②] 《马克思恩格斯选集》第4卷，人民出版社1995年版，第695页。

走出低谷，开创了中国特色社会主义建设的新局面。党的十八大以来，中国特色社会主义进入新时代，开启了全面建设社会主义现代化强国的新征程，这是一项前无古人的伟大创举。这不仅意味着中国在世界上高高举起了中国特色社会主义伟大旗帜，也意味着中国已经肩负起了时代赋予它的神圣使命，成为世界社会主义运动的中流砥柱。

世界马克思主义的研究格局正在发生不可逆转的变化。十月革命胜利之后，世界社会主义运动的中心实现了转移，而马克思主义研究的重心也随之从第二国际转移到苏联。然而，在后来的发展中，苏东社会主义国家并没有真正继承马克思主义活的灵魂，将马克思主义基本原理与本国国情结合起来，创造性地继承和发展马克思主义，而是走了一条从教条主义到修正主义再到取消马克思主义的错误道路，最终导致苏东剧变、改旗易帜。国际共产主义运动遭遇重创，马克思主义研究举步维艰。另一方面，作为一股重要思潮，西方马克思主义虽然在马克思主义研究方面取得了丰硕的理论成果，但它一开始就是西欧无产阶级革命失败的产物，注定只能走与社会主义实践运动相脱离的学院化道路，日趋边缘化。20世纪70—80年代后，作为一个基本派别的"西方马克思主义"逐渐解体，形成了更加多元、更加多样的研究格局，表面上呈繁荣发展之势，实质上却日益碎片化，愈来愈脱离民众，实践效果日益式微。

马克思主义研究的中心必将转向中国，这是社会历史发展的必然。伟大的思想激荡人心，壮丽的事业催人奋进。这里有世界上最强大的马克思主义政党作为领导核心，有世界上最伟大的中国特色社会主义实践提供肥沃土壤，有最鲜活的习近平新时代中国特色社会主义思想作为指导；这里有世界上最强大的马克思主义理论研究需求，有世界上最强大的马克思主义研究队伍。新时代的号角已经吹响，新征程的旗帜猎猎飘扬。在习近平新时代中国特色社会主义思想的指导下，新时代中国特色社会主义，必将引领21世纪世界社会主义走向光明，马克思主义也必将在当代中国和当代世界放射出更加灿烂的真理光芒。世界社会主义运动看中国，繁荣发展马克思主义的重任也必将落在中国身上，这是新时代中国特色社会主义伟大实践、世界社会主义运动和人类社会发展的必然结果。

当代中国马克思主义理论研究者要自觉肩负起时代赋予的光荣使命，坚持以人民为中心的研究导向，立足中国实际，充分吸收人类创造的一切优秀文化成果，认真研究、解决新时代中国特色社会主义伟大实践中遇到的重大理论和现实问题，提炼出有学理性的新理论，概括出有规律性的新实践，为发展21世纪马克思主义贡献中国智慧、中国经验，奋力开创21世纪马克思主义研究新局面。

三、学术传统的传承与发展：面向新时代的马克思主义哲学研究

1978年，以南京大学青年教师胡福明为主要作者撰写的《实践是检验真理的唯一标准》一文揭开了全国关于真理标准大讨论的序幕，为重新确立解放思想、实事求是的思想路线作出了重大贡献，拉开了我国改革开放的序幕。思想解放和社会生活的大转型，为中国马克思主义研究的繁荣发展注入了强劲动力。经过40年的不懈努力和艰苦探索，我国马克思主义研究已走出了传统的教科书体系和同质性的思维范式，形成了独具特色的多元解读模式和研究范式，体现了中国马克思主义研究者高度自觉的方法论和创新意识，开创了我国马克思主义哲学研究的新局面，积极推动了我国哲学社会科学的繁荣发展。

回顾40年的发展历程，南京大学马克思主义哲学学科点一直坚持问题导向，与时代同呼吸、共命运，在不同时期都取得了具有重要标志性的理论创新成果，形成了鲜明的学科特色和专业优势，成为国际范围内具有重要影响的马克思主义哲学研究重镇之一。南京大学马克思主义哲学学科点之所以能够形成自己的学科特色和优势，并发展为国内马克思主义哲学研究的重镇之一，首先得益于孙伯鍨先生开创的具有鲜明特色的南京大学马克思主义哲学史研究传统，它不仅是过去、现在，而且必将是未来推动我们在马克思恩格斯哲学思想研究领域进一步前进的不竭动力。在我看来，这种学术传统主要表现在以下三个方面。

（一）开创了马克思主义哲学史研究的"深层历史解读法"，我将其称为"文本学解读模式"

长期以来，国内学界的传统研究模式大致是从苏联著名的《联共（布）党史》的斯大林体系袭承而来的。《联共（布）党史》的内在逻辑是一种绝对的辉煌史。这种治史观的方法，是根据一定的意识形态现实需要，将一定的目标设定为中心轴线，来座架历史事件和史料。我们固然可以说，这种产生于特定意识形态斗争情境下的治史构架其初始动机是"好的"，但这毕竟改变不了它的主观唯心主义的历史学逻辑，因为它的理论本质是以主观意图来座架历史，从而是一种在根本上与马克思主义相悖的历史方法论。具体而言，它的主要缺陷在于：

（1）目的论预设。目的论预设是黑格尔神正论史学观的一种特定翻版。在唯心主义大师黑格尔那里，绝对观念（过去的上帝）自始就注定是要实现出来的，它可以历经精神现象的各个阶段，通过自身异化的设定与扬弃，获得向自身的回归。在传统苏东式的马哲史研究中，这种目的论预设实为治史的隐性基础。以这种思路入手的话，在概念史的逻辑中，马克思天生就是要创立历史唯物主义的，我们作为后人，要做的只不过是在编年史的记载中，厘清马克思思想发展的不同阶段，并从中找出历史唯物主义的萌芽和生长点，进而重现其不断实现的过程。然而，事实上，1845年之前的马克思并不知晓、也并未认定自己将会创立出一种名为历史唯物主义的理论。马克思是在无产阶级革命斗争的现实中，在革命实践的推动下，历经无数艰难的理论探索，才逐渐确立起这种科学理论的。（2）同质性思维和线性进化论。这种研究模式非历史地预设了马克思（恩格斯）不同文本之间的虚拟同质性，即先验地假设《马克思恩格斯全集》从第一卷到第五十卷，每一句话都是一样的真理，都可以从专题式的语录摘编中无视语境任意引用并任意发挥。换言之，在传统马克思主义哲学史研究中，研究者总是试图以思想发展的绝对连续性为指导纲领，来统筹马克思哲学思想发展过程，制造一个逻辑上完全一致的、顺理成章的、思想流畅的马克思，或者永远正确的马克思。但问题在于，每一个人的思想进程不可避免地总会有一些错误、失败和中断，恰恰就是在这些表面看似中断和失败的地方，往往蕴涵着思想深层的变革和跃迁。真实的马克思恩格斯并不是神，他们身上也有许多缺点和不足，他们的思想发展也曾经历过矛盾、冲突的过程。在创立历史唯物主义之前，马克思曾经历过一个民主主义和唯心主义的思想阶段。从当时的那些文本中，我们可以清晰断定，他当时曾受到多种思想的影响，并经历过不同逻辑和线索的密切交织与急剧冲突。即使到了1845年之后，马克思的思想依然处在一个不断深化的过程中。在整整十余年复杂而艰辛的探索之后，历史唯物主义才宣告彻底成熟。然而，过去那种同质性和线性进化论的思维方法，恰恰阉割了马克思恩格斯思想发展的这种异质点和逻辑转换。（3）用"原理"反注文本。在传统研究模式中，研究者往往认为，苏东斯大林式教科书体系代表了马克思主义的"基本原理"，而我们的研究只不过是到文本之中寻找"原理"和"观点"。结果，马克思原来文本写作中的历史性生成和针对不同对象的理论专题，被非历史地分割成"唯物论"、"辩证法"、"认识论"和"历史观"，马克思文本所具有的完整历史语境和总体性意义被人为地肢解了。结果，对马克思哲学思想的研究过程，变成了一种依据原理"按图索骥"的过程。

早在20世纪70—80年代，以孙伯鍨先生为代表的老一代学者就致力于走出传统教科书体系，希望通过方法论的自省和反思，开创属于中国马克思主义学派自己的思想史研究方法。在孙先生看来，与教科书上的原理相比，马克思的文本才是最基础的。早在语录、原理和口号当道的时代，孙先生就提出了回到文本的治学思路。孙先生有句名言："不认真阅读马列主义原著，说话是没根的。"由于孙先生是学历史出身的，因此，当他面对马克思的文本时，能够始终秉持历史主义的态度，区别对待马克思不同时期的文本，并力图通过理论逻辑和历史逻辑的深度解读，清晰厘定文本思想发展的历史脉络及其格式塔转换。因此，在他的治学理路中，有一点是非常明确的，即在马克思主义思想史研究中必须自觉贯彻实事求是的方法论要求，客观地、历史地、具体地看待马克思等经典作家哲学思想的真实发生过程。这种方法论自觉，构成了老一代学者治学理路的鲜明特色。就像孙先生自己所说的那样："我以为历史主义的解读方法应该是读懂马克思文本的基本方法,特别是他的早期著作。因为这个时期的著作孕育了全部马克思主义特别是历史唯物主义如何从它的哲学前提中脱胎出来并走向成熟的极其复杂而曲折的思想演进过程,在这里,若不深入钻研文本,分析每一时期、每一阶段不同文本中的问题提法、解决思路、特殊语境以及每一个重要哲学术语的具体内涵,运用历史主义发生学的方法进行分析和推理,从中发现马克思思想的深层变化,最终导致历史唯物主义的创立,就不能深入理解马克思主义哲学革命变革的实质。"① 基于这种方法,孙先生提出了一种独特的马克思主义哲学解读模式:与苏东学者的"一次转变论"不同,孙先生提出了马克思恩格斯思想发展的"两次转变论";针对马克思恩格斯"完全一致论"和"彻底对立论",孙先生提出了马克思恩格斯思想发展的"两条道路论";在反思国内外学者关于《1844年经济学哲学手稿》研究的基础上,他旗帜鲜明提出了"两条逻辑"(人本主义逻辑和客观现实逻辑)相互消长的理论观点。这种突破和创新不仅奠定了南京大学马克思主义哲学学科点的历史传统和理论基础,也开创了中国马克思主义哲学研究的新道路。也是基于此,我将孙先生的解读模式同西方"马克思学"模式、西方马克思主义人本主义模式、阿尔都塞模式、苏东模式,统称为马克思主义哲学思想发展的"五大解读模式"。

当然了,目前国内有些学者对这一方法还存在某种质疑或误解。在此,有必要从理论上作出澄清。

第一,文本学研究等同于文献学研究吗?当前国内学界一直存在一种误区,即认为所谓的文本解读只不过是一种文献学研究方法。这一观点既没有厘清二者的区别,也没有真正把握二者之间的辩证关系。文献学研究是对文献的写作、修改、编辑、版本及流传过程进行细致考证和研究的一种方法,它能够为思想史研究提供有效支撑,但它本身并不能代替思想史研究;而文本深度解读法恰恰有效弥补了前者的缺陷,即通过对历史和文本逻辑的深层梳理,为思想史研究提供一种可靠的方法路径。从这个角度

---

① 胡大平:《孙伯鍨教授哲学思想访谈录》,载《高校理论战线》2001年第10期。

而言，把二者等同起来，恰恰忽视了二者的内在区别。但另一方面，我们也绝不能由此就将它们彻底对立起来，这就走向了另一个极端，割裂了二者之间的辩证联系。实际上，在具体研究过程中，二者是相辅相成的：文献学研究是文本深度解读的客观基础，我们在进行文本解读时，必须考虑到依据文献的修改过程、编辑原则和版本差异；反过来，文本深度解读法又能够为文献考证或准确厘定文本的写作、修改和编辑过程提供理论支撑，离开了后者，文献考证将缺乏可靠的说服力。这意味着，在从事马克思主义思想史研究时，必须将二者有机结合起来，唯有如此，方能有效实现对马克思主义思想史的全面、准确、系统研究。

第二，文本解读与本本主义存在什么区别？本本主义又称教条主义，是主观主义的一种典型形态。它的主要特点是把书本、理论当作教条，一切从本本、定义出发，而不是从客观实际出发。文本解读绝不是本本主义，它反对把某一个文本或文本群视为永恒真理，更反对把马克思主义经典作家的每一句话都当作圣经，而是主张通过对文本的深层解读，澄清文本背后的逻辑转变，进而从整体上把握马克思思想发展的历史脉络及内在逻辑。就此而言，文本深度解读只不过是用马克思主义方法来研究马克思主义文本的一种具体表现，它打破了文本崇拜的教条主义倾向，将历史性引入到文本之中，承认文本思想发展的动态过程。另一方面，文本深度解读绝不是割裂理论与现实联系的纯文本逻辑，相反，它有着明确的现实指向，即在特定的历史语境中，通过文本解读与现实研究的有机结合，用深邃的理论穿透力来透视现实，以此来寻求马克思主义的理论生长点。就此而言，文本深度解读实际上是在马克思主义方法指导下对文本、思想史与现实语境研究的内在综合，是逻辑与历史、理论与实践的辩证统一。这也启示我们，今天研究马克思，并不是简单地重复马克思的结论，而是面对当代现实问题、面对新时代中出现的各种复杂的新问题，充分彰显马克思主义的当代生命力，真正在实践中坚持和发展马克思主义。

第三，文本解读与主观解释学的根本区别。所谓"文本"，并非是特定论著中文字的总和，文本的建构本身背负了一个极其复杂的历史语境。任何文本的生成，都必然与作者的文化背景和写作背景密切相关，并且，由于作者本身的认知系统在创作文本的过程中是随着思考的动态语境而改变的，这就必然决定了一个作者的文本本身不是一个静止同一的对象。由于文本的形成过程不是一个静止的或线性的思维直叙，也不是一个毫无异质性的自我"独白"，而是作者在与他同时代的人的思想交锋和碰撞中陆续形成的（大量的文本群就尤其如此），这就决定了文本的解读必须建立在历史发生学的基础上，从历史性中去评估文本在理论建构中的真正价值。如果转换到对马克思哲学文本的历史性解读上，就是坚决将体系哲学的前见（"原理"）悬设起来，将原来的文本阐释结果加上括号，以历史本身的时空结构，让马克思文本的原初语境呈现出来，从而获得一种全新的理解结果。那么，这种文本解读与伽达默尔的解释学存在何种区别呢？美国哲学家梅吉尔认为，"当代哲学的主要任务之一是对马克思作出所有人都能够接受的解释"。然而，梅吉尔提出的只是一种学术"乌托邦"，因为对马克思这样的伟大思想家而言，提出一种大家都能接受的解释不仅存在着技术难度，而且由于具体解释过程中的"意识形态"以及认识旨趣问题，决定了这几乎是不可能的。事实上，解释学和认知科学的进展也充分证明：在不同的认知模式中，同一文本完全可以呈现出不同的解读结果。所以，梅吉尔的上述要求应该颠倒为：在对马克思学说的解释上，每一种有说服力的解释都必须给出可靠的历史和文本依据。从这个角度而言，文本深度解读法恰恰能够为马克思的思想发展过程提供一种相对客观的解释模式。它主张，从历史与逻辑相统一的方法入手，通过对马克思不同时期文本的深度解读，清晰剥离文本的内在逻辑和客观依据，准确把握不同时期马克思思想发展的异质性和连续性，为马克思思想发展提供一种相对客观的解释模式。就此而言，文本深度解读也是一种解释学，但它与主观解释学的主要区别在于，它坚信理解的客观性，即每一种解释都应当具有相对客观的历史依据和现实基础，而不是任意的主观诠释过程。在主观解释学那里，马克思哲学已经从一种内容变成了一种形式，沦为一个任人装扮的小姑娘，既没有真假，也没有对错可言，完全演变为一种为我所用的主观解释过程，这恰恰是不可取的。

(二) 开创了从经济学语境来深入挖掘马克思哲学思想的研究方法，推动了哲学批判与政治经济学批判的深入融合

在传统学科视域中，马克思主义往往被一分为三：马克思主义哲学、马克思主义政治经济学和科学社会主义，而每个学科的研究都各自停留在独立的领域之中，孤立地面对作为"哲学家的马克思"、"经济学家的马克思"和"革命家的马克思"，无法真正把握完整的马克思形象。在孙先生看来，马克思主义的三个组成部分是内在统一的整体，而马克思主义哲学的形成和发展是同他的经济学研究密切相关的。马克思的经济学批判蕴含着极其丰富的哲学思想，它本身就是马克思成功运用唯物辩证法全面透视特定的经济社会形态的光辉典范。如果不认真读懂马克思的经济学，就根本无法深入理解马克思的哲学。早在20世纪70年代末，孙先生就在《马克思主义哲学史》的校内教材中，依据《资本论》的通行版，对其中的哲学思想进行了较为全面的阐发。进入80年代，马克思大量经济学手稿的发表和《马克思恩格斯全集》补卷的陆续出版，促使他重新开始对马克思浩繁的经济学文本进行系统阅读。对马克思经济学文本进行哲学解读的丰硕成果，主要体现在《马克思主义哲学的历史与现状》第一卷[1]和我国马克思主义哲学史学科的奠基之作《马克思主义哲学史》（八卷本）的第二卷[2]之中。

到现在为止，我依然将孙先生的话奉为金玉良言。因此，很长一段时间以来，我思考得最多的问题就是，如何运用更自觉的研究方法，如何依据更全面的文本资源，完整地诠释马克思经济学与哲学之间的内在关联。而《回到马克思》就是这种长期思索的理论结晶，本书最为独特的研究视角，就是从马克思经济学研究的深层语境中重新探索他的哲学话语的转变，这也是本书的副标题"经济学语境中的哲学话语"所彰显出来的全新视域。

纵观马克思思想发展历程，可以发现，马克思在哲学领域所取得的重

---

[1] 孙伯鍨、侯惠勤主编：《马克思主义哲学的历史与现状》第1卷，南京大学出版社1988年版。
[2] 庄福龄、孙伯鍨主编：《马克思主义哲学史》第2卷，北京出版社1991年版。

大进展基本上都与他的经济学研究密切相关。青年马克思哲学思想的第一次转变,即从唯心主义转向一般唯物主义、从民主主义转向共产主义。这一转变始于《克罗茨纳赫笔记》,经过《黑格尔法哲学批判》和《论犹太人问题》,在《巴黎笔记》后期和《1844年经济学哲学手稿》中达到最高点。这是马克思在历史研究和与社会主义工人运动的实践接触的现实基础上进行经济学研究的结果。从当时欧洲思想史的整体状况来看,马克思的这一思想转变并非一种简单的理论跃迁,而是在诸多背景因素(包括费尔巴哈的一般唯物主义、黑格尔的辩证法和青年恩格斯、赫斯和蒲鲁东基于经济学的哲学批判和社会主义观点)制约下发生的逻辑认同。更重要的是客观存在于古典经济学中的社会唯物主义思路与方法,这一点恰恰是此时还处于人本主义异化史观构架中的青年马克思拒绝和否定的方面。如果不参照此时马克思的经济学研究,那就无法进入《1844年经济学哲学手稿》的写作语境,更不要说读懂这部著作的思想了。

马克思思想的第二次转变,即他的第一个伟大发现——广义历史唯物主义的创立,才是真正意义上的马克思主义的哲学革命。它发生在马克思第二次经济学研究即形成《布鲁塞尔笔记》和《曼彻斯特笔记》的进程中,自《关于费尔巴哈的提纲》始,经过《德意志意识形态》,到马克思致巴·瓦·安年柯夫的信。这一转变最重要的理论基础是马克思对政治经济学科学批判基点的形成。我以为,除去社会主义实践和其他哲学观念的作用,马克思正是对古典经济学中斯密、李嘉图社会历史观的社会唯物主义的认同以及对资产阶级意识形态的批判性超越,才创立了历史唯物主义与历史辩证法。在这个意义上,我们也可以说,马克思越是深入研究政治经济学,他也就越是接近历史唯物主义。历史唯物主义是马克思与以往的一切形而上学进行了"彻底决裂"之后在经济学话语之上建立的新的哲学话语。这是一种全新的现实的历史话语。

马克思哲学思想的第三次重大转变仍然基于他的第三次经济学研究。这个过程从《哲学的贫困》开始,经过1850—1853年的《伦敦笔记》,在《1857—1858年经济学手稿》中基本完成。在我看来,第三次转变并非异质性的思想革命,而是他哲学研究的进一步深化,即建立在狭义历史唯物主义和历史认识论之上的历史现象学的创立。其直接基础就是马克思在经济学中具有革命性突破的伟大发现——剩余价值理论的形成。1847年以后，马克思开始对以"资产阶级社会"为生产力发展最高点的人类社会历史进行科学的批判考察。面对资本主义大工业所实现的生产方式，他在完成政治经济学科学理论建构的同时，实现了以人类社会历史发展的生产力最高水平为尺度的、对人类社会及其个体的现实存在的哲学确证与批判。因此，在这一研究过程中，哲学探讨不但没有被放弃，反而获得了真正的实现。因为正是在马克思对前资本主义社会特别是资本主义社会的经济历史研究中，人类社会发展的历史本质才第一次得到了科学说明，资本主义社会发展的特殊运行规律也才第一次被揭示出来。人与自然的关系、人与人的社会关系，第一次在真实的社会历史情境中被具体地指认。这也就是马克思创立的狭义历史唯物主义的主要内容。在资产阶级社会化大生产过程中，分工和交换所形成的生活条件必然导致人的社会劳动关系（类）的客观外化（价值），以及资本主义市场条件下进一步的物役性颠倒关系（资本），因此也就历史地构筑了有史以来在社会生活方面最复杂的社会层面和内在结构，这必然形成独特的历史认识论的全新基础。而批判性地去除资产阶级意识形态拜物教，透过各种颠倒和物化的经济关系假象，最终科学地说明资本主义生产方式的本质，就是马克思新的科学批判理论的核心任务。

值得欣慰的是，虽然近20年过去了，但我在《回到马克思》中提出的理论观点和研究方法依然具有鲜明的时代价值；更值得欣慰的是，国内一大批新生代的青年学者也已经自觉地从传统教科书体系和"一分为三"的框架中走出来，开始注重马克思思想发展的整体性研究，尤其是注重从经济学维度来深入挖掘《资本论》及其手稿的哲学思想，这是中国马克思主义哲学研究长期发展和积淀的结果。"但开风气不为师！"真心希望当代青年学仁打牢基础，大胆创新，不断把中国马克思主义哲学研究事业推向前进。

（三）坚持"两条腿走路"，在马克思主义哲学与国外马克思主义、理论与现实的双重互动中，不断推进马克思主义哲学研究的创新发展

南京大学马克思主义哲学学科点另一个独特的学术传统，就是始终坚

持"两条腿走路",这包括两个层面。

第一,在坚持马克思主义经典文本研究的同时,全面系统地深化对国外马克思主义的文本研究。马克思主义不是一种封闭的思想学说,更不是某一民族或某一国家特有的一套话语理论,而是一种不断发展的开放理论;一旦将其固化为一种封闭、僵化、狭隘的学说,也就阉割了马克思主义的内在生命力。习近平总书记在主持第十八届中共中央政治局第四十三次集体学习时强调:"当代世界马克思主义思潮,一个很重要的特点就是他们中很多人对资本主义结构性矛盾以及生产方式矛盾、阶级矛盾、社会矛盾等进行了批判性揭示……这些观点有助于我们正确认识资本主义发展趋势和命运,准确把握当代资本主义新变化新特征,加深对当代资本主义变化趋势的理解。对国外马克思主义研究新成果,我们要密切关注和研究,有分析、有鉴别,既不能采取一概排斥的态度,也不能搞全盘照搬。"因此,在推进中国马克思主义研究过程中,切不可墨守成规,必须形成开阔的世界视野,充分吸收和借鉴国外马克思主义的研究成果,不断创新和发展中国马克思主义研究。

纵观国外马克思主义发展历程,可以发现,不论是从卢卡奇到阿多诺的经典西方马克思主义,还是20世纪70年代以来的当代国外马克思主义思潮[①],它们在不同的历史时期,结合资本主义新变化新发展,将马克思主义与西方不同的本土资源嫁接起来,在新的语境中提出了新的问题,对马克思主义作出了各种原创性解读。通过回应它们提出的新问题新解读,能够为我们进一步深化对马克思主义哲学及其当代价值的研究,提供重要的理论资源和借鉴。或者说,国外马克思主义研究是推动中国马克思主义研究不断走向深入的重要参照系和学术资源。另一方面,在推进国外马克思主义研究的过程中,必须全面深化对马克思主义经典文本的研究。任何一位西方马克思主义大师对马克思文本的熟悉和研究程度都是相当精深的,甚至有的时候比我们做得还要好。马克思主义文本研究是"根",若

---

① 我曾将20世纪70年代以来的当代激进思潮划分三个派别:后马克思思潮、后现代马克思主义和晚期马克思主义。参见张一兵、胡大平:《西方马克思主义的历史逻辑》,南京大学出版社2003年版,附录2。

没有对马克思主义文本的精准把握，我们是无法与国外马克思主义大师展开直接对话的，甚至根本进入不了他们的文本语境和话语体系，更不要说客观评价或回应他们提出的新问题了。这种单条腿走路的做法，往往会导致如下后果：丧失对国外马克思主义的总体判断力，人云亦云，甚至会带着猎奇心态，一味地求新求变，贩卖一些新奇的概念，制造一些空洞的文字游戏。这些做法对于当前国内学界深入推进对国外马克思主义和马克思主义哲学思想的研究并无实际益处，是值得我们高度重视、反思和警惕的现象。在我们学科，从孙先生到中青年一代再到现在刚刚成长起来的新一代，都始终秉持这一传统，始终坚持"两条腿走路"，形成自己的研究特色和核心竞争力。这些都极大地保证了我们团队的整体活力和学术创新力。

第二，坚持在文本研究与现实问题的双重互动中，不断推进马克思主义哲学研究的创新发展。当前国内学界似乎一直存在一种质疑，说南京大学马克思主义哲学学科点只会做文本研究，根本不关心现实。我想，这个说法是非常武断的。黑格尔说，现实是本质与现象的统一，因此，现实不是直接在手的，更不是直接可见的。任何理论研究都是服务现实的，关键在于，我们以何种方法、何种理论关照现实。习近平总书记强调指出："马克思主义就是我们共产党人的'真经'，'真经'没念好，总想着'西天取经'，就要贻误大事！"如果连马克思主义的"真经"都没有念好，连马克思主义的立场、观点、方法都没有掌握好，就贸然关照现实，那最多只能达到对现实的外在直观，而无法切中事物的内在本质。这种对现实的关照，不仅是肤浅的，更是有害的。就此而言，我们学科之所以强调文本研究，目的在于通过深层的文本解读，准确把握马克思主义的真精神，念好"真经"，以此来透视社会现实：一方面，在充分吸收和借鉴国外马克思主义研究成果的基础上，把握当代资本主义新变化新发展新特征，揭示当代资本主义的运行机制及其发展规律；另一方面，系统强化对当代中国重大现实问题的研究，把脉中国问题，为我国社会主义现代化建设建言献策。如果用一句话来概括，即通过深层文本研究，把握思想，形成科学理论，最终关照现实。试想一下，如果没有念好马克思主义的"真经"，没有"敢为天下先"的现实关怀,哪里会有《实践是检验真理的唯一标准》的问世?如果没有精深的文本功底作为基础,没有对中国马克思主义哲学发展的现实忧虑,哪里会有"两次转变、两条逻辑"的重大突破?如果没有深入把握马克思主义的立场、观点、方法,没有鲜明的问题导向,哪里会有六卷本的《资本主义理解史》①的写作?就此而言,我们强调文本研究,绝不是宣扬什么"本本主义",更不是要退回到"学究派"的立场,而是主张文本、思想史、理论与现实研究的"四位一体"。那种对我们的武断批评或质疑,是站不住脚的,我们也无需负责!

经过40年的学术传承和发展,上述传统不仅铸就了我们学科点的独特的精神气质和整体风貌,也已成为当代中国马克思主义哲学界公认的理论遗产之一。进入新时代,我们将在充分继承和弘扬学术传统的基础上,进一步秉持"立足文本研究、追踪前沿动态、突出问题导向、强化思想创新"的原则,基于第一手文献,系统推进学术版马克思主义哲学通史研究;全景图绘当代国外马克思主义哲学发展史,围绕当代国外马克思主义重大理论问题展开深入研究,深入透视当代资本主义新变化新发展新趋势,揭示当代资本主义的运行机制及其发展规律;进一步强化问题导向,认真研究新时代中国特色社会主义伟大实践所遇到的重大理论和现实问题,不断加大理论创新力度,全面提升南京大学马克思主义哲学研究的学术水平和社会服务能力。在新时代中,我们愿与国际国内学界同仁携手努力,奋力为创新发展当代中国马克思主义和21世纪马克思主义贡献一己之力。

四、学术共同体的发展之路与本套丛书的结构说明

库恩指出,学术共同体的核心特征在于成员要拥有共同的学术"范

---

① 张一兵主编:《资本主义理解史》(六卷本),江苏人民出版社2009年版。

式",包括共同的理念、方法、理论规范和价值旨趣,等等。在马克思恩格斯哲学思想研究方面,我们学科充分继承了孙先生开创的研究方法和学术传统,在总体框架上始终坚持"两次转变、两条逻辑、两条道路"的解释范式。也是基于此,国内学界时常把我们团队称为"南大文本学派"。不过,细心的读者可能会发现,在坚持共同范式的前提下,我们团队在许多重要问题的理解上还存在明显分歧:在"两条逻辑"的来源和相互消长的解释上,孙伯鍨教授、姚顺良教授和我的观点就存在显著差异;在《1844年经济学哲学手稿》和《穆勒评注》的写作顺序或关系问题上,我和姚顺良教授、唐正东教授的观点也各不相同;在广义历史唯物主义和狭义历史唯物主义的区分,以及古典政治经济学在何种意义上影响了马克思等问题的判断上,团队内部也存在明显争论;此外,关于《资本论》的历史地位及其哲学思想,以及"物象化"("事物化")(Versachlichung)、"物化"(Verdinglichung)等重要范畴的理解上,也存在明显差异,如此等等。可能,正是由于这种争论和分歧,才使得我们团队保持了良好的生机活力和创造力。

这也促使我思考另一个更为重要的问题,即究竟用何种方法来培养学生、打造团队。我认为,要培养一流人才,重要的一环就是要摆脱过去那种总想同质性地"克隆"自己学术观点的教学模式,要让学生超越老师,其中关键的一步就是培养他们的独立批判意识,尤其是从一开始就鼓励他们学会质疑自己的老师,这也是一个学者自我警惕的思想前提。为此,我们曾采取过许多新的尝试和探索。

首先,定期召开团队内部学术讨论会。学科团队中的每位教师,尤其是青年教师,要详细总结汇报一年来的研究进展、未来发展方向和研究规划,其他教师则结合自己的学术专长,秉持求同存异的原则,对青年教师的选题规划作出自己的学术分析和判断,群策群力,共同帮助青年教师凝练选题,尽早确立自己的主攻方向和核心竞争力。此外,团队还会围绕一些重要学术问题展开深入讨论,每位教师各抒己见,尊重差异,厘清分歧,寻求共识,不断在讨论或争论中发现新的理论生长点,进而推动整个学术团队的良性发展。

其次，将严谨的学术批评引入课堂，培养学生的批判意识。2004年以来，我有意识地将批判意识的培养引入博士生的课堂之中。我直接要求同学们以批判的眼光直面文本，寻找出《回到马克思》一书的问题所在。一方面，我在课堂上现场解说自己写作《回到马克思》每一章节的具体意图，为已经"死去"的文本进行辩护；另一方面，我要求同学们在认真阅读的基础上，踊跃发表批评性意见，然后我再接着对同学们的发言进行有针对性的答辩，以建立一种当下的批判解释学的交流语境。盘点与同学们共同解读和反省《回到马克思》的那段日子，这种批评性的研讨对我自己和博士生来说都真正是一个教学相长的双赢过程。课后，同学们交上来的一批"批判"《回到马克思》的作业，不少文章都是在读懂了书中某个论点之后，对所发现的逻辑矛盾或不够深入的地方进行有针对性的批评和分析，其中一些学术质疑还是相当有分量的。后来，我又让同学们集中"批判"了我的另一部著作《马克思历史辩证法的主体向度》（河南人民出版社1995年第一版），这次"批评"的效果比《回到马克思》还要好，我时常因同学们的深刻质疑感到汗颜。后来，我又陆续做了一些新的实验，让同学们带着批判的眼光直面经典西方马克思主义著作，也曾与同学们一起同步批判阅读鲍德里亚的文献，这种讨论与批评都取得了良好效果。目前，我们团队中的大部分青年教师都经历过这种严格的学术训练，并形成了独立的思考能力和批判意识。这种经历成为他们日后学术成长和独立开展学术研究过程中的一笔宝贵财富。

值马克思诞辰200周年和改革开放40周年之际，为充分展现我们团队的学术传统和整体风貌，我们依据马克思哲学思想发展历程，精心遴选了最能体现学科特色且在国内学界产生重要影响的学术成果，以马克思哲学思想发展历程为框架，将老中青几代学者的研究成果汇编成专题研究文集，力图展现改革开放40年来本学科在马克思哲学思想研究方面的整体风貌、理论特色、发展轨迹和学术传承。因此，这套文库不是传统意义上的个人文集，而是整个团队在马克思哲学思想研究方面的集体结晶。透过这套文库，既可以看到我们学科的学术传统与特色，也可以看到团队成员的研究范式和内部纷争；既可以看到老中青几代学者不同的问题意识和研究视域，也可以看到 40 年来学术观点的积淀、传承与创新发展。这正是我们选编这套文库的初衷所在，也谨以此纪念马克思诞辰 200 周年。

本套文库共包括六卷，基本结构如下：

第一卷为"马克思哲学思想发展的内在逻辑"，主要收录了我们团队（包括已毕业博士）的合作作品，其中包括三篇学科内部的学术对话稿，集中展现了我们学科在马克思哲学思想和历史唯物主义研究方面的理论共识及内部分歧。

第二卷为"历史唯物主义的精神实质及其方法论特质"，分别围绕马克思的文本类型与解读模式、马克思哲学的理论特质、历史唯物主义的革命性变革及其方法论本质等重要问题展开深入探讨，集中展现了我们学科对马克思哲学和历史唯物主义真精神的理解和把握。

第三卷为"青年马克思的哲学探索"（马克思的中学时代到 1845 年），以文本写作时间为序，全面揭示了青年马克思哲学思想的发展过程，重点探讨了马克思的第一次思想转变和"两条逻辑"的相互消长过程，既体现了学科团队的共性观点，也反应了内部的分歧差异，涉及文本包括《博士论文》、《克罗茨纳赫笔记》、《黑格尔法哲学批判》、《〈黑格尔法哲学批判〉导言》、《论犹太人问题》、《巴黎手稿》、《1844 年经济学哲学手稿》、《穆勒评注》、《神圣家族》、《评李斯特》等。

第四卷为"马克思的哲学革命与历史唯物主义的形成"（1845—1848 年），共包括两个方面的内容：一是基于马克思的文本，包括《布鲁塞尔笔记》、《曼彻斯特笔记》、《关于费尔巴哈的提纲》、《德意志意识形态》、《哲学的贫困》、《共产党宣言》等，重点探讨了马克思的第二次思想转变即历史唯物主义和科学社会主义的形成过程；二是围绕历史唯物主义的重要范畴和基本理论，包括"历史"、"生产力"、"物质生产"、"交往"、"生产关系"、"生产方式"、"意识形态"等，展开全面研究，集中阐述了这些范畴的理论来源及其科学内涵。

第五卷为"马克思经济学著作中的哲学思想"，系统挖掘了《雇佣劳动与资本》《伦敦笔记》《1857—1858 年经济学手稿》《1861—1863 年经济学手稿》《资本论》的哲学思想，准确定位了《资本论》及其手稿在马克思哲学发展史上的历史地位，深入阐述了《资本论》及其手稿的当代价值。

第六卷为"异化、物象化与物化的哲学探讨"，集中展现了我们学科对马克思的"异化"、"对象化"、"物化"、"物象化"（"事物化"）等范畴或理论的理解，是独具特色的一卷。

这套文库是我们团队以往学术研究成果的集体结晶。目前，我们学科已经启动了学术版马克思主义哲学通史的研究计划。未来几年，我们将会基于第一手原始文献，全景式地再现马克思主义哲学思想形成、发展和演变的整个历程，强化宏观叙事与微观考察、基础问题与前沿动态、现实演变与理论转换、学术研究与社会实践的有机统一，实现对马克思主义哲学史的深度耕犁，努力打造一套"覆盖面最广、体量最大、内容最精细、文献依据最充分"的学术版马克思主义哲学通史，奋力为创新发展当代中国马克思主义和21世纪马克思主义夯实基础。

最后，本套文库能够付梓，中央编译出版社杜永明老师付出了巨大的艰辛劳动，在此向中央编译出版社及杜永明老师表示衷心感谢！

总目录
General Catalogue

总　序 …………………………………………………………………（1）

马克思哲学思想发展史研究（第一卷）　…………………………（1—280）
（马克思哲学思想发展的内在逻辑）

马克思哲学思想发展史研究（第二卷）　…………………………（281—530）
（历史唯物主义的精神实质及其方法论特质）

马克思哲学思想发展史研究（第三卷）　…………………………（531—894）
（青年马克思的哲学探索）

马克思哲学思想发展史研究（第四卷）　…………………………（895—1310）
（马克思的哲学革命与历史唯物主义的形成）

马克思哲学思想发展史研究（第五卷）　…………………………（1311—1644）
（马克思经济学著作中的哲学思想）

马克思哲学思想发展史研究（第六卷）　…………………………（1645—1942）
（异化、物象化与物化的哲学探讨）

第一卷目录
CONTENTS No. 1

重温历史唯物主义
　　——兼评当前历史唯物主义研究中的某种理论偏向
　　　孙伯鍨　姚顺良　张一兵 ……………………………… 1
从"两种生产"的理论谈对历史唯物主义的狭义和广义解释
　　　伯　良 …………………………………………………… 16
从"实践"转向"物质生产"的逻辑过渡
　　——试析社会关系范畴在马克思主义哲学中的地位和意义
　　　孙伯鍨　张一兵　陈胜云 ……………………………… 35
"历史之谜"的历史性剥离与马克思哲学的深层内涵
　　　孙伯鍨　张一兵　唐正东 ……………………………… 47
体系哲学和马克思主义哲学
　　　孙伯鍨　张一兵　胡大平　张溟久 …………………… 59
实践与物质生产
　　——分析马克思主义新世界观的本质
　　　张一兵　姚顺良　唐正东 ……………………………… 74
两条逻辑的相互消长还是共同消解？
　　——析青年马克思《1844年经济学哲学手稿》的内在结构
　　　（学术对话）
　　　张一兵　姚顺良 ………………………………………… 99

法权唯物主义与一般唯物主义
　　——析马克思哲学思想的"第一次转变"（学术对话）
　　　张一兵　姚顺良 …………………………………………… 123

"存在论转向"与方法论革命
　　——关于马克思主义哲学本体论研究中的几个问题
　　　孙伯鍨　刘怀玉 …………………………………………… 141

自在自然、人化自然与历史自然
　　——马克思哲学的唯物主义基础概念发生逻辑研究
　　　姚顺良　刘怀玉 …………………………………………… 161

"两次转变论"的文本依据及其方法论意义
　　——兼答王东教授等
　　　姚顺良　汤建龙 …………………………………………… 174

市民社会：资本主义发展的自我认识
　　——来自于马克思主义的一种谱系学分析
　　　张一兵　周嘉昕 …………………………………………… 193

物、实践与历史性的时间
　　——论历史唯物主义的本质
　　　张一兵　蒙木桂 …………………………………………… 211

马克思历史理论中的主体和客体
　　——对历史唯物主义的一种理解
　　　孙伯鍨　张一兵　杨建平 ………………………………… 221

论历史唯物主义的两种"历史"概念与意蕴
　　　刘怀玉　章慕荣 …………………………………………… 235

"现代私有制社会"批判的理论一般
　　——《德意志意识形态》中的资本主义观
　　　张一兵　周嘉昕 …………………………………………… 250

广义历史唯物主义基础上对资本主义的科学批判
　　——《德意志意识形态》研究
　　　张一兵　周嘉昕 …………………………………………… 268

重温历史唯物主义

——兼评当前历史唯物主义研究中的某种理论偏向[①]

孙伯鍨　姚顺良　张一兵

历史唯物主义的创立，从1845年春《关于费尔巴哈的提纲》和1845—1846年《德意志意识形态》算起，迄今[②]已有140年了。

140年来，自然科学取得了长足的进步。本世纪初[③]开始的以物理学革命为标志的现代科学革命，极大地改变了人们的科学世界图景和科学真理观，本世纪三四十年代产生和发展起来的系统论、信息论和控制论，不仅对自然科学的研究有着重要的指导意义，而且为社会历史研究的某些方面也提供了新的角度和方法。在这种情况下，如何认识历史唯物主义的理论价值，如何认识这一理论同现代自然科学的关系，如何在新的科学背景下坚持和发展这一理论，不能不引起人们的深刻反思。

近年来，一些从事自然科学研究的同志正是就上述问题提出了不少尖锐的意见。他们不仅试图把现代自然科学特别是"三论"的方法直接运用到社会历史的研究中，而且还以此为基础对历史唯物主义的理论体系进行根本性的改革尝试。应该说，这种尝试有部分合理性，其中不乏某些真知灼见。但是，从现有的情况看，这种尝试基本上是不成功的。其原因主要有两点：

一、这些同志对历史唯物主义原理本身缺乏深入的了解，往往不能把

[①] 原载《江海学刊》1986年第6期。
[②] 指1986年，也就是本文写作和发表的时间。——编者注
[③] 指20世纪初。——编者注

这一原理的真实内容同某些流行的观念，或者同它的某些具体结论区别开来。有的论者仅仅读了一两本现行的教科书，便以为已经洞察了历史唯物主义的全部"弊病"，并轻率地、匆忙地对之加以指责，加以"重述"和"改造"。

二、这些同志对社会科学与自然科学、哲学与科学的关系缺乏正确的了解，往往不能正确认识社会历史领域的特殊性和某一自然科学方法的局限性。有的论者不无偏好地将自己所懂得的某一种自然科学方法加以无限推广，直接用到社会科学和哲学中来，甚至想把历史唯物主义改造成为某种"社会方法论或社会控制论"。

鉴于此，我们认为，在纪念历史唯物主义诞生140周年之际，重温这一光辉理论，深刻认识历史唯物主义的真实内容及其同自然科学的关系，对于消除在这一理论上的误解和偏见，坚持和发展历史唯物主义理论，推动自然科学和社会科学、哲学和科学的正确结合，将是不无裨益的。

一

要正确理解历史唯物主义，首先就要搞清它的基础和实质。

有的论者认为，自然科学的发展经历了两个阶段，即源于300年前的"力学时代"和源于本世纪中叶①的"信息时代"。历史唯物主义既然产生于19世纪中叶，因而它只能是建立在牛顿力学及其哲学表现"力的哲学"的基础上的，这种"力的哲学"割裂思维与存在的统一，在本体论上是机械一元论，在认识论是潜在的二元论，在历史观上则不可避免地成为现实的二元论。

历史唯物主义真的是以牛顿力学和所谓"力的哲学"（正确的说法是"机械唯物主义"）作为自己的科学基础和哲学基础的吗？事实上，自然科学并不是孤立地发展的，哲学理论也不是消极地尾随自然科学，然后成

---

① 指20世纪中叶。——编者注

为科学观念的简单翻版。无论自然科学或哲学的发展，都是在一个以社会实践为基础，包括整个社会生活和文化生态在内的多因素、多向度的总体过程中实现的。

现在人们一般都把牛顿力学及其理论框架看成是旧科学的代表，而把以相对论和量子力学为支柱的现代物理学乃至"三论"的科学成就和理论框架称为现代科学。旧科学在自然观上坚持孤立实体、机械作用、线性因果的观点，在科学观上则认为科学真理具有普适性、永恒性和绝对性（精确性）。这些理论观点曾在自然科学领域中长期占据统治地位，一直到20世纪初才被以物理学革命为开端的现代科学革命所推翻。但是，任何革命都不是单方面地孤立实现的。旧科学的理论框架的真正黄金时代是17世纪和18世纪前半期。从18世纪中叶开始，旧科学在两方面遇到了挑战，而在这两个方面最初向旧科学提出挑战的恰恰都是哲学家。

首先，在自然科学本身的发展过程中，机械的自然观面临着日益深重的危机。1755年，康德提出（后来由拉普拉斯加以充实并给了科学的论证）的"星云假说"，打开了机械的自然观的第一个缺口。接着，赖尔在地质学领域也对这种僵化的自然观发动了进攻。到了19世纪中叶，能量守恒、细胞学说和进化论三大发现，使这种僵化的自然观受到更加沉重的打击。到19世纪后半期，物理学特别是电磁理论的发展，虽然被一些人说成是牛顿力学理论原则的"胜利进军"，其实正好是这种自然观已成为强弩之末的反映；与牛顿自然观相矛盾的"以太"理论的引入，则表明机械的自然观已到了"山穷水尽"的地步。

其次，哲学的发展不断从总体上否定旧的科学真理观。哲学变革往往是科学革命的先导。以牛顿力学为代表的旧的科学观是建立在自然和理性直接同一于经验的基础上的，它深深植根于英国经验主义哲学的传统之中。但是，正如作为英国唯物主义和整个近代经验科学的创始人弗·培根从哲学上预示了牛顿力学科学观的产生一样，18世纪英国经验主义向唯心主义的转变，特别是休谟不可知论的提出，则既割断了经验与自然的直接同一，又割断了经验与理性（必然性）的直接同一，这就从哲学上预告了旧科学观的破产。康德在休谟的基础上又大大前进了一步，他不仅继续了对经验主义认识论的批判，而且从否定的意义即限制科学权利的意义上，揭示了认识主体及其形式在认识中的能动作用。如果说休谟和康德是两只分别从内部和外部掘开科学大厦陈旧基础的"老田鼠"，那么，黑格尔则是企图给科学大厦重建新基础的第一个哲学家。当然，由于黑格尔企图重建的新基础不过是思辨理性，即被抽象被夸大为脱离了人和人类的理性，因而这种基础只是逻辑地虚构出来的。但是，黑格尔给后人留下了历史的辩证的思想遗产，这是十分宝贵的。可以说，整个德国古典哲学，正是在批判牛顿力学的科学观的前提（17世纪的英国经验主义哲学）和结果（18世纪的法国机械唯物主义）的过程中得以发展起来的。

马克思主义哲学正是在旧科学的理论框架面临彻底变革的时代，在批判继承德国古典哲学的优秀遗产的基础上产生出来的。因此，恩格斯生前在谈到马克思主义哲学的产生时，总是反复强调这两个方面的前提。当然，恩格斯没有看到新的自然科学的总体革命，他在这一革命到来的前夕去世了。从今天的角度来看，不宜夸大上述的自然科学和哲学对科学理论框架的否定作用。因为，来自自然科学内部的否定仍然没有从根本上超出牛顿力学的框架，康德、拉普拉斯的学说，在今天看来仍然是经典的理论，而不是现代理论；而来自哲学方面的否定，虽然抓住了旧科学理论框架的实质和要害，但它毕竟是来自科学之外的，因而不可避免地带有哲学的思辨性。

那么，能否由此断言，历史唯物主义（作为历史科学和历史哲学的统一）也必然带有上一世纪自然科学和哲学的这种局限性呢？不能！

问题的关键在于，历史唯物主义的研究领域根本不同于机械力学和一般自然科学。在自然界中是无意识的物质在自发地作用着，而历史则是由有目的、有意识地活动着的人创造的。这一区别并不亚于宏观低速运动同微观高速运动的区别，正是这一区别曾经构成了从牛顿力学的自然观向现代科学观转变的不可克服的障碍。如果说旧科学的理论框架在对自然界的认识上虽然不断暴露出局限性，但直到19世纪末尚能不断扩张新的"领土"，获得新的进展，那么它试图征服"历史王国"的尝试却从一开始就不断地遭到破产。18世纪的法国机械唯物主义就是这方面的典型例证。他们从牛顿力学原则中引申出来的机械的本体论和消极的反映论至多只能导致这样一个二律背反：环境决定意见，意见决定环境。即使到了19世纪，自然科学的唯物主义在社会历史研究的领域中仍然是一筹莫展，了无所获。正如马克思所指出的："那种排除历史过程的、抽象的自然科学的唯物主义的缺点，每当它的代表越出自己的专业范围时，就在他们的抽象的和唯心主义的观念中立刻显露出来。"① 旧科学和旧唯物主义在历史领域内不仅不可能战胜形而上学和唯心主义，而且不可避免地会背叛自己。自然主义和唯心主义、机械因果观和目的论、历史宿命论和唯意志论既相互对立又互为补充，这正是历史唯物主义产生以前在历史领域中怪诞而又合乎规律的现象。

要把历史研究变为科学，把唯物主义贯彻到历史领域，就必须同时扬弃旧科学和旧唯物主义本身的原有形态。《关于费尔巴哈的提纲》之所以在历史唯物主义形成史上具有划时代的意义，是由于这一提纲最终形成了科学的实践概念，从本体论、认识论和历史观等方面彻底批判了包括机械唯物主义在内的一切旧唯物主义，确立了实践在整个马克思主义哲学体系内的核心地位。正是以此为基础，历史唯物主义才得以在《德意志意识形态》中首次得到系统的科学表述。因此，历史唯物主义的基础根本不是什么"力的哲学"，而是"实践的唯物主义"②。"实践的唯物主义"不仅扬弃了思维与存在的抽象对立，而且扬弃了主体与客体、因果性与目的性、必然与自由的抽象对立，它根本不是什么二元论，而是彻底的科学的唯物主义一元论。

某些论者对历史唯物主义的实质缺乏深入的了解，他们认为，社会存在与社会意识的关系，不过是一般存在与一般意识的关系在历史领域中的简单推广。应该指出，这是在历史唯物主义的哲学基础问题上的一种误解。

首先，在马克思看来，"社会存在"根本不同于旧唯物主义所理解的"存在"，它不是外在于人、并和人脱离的客体，而是主体对客体的现实的

---

① 《马克思恩格斯全集》第23卷，人民出版社1972年版，第410页。
② 《马克思恩格斯全集》第3卷，人民出版社1960年版，第42—43页。

能动关系，是主体对客体的现实的能动作用过程，这种作用正是由人们的感性的物质的实践活动表现出来的。社会存在决定社会意识，绝不像第二国际的代表人物所认为的那样是"社会环境"决定人，也不能静态地理解为"社会物质生活条件"决定社会，而是"从物质实践出发来解释观念的东西"，"全部社会生活在本质上是实践的"。

其次，社会意识反映社会存在，也不是旧唯物主义所理解的是在意识和物质的抽象对立中反映客体，而是在有目的的实践活动中，人的意识对自我和存在的关系以及对自身活动方式的具体把握，就其内容来说，它所反映的不仅是客体（对象），而且是主体对客体的能动关系，更确切地说，是二者在特定历史条件下的统一。在原始意识和日常意识中，认识的主观意向和客观规律是浑然一体的，只是在发展的高级阶段上，才分化为科学知识和意识形态（"实践—精神"）两个方面，前者作为实践的手段侧重于对客观规律的反映，后者作为实践的定向侧于对主观意向的反映。①

应当指出，某些论者所以产生上述误解，是同现行某些教科书的不周密的提法有联系的。不少教科书都把历史唯物主义看作是一般唯物主义原则的简单推广。但是，也必须指出，这些论者之所以接受这种片面的看法，也由于他们仅仅是从科学知识的角度来看问题，从狭隘的科学主义立场出来，必然认为任何涉及人类"实践—精神"的理论都是思辨的、非实证的、无法观测和操作的，而只有经验主义和行为主义的观点才是确实可靠的。这正是西方实证主义者走过的老路，我们该引以为戒。

二

明确了历史唯物主义的基础和实质，就为完整地准确地掌握这一理论的科学体系提供了先决条件。

历史唯物主义的基本内容，大体上可以从共时性（社会结构）和历时

---

① 参见《马克思恩格斯全集》第12卷，人民出版社1962年版，第752页。

性（历史进程）两个逻辑视角来把握。正是在这两个方面，某些论者产生了误解，并提出了错误的责难。

在社会结构方面，某些论者认为，历史唯物主义拘泥于生产力与生产关系、经济基础与上层建筑之间决定作用和反作用的表示形式，割裂了社会的整体性质，缺乏把社会当作一个完整的社会文化生态系统的观点，因而必须用社会系统论的观点来重新表述。

事情果真如此吗？否！

首先，提出这种看法的同志没有真正理解生产力、生产关系、经济基础和上层建筑这一系列范畴的实质。在他们看来，这一系列范畴不过是相互并列的实体要素或子系统，因而它们之间的决定作用与反作用不过是一种最粗糙最简单的（单输入—单输出）分析综合模式。确实，如果停留在要素的水平上，不上升到整体的结构，是无法揭示社会的整体性质的。然而，生产力、生产关系、经济基础和上层建筑并不是实体要素或平行的子系统，而是人的社会关系的各个侧面，是社会总结构的各个侧面。它们本身属于关系和结构的范畴，分别揭示着人与自然的关系，人与人的经济关系、政治关系和思想关系。历史唯物主义在历史观上的革命变革的一个重要方面，就是抛弃了"因素论"，把社会看作一种"有机系统"。它不是把人的本质片面地归结为某种规定，而是确定为"一切社会关系的总和"，它不是把社会看成单个人的叠加，而是看成"这些个人彼此发生的那些联系和关系的总和"①。

其次，这些同志没有真正理解经济（准确说，是物质生活的生产方式）的决定作用同社会的整体性原则之间的真实关系，他们往往把这两者绝对的对立起来。马克思主义者卢卡奇早就提出过："在历史的解释中，构成马克思主义与资产阶级科学之间决定性的区别的，不是经济动机的首要性观点，而是总体性观点。"但是，直到目前，这个问题并没有真正解决，人们至多只是像普列汉诺夫做过的那样，认为历史唯物主义既是"社会生活的综合观点"，又承认物质生产的决定作用，不过前者是在结果的

---

① 《马克思恩格斯全集》第46卷上册，人民出版社1979年版，第220页。

意义上,后者是在归根结底的意义上。

我们认为,事情并非如此,或者说问题的关键不在于此,而在于当"人们还处于创造自己社会生活条件的过程中"的历史阶段上,整个社会机体本质就是"生产机体",物质生产"就是社会生活本身"①。这一点在资本主义社会表现得最为显著,在这里甚至连最高的精神生产,也必须服从于物质财富的生产。② 在这种情况下,经济的决定作用不仅不同社会的总体性原则相矛盾,而且它本身就是这种总体性在一定历史阶段的特殊表现,承认在一定历史条件下的经济优先地位,根本不是什么片面的单因素单向决定论,而是具体地历史地揭示了社会全部"要素"之间相互作用的具体方式。在这一点上,我们认为西方的科学主义哲学家科恩对生产力决定生产关系、经济基础决定上层建筑这一原理所作的"功能的解释",倒是有些可取之处。科恩认为:经济基础决定上层建筑,是因为"上层建筑具有维持那些生产关系的功能,而经济基础又需要上层建筑具有这样的功能"。

如果把经济的决定作用同整体性原则绝对对立起来,根本排斥前者,按照一般的"社会控制论规律",把物质生产、上层建筑看成是既互异又相洽的平列的子系统,那么所谓整体性就成了抽象的、非历史的、无定性的,因而什么也不能说明的"普遍联系、相互作用"。这不仅就其直接意义上来说只能是一种多元决定论,而且由于把现实的社会关系同调节这些关系的规范以致这种规范的观念统统用一个"信息"范畴来概括,最终必然要滑到唯心主义一元论的立场上。事实上,有的论者已经推出了这样的结论,即社会进化的根本动力和人的本质是人类的脑的创造力,能否维护人的创造性思维的权利是判别一个社会是否合理的重要标准之一。

对历史唯物主义的另一个根本性的误解,是在某些论者看来,这一理论不过是企图用一种静态的结构来说明动态的社会有机体,因而必然陷于失败;它至多只能说明历史而不能解释现实,只适合于解释,不适合于指导实践,只适合于破坏,不适合于建设,一句话,它不具备任何开拓和创

---

① 《马克思恩格斯全集》第46卷上册,人民出版社1979年版,第108页。
② 《马克思恩格斯全集》第26卷第一册,人民出版社1972年版,第298页。

造的理论品质，甚至已成为我国社会体制僵化的理论根源之一。

这一指责同样是毫无根据的。

历史唯物主义从"社会生活在本质上是实践的"这一根本观点出发，不仅把人的本质看成一切社会关系的总和，而且认为人"并不'处在'某一关系中，而是积极地活动"；不仅把社会看成一个复杂的系统，而且认为社会不是一成不变的结晶体，而是"活的机体"。这一点不仅表现在马克思认为人的社会关系只能是"实践的即以活动为基础的关系"①，社会结构本身只有在社会现实生活的生产和再生产过程中才能存在，而且还表现于历史唯物主义本身包含着关于历史进程的理论。这一点是人们所公认的，甚至考茨基和巴加图利亚都曾明确指出过，不过他们过分贬低了历史唯物主义这方面的内容，认为它是从属于社会结构理论的。我们认为，从历史唯物主义的实质来看，从现实的社会实践需要来看，历史进程的理论具有更重要的意义。

历史唯物主义关于历史进程的理论，我们认为包括以下三个方面的内容。

第一，关于社会形态即社会经济形态的理论。这主要是关于阶级社会阶段历史发展的理论。这一理论认为，并不存在抽象的"一般社会"的共同结构，存在的只是由经济结构决定的不同的具体社会形态，"社会经济形态的发展是一个自然历史过程"②，"亚细亚的、古代的、封建的和现代资产阶级的生产方式可以看作是社会经济形态演进的几个时代"；新的社会经济形态的物质条件是在旧社会的胎胞中产生和成熟起来的，社会经济形态更替的根本动力在于生产力和生产关系、经济基础和上层建筑的矛盾③。这些思想，现行科教书已经作了充分的阐述。

第二，马克思关于人类社会由"自然形成的共同体"，经过"经济的社会形态"（"社会经济形态"也可译作"经济的社会形态"，而且我们认为这样译更确切）向"自由人的联合体"发展的思想。长期以来，人们习

---

① 《马克思恩格斯全集》第19卷，人民出版社1963年版，第405页。
② 《马克思恩格斯全集》第23卷，人民出版社1972年版，第12页。
③ 《马克思恩格斯全集》第13卷，人民出版社1962年版，第9页。

惯于把马克思的历史分期思想理解为五种社会经济形态，认为生产力与生产关系、经济基础与上层建筑这两对矛盾是贯串整个人类历史，并决定一切人类社会的社会基本矛盾。我们认为，这种划分违背了马克思的原意。

由于19世纪70年代以前尚缺乏充分研究原始社会的可靠资料，因而马克思把部落所有制或亚细亚生产方式这种已经包含着对抗性的萌芽的社会形态看成是人类最初的社会形态，并认为生产力与生产关系、经济基础与上层建筑之间的矛盾适用于整个广义的史前时期（指共产主义社会以前的整个人类历史）的社会历史。但是，马克思从来没有把经济的决定作用绝对化。一方面，他一直把共产主义社会当作真正的人类社会、"真正的自由王国"同广义的史前时期、"必然王国"相对照，强调："那时，财富的尺度决不再是劳动时间，而是可以自由支配的时间。"① 另一方面，他又把前资本主义的社会经济形态同资本主义的社会经济形态作了区分，指出："在土地所有制处于支配地位的一切社会形式中，自然联系还占优势。在资本处于支配地位的社会形式中，社会、历史所创造的因素占优势。"② 正是以此为基础，马克思在50年代③提出了按照人们的社会联系的性质把人类历史划分为"人的依赖关系（起初完全是自然发生的）"、"以物的依赖性为基础的人的独立性"和"建立在个人全面发展和他们共同的生产能力成为他们的社会财富这一基础上的自由个性"这样三大历史阶段的思想。④ 在60年代，他又进一步提出了"自然必然性王国"、"外在必然性王国"和"真正的自由王国"的思想，并从社会结构与历史进程相统一的观点出发，强调前者是后者的基础和前提，并以被扬弃了的形式包含在后者之中。⑤ 直到70年代以后，他又和恩格斯一起，在吸取了有关原始社会的科学成果的基础上，肯定了"在这个阶段，生产方式不像部落旧的血缘关系和旧的两性共有关系之解体的程度那样具有决定性的作用"，认为原始社会有着与阶级社会不同的社会结构。

---

① 《马克思恩格斯全集》第46卷下册，人民出版社1980年版，第222页。
② 《马克思恩格斯全集》第46卷上册，人民出版社1979年版，第45页。
③ 本段中，世纪均指19世纪。——编者注
④ 《马克思恩格斯全集》第46卷上册，人民出版社1979年版，第104页。
⑤ 《马克思恩格斯全集》第25卷，人民出版社1974年版，第926—927页。

第三，关于社会历史发展机制的思想。这是关于历史进程理论的最重要的内容，它也可以看作是社会结构理论与进程理论的统一，因为它揭示了一种社会结构向新的社会结构转化的根据和过程。由于社会生活是一个连续过程，因而它必然是再生产过程。在这一过程中，不仅再生产出原有的社会要素，而且再生产出原有的社会关系即社会结构。然而，"在再生产的行为本身中，不但客观条件改变着……而且生产者也改变着……"[①]这种变化或迟或早要引起社会结构的变化，因此社会结构"在某一点之前——是再生产。再往后，使转化为解体"[②]。新的社会结构正是借助旧社会形式的残片和因素建立起来，在它建立起来以后，"它向总体的发展过程就在于，使社会的一切要素从属于自己，或者把自己还缺乏的器官从社会中创造出来"[③]。

这一"普遍规律"的发现，不仅科学地说明了"社会经济形态的发展是一个自然历史过程"，而且深刻地揭示了人类社会由"自然形成的共同体"经过"经济的社会形态"向"自由人的联合体"发展的历史必然性，因而为历史进程的理论作了一个总结。同时，通过一种社会结构向另一种社会结构转化，它体现了社会结构与历史进程理论的内统一，从而为整个历史唯物主义理论作了一个总结。

从上述内容可以看出，历史唯物主义不仅不是以静态的结构来曲解动态的机体，相反，只有它才科学地揭示了社会结构变革的机制和历史发展的趋势，所以它既能说明历史和现实，又能预见社会的未来，从而为人们的认识和改造社会、破坏旧世界和建设新世界提供了指南。

相反，由于"三论"的一般原理是对包括社会在内的不同种类系统的某些共同性质的概括，仅仅用这些抽象的共同点，是无法说明社会的特点尤其是某个具体社会的特点，因此，如果排斥历史唯物主义的指导，那么对社会的特点尤其是对某一具体社会的特点的说明，就只能是对现存事物的现象加以复制，或者只是对现存事物加以模式化。这样做的结果只能导

[①] 《马克思恩格斯全集》第46卷上册，人民出版社1979年版，第494页。
[②] 《马克思恩格斯全集》第46卷上册，人民出版社1979年版，第496页。
[③] 《马克思恩格斯全集》第46卷上册，人民出版社1979年版，第236页。

致非历史的、静态的僵化体系。

在理论上,这种非历史主义表现为把历史与现实割裂开来,认为以前的社会是"非社会"、"非完整的文化生态系统",现在的社会才成为社会,成为"完整的文化生态系统"。

在实践上,这种非历史主义表现为把现实和未来割裂开来,为现存的各种现象辩护,不能揭示未来的发展趋势,因而根本不能给实践指明方向。

三

重温历史唯物主义,目的是为了充分发挥它对实践的指导作用,并在实践中发展自身。在这两个方面,充分吸取和利用现代自然科学特别是"三论"的成果和方法,是极为重要的。

为此,我们在这里就历史唯物主义理论与现代自然科学的关系发表一点粗浅的见解。

有的论者认为,历史唯物主义阻碍了自然科学方法与社会科学研究的结合,是自然科学与社会科学一体化进程中的绊脚石。

事实恰恰相反。

在历史唯物主义产生以前,社会历史领域是唯心主义的一统天下。那时普遍存在着"所谓精神的历史同物质的自然对立的神话"[①]。历史唯物主义的产生,打破了这种神话,确定了社会同自然界一样也是一种物质系统,历史同自然过程一样也是一种客观的过程,服从客观的规律。这就为自然科学方法在社会研究中的应用开辟了道路。特别是生产的经济条件方面所发生的变革,可以用自然科学的精确性加以指明[②],这更是为自然科学的定量研究方法的应用创造了条件。

但是,自然科学方法在社会科学研究中的应用,既不能简单地移植和

---

① 《马克思恩格斯全集》第3卷,人民出版社1960年版,第44页。
② 《马克思恩格斯全集》第13卷,人民出版社1960年版,第9页。

推广，也不能没有一定的限度。社会与自然界相比，有它自身的特殊性，它研究的不是单纯的对象，而是包含着作为主体的人；不是一般的过程，而是能动的实践活动；不仅有物质活动的方面，而且有意识活动的方面；社会规律也不仅具有客观的性质，而且具有历史的、暂时的性质，它是在不断变化的条件下人的本身的规律。就这种意义讲，历史唯物主义确实会"阻碍"自然科学方法的直接引入，但这并不是历史唯物主义的缺陷，而是由于单纯自然科学方法本身的局限性造成的。

因此，自然科学和社会科学的一体化，历史唯物主义对现代自然科学成果和方法的吸收；绝不是单向地把自然科学方法应用于社会科学的研究，而是一个双向的辩证的扬弃和综合的过程。就历史唯物主义和系统论二者的关系来说，不仅后者会给前者以新的启示，而且前者也能对后者产生巨大的影响。"人体解剖对于猴体解剖是一把钥匙"[①]，无机界的系统性质正是在认识了生物的系统性之后才揭示出来的。对于最复杂的系统和最高级的运动形式即人类社会的研究，已经并且将继续为进一步理解自然界提供更多的启示。一般系统论的创始人贝塔朗菲本人就承认马克思的哲学是系统论的思想渊源之一。

更为重要的是，历史唯物主义所研究的是把作为科学认识的主体当作自身规定之一的社会历史中活动着的完整的人，因而就能够从根本上揭示科学理论框架的本质及其规律。人们常常列举现代科学理论框架各方面的特点，如对象本身的不确定性、对象的人化、科学知识的操作性质、理论结构和主观意向对观察的作用特别是爱因斯坦所强调的想象高于知识等等。但是至今没有人明确地从根本上揭示这一科学框架的内在实质和现实总体根源。实际上，现代科学理论框架各方面的特点在很大程度上决定于人的社会实践结构（人类总体社会行为的动态格局）和人的实践发展的性质。以研究现代科学的微观机制和理论框架为目的的现代科学哲学，由逻辑主义经过批判理性主义而走向历史主义，由拒斥"形而上学"到承认认知必须有"本体论的承诺"，特别是最近出现了某种趋向于同人本主义哲

---

① 《马克思恩格斯全集》第12卷，人民出版社1962年版，第756页。

学接近的趋势，都证明了只有从统一的社会实践出发，才能理解科学活动，才能理解科学知识，才能理解自然界。因此，在一定意义上可以说，历史唯物主义正是代表了走向科学一体化（自然科学与社会科学结合）、意识一体化（科学和意识形态特别是哲学的结合）的现代科学发展的方向。

这是不是说历史唯物主义已经是自身完备、万物皆备了呢？不，这只能把历史唯物主义变成自我封闭的僵化体系。历史唯物主义本身是植根于社会实践的永远开放和不断发展的理论系统的。说它代表了现代科学发展的方向，只是在一定意义上说的，即只是就它的根本立场和方法来讲的。它的根本立足点——实践的立场，确实高于任何片面的、极端化了的科学主义或人本主义立场。然而，后者的片面性和极端化，也是一种发展（片面化、极端化的发展），因而对于它们也必须像马克思对旧唯物主义和唯心主义那样，吸取其有用的成果，舍弃其错误的立场，以便把历史唯物主义理论发展到一个新的高度。

历史唯物主义应当如何正确地吸取现代自然科学包括"三论"的积极成果呢？我们认为可以提出如下几个方面：

第一，对历史唯物主义的哲学基础进行新的反思。从本质上说，历史唯物主义是建立在崭新的"实践的唯物主义"基础上的，不能把现行教科书体系中的辩证唯物主义看成是旧的唯物主义哲学。但是，也必须看到，由于受历史条件包括自然科学发展水平的限制，它不可避免地带有某些局限性，因而必须结合现代自然科学的最新成就进行新的哲学概括。这不仅涉及所谓"本体论"、认识论和方法论的内部，而且涉及这些部分之间，特别是辩证唯物主义与历史唯物主义之间的关系问题。

第二，对历史唯物主义的某些原理进行新的反思。这包括现代科学技术革命与社会历史的关系问题，科学活动在人类的实践活动中的地位和意义问题，科学知识与意识形态的关系问题，特别是"三论"关于社会的系统性、协同作用和组织理论问题，以及它们同人的主体性、人的个性自由的关系问题，等等。

第三，对历史唯物主义和"三论"进行方法论上的比较研究。"三论"虽然是从研究自然（生物）和技术问题发展起来的，但它们后来都扩展到了社会领域，成为一种"横断科学"。因此有必要探讨它们研究社会问题时的出发点和方法，以丰富历史唯物主义的内容。

但是必须注意，历史唯物主义作为科学的历史观，是以整个社会实践、社会生活过程作为自己的基础的，因而我们既要重视它同自然科学发展的联系，更要注意它同社会科学的联系；既要重视它同科学知识的联系，又不能忽视它同意识形态的联系；尤其重要的是，要把它同当代资本主义的发展和我国生气勃勃的社会主义现代化建设、同当前的改革联系起来。只有这样，才能真正做到坚持和发展历史唯物主义，使它永葆青春的活力，充分发挥出推动历史前进的威力。

从"两种生产"的理论谈对历史唯物主义的狭义和广义解释[1]

伯　良

关于"两种生产"的思想在马克思和恩格斯的著作中随处都能见到，但以此为基础解决了原始社会史上的理论难题并从中作出对唯物史观的广义解释的，应首推恩格斯。因此，我们在这个问题上的讨论首先要从恩格斯的《家庭、私有制和国家的起源》（以下简称《起源》）一书谈起。

一

1884年4月26日，正当恩格斯全力写作《起源》这本书的时候，他在给考茨基的一封信中说道："这篇东西对于我们共同的观点，将有特殊的重要性。摩尔根使我们能够树立崭新的观点，因为他通过史前史为我们提供了前所未有的事实根据。"[2] 恩格斯在这里所说的新观点自然不可能越出历史唯物主义的大界限，而是说，由于摩尔根发现了前所未有的新史实，他和马克思先前对历史唯物主义观点所作的表述已经显得有些狭窄，不完全适用了，必须根据新的事实加以扩充，并作出新的说明。

在《起源》一书的序言中，恩格斯把他所说的"崭新的观点"表述如下："根据唯物主义观点，历史中的决定性因素，归根结底是直接生活的

---

[1] 原载《晋阳学刊》1982年第5期。"伯良"系孙伯鍨教授与姚顺良教授合作所用的笔名。
[2] 《马克思恩格斯全集》第36卷，人民出版社1974年版，第144页。

生产和再生产。但是生产本身又有两种。一方面是生活资料即食物、衣服、住房以及为此所必需的工具的生产；另一方面是人类自身的生产，即种的繁衍。一定历史时代和一定地区内的人们生活于其中的社会制度，受着两种生产的制约，一方面受劳动的发展阶段的制约，另一方面受家庭的发展阶段的制约。劳动愈不发展，劳动产品的数量、从而社会的财富愈受限制，社会制度就愈是在较大程度上受血族关系的支配。"① 不难看出，恩格斯的这个观点较之他和马克思先前对历史唯物主义所作的表述有着明显的区别。在这以前，他们总是把同生产力的一定发展阶段相适应的生产关系总和即社会经济结构看作全部社会制度的基础，由此出发去说明整个社会生活、政治生活和精神生活的过程。这对于解释人类的全部"文明史"自然是非常正确的，但一旦要把它应用到原始社会史的研究中去，它的真理性的界限就暴露出来了。新的事实促使恩格斯发现了这个界限，并推动他通过对原始社会史的深入研究，对历史唯物主义的基本观点作了推广的应用和广义的解释。其大致的经过是这样的：

1877年，美国史前史学家摩尔根发表了他的划时代著作《古代社会，或人类从蒙昧时代经野蛮时代到文明时代的进步过程的研究》。这部著作的最大贡献在于它在主要特征上发现并恢复了人类成文历史的史前的基础，并且在北美印第安人的血族团体中找到了一把解开古代希腊、罗马和一切文明民族的上古史的一些极为重要而又一直未能解决的哑谜的钥匙。这就是，摩尔根依据美洲印第安人部落和夏威夷群岛上土著居民中的家庭关系和亲属称谓制度之间的矛盾，从一系列互相关联的亲属称谓制度中，推出了在原始社会史上相继出现的各种家庭形态，从而对原始家庭形态的发展作出了科学的说明。他还从原始家庭的发展线索中，揭示了氏族制度的起源和本质，明确地把氏族和部落区别开来，并证明母权制氏族是先于父权制氏族的最初形式。尤为可贵的是，在由史前史向文明史过渡的分期上，摩尔根看到了生产发展的决定作用，认为生活资料生产上的进步是人类从蒙昧时代向野蛮时代和文明时代过渡的动力，因而也是划分史前各文

---

① 《马克思恩格斯全集》第21卷，人民出版社1965年版，第29—30页。

化阶段的标准。由于这个原因,摩尔根的著作像达尔文的《物种起源》一样,从一开始就受到马克思的赞同和关注,他怀着极大的兴趣读完了这本书,并且不久便推荐给恩格斯。1880年底至1881年初,马克思专门研究了摩尔根的著作,作了十分详细的摘录和评注。他曾打算以摩尔根的发现为基础写一部关于原始社会史的著作,以便把他在《资本论》中所作的对人类历史的研究扩展到文明社会以前的整个史前时代。可惜他在生前未能完成这一工作。马克思逝世以后,恩格斯在他的遗稿中找到了摩尔根著作的摘要,他仔细阅读了马克思写的每一条摘录和评注,结合他前此对这一问题所作的研究,决定就摩尔根的研究成果写作《起源》一书。

在这部书中,恩格斯根据摩尔根和其他史前史学家提供的材料得出了这样的认识,在人类还刚刚从动物界脱离出来的时候,无论就人对自然界的关系来说,或是就人们相互之间的关系来说,占支配地位的东西,都还不是人们在自己的劳动过程中创造出来的,而是自然形成的。虽然一般说来,只要有生产,人们相互间的关系就带有生产关系的性质,但是,只有当人们赖以生活的物质资料主要地不是依赖自然的供给,而是完全由人们自己的劳动所创造并加以控制的时候,那种完全在生产过程中形成的关系(生产关系或财产关系)才在人们的相互关系中占据决定性的地位。因此,说生产(物质资料生产)关系的总和是全部社会生活的基础,这是就"文明时代"的人类社会而言的,对于人类的幼年和童年时代,对于正在形成中的人类社会,生产关系却还不是决定的和支配一切的关系。不仅如此,处在人类这一发展阶段的生产关系还没有取得独立的形态,还被紧紧地裹在自然形成的血族关系的胞胎之中。因此,要理解原始社会的结构和组织,揭示人类史前历史的发展规律,就不能只从物质资料的生产出发,而且要从人类幼年时代自然形成的关系出发,亦即从人类本身的生产出发。这就是说,必须研究两种生产以及它们之间的相互关系。

按照恩格斯的观点,生活资料的生产和人类自身的生产,物质生产关系和血缘亲属关系,在原始社会史上的地位和作用是成反比例地变化的。在人类历史的最初阶段,血族关系无疑是整个社会结构的基础。但是,随着劳动生产力的不断发展,分工、交换、私有制以及人们之间的财产差别也日益发展起来，从这种财产差别中又产生了阶级的对立，所有这些新的社会因素在一个漫长的过程中逐渐挣脱了旧的血缘关系的纽带，直到社会最后完全按新的方式组成为止。这时，"以血族团体为基础的旧社会，由于新形成的社会各阶级的冲突而被炸毁，组成为国家的新社会取而代之，而国家的基层单位已经不是血族团体，而是地区团体了。在这种社会，家庭制度完全受所有制的支配，阶级对立和阶级斗争从此自由开展起来，这种阶级对立和阶级斗争构成了直到今天的全部成文历史的内容"①。

在《起源》一书中，恩格斯认为，虽然历史唯物主义是支配全部人类历史的普遍规律，但是人类史前史的内容和成文历史的内容却有显著的差别。在迄今为止的全部成文历史中，经济关系始终是占支配地位的关系，是全部社会生活的基础，而在史前社会中，情形却不是这样。在那时，经济关系的地位和作用只是随着劳动生产力的发展而逐渐增加其比重的。在经济关系尚未取得支配地位的时候，血缘亲属关系无疑起着决定的作用。不然，我们就不能解释氏族制度的起源及其发展。由摩尔根所发现的夏威夷岛上的土著居民和美洲印第安人的家庭与姻亲关系的材料证明，"亲属关系在一切蒙昧民族和野蛮民族的社会制度中起着决定作用"②。我们决不能只用空话来抹杀这一如此广泛流行的制度的意义，而应该用唯物主义的观点来正确地解释这一点。在蒙昧和野蛮时代"父亲、子女、兄弟、姊妹等称谓，并不是简单的荣誉称号，而是一种负有完全确定的，异常郑重的相互义务的称呼，这些义务的总和便构成这些民族的社会制度的实质部分"③。在这种情况下，硬是把血缘亲属关系和在这种关系的基础上生长出来的全部社会制度归结为经济关系，用经济基础和上层建筑的一般原理来解释蒙昧和野蛮时代的社会制度，除了牵强附会，将是什么问题也不能解决的。而如果一定要寻找这种制度的经济原因，那么它们的经济基础也只能是否定性的。这就是说，正因为劳动生产力的极端低下和财产关系的不发展，所以在人们的相互关系中经济因素才不起决定作用，社会制度的性

---
① 《马克思恩格斯全集》第21卷，人民出版社1965年版，第30页。
② 《马克思恩格斯全集》第21卷，人民出版社1965年版，第40页。
③ 转引自《马克思恩格斯全集》第21卷，人民出版社1965年版，第32页。

质才为血族关系的性质即原始家庭的形式所决定。

诚然，包括摩尔根在内，都肯定劳动生产力的发展是人类历史（其中也包括史前史）发展的动力，他指出："人类进步的一切伟大时代，是跟生存资料扩充的各个时代多少直接相符合的。"因此，原始家庭形式的每一个进步也都是在生产力不断发展的推动下取得的。在原始时代中，生产力的发展对原始家庭形式的进步所起的作用大致可分为两个阶段：在最初阶段，它促进了氏族制度的形成，在随之而来的阶段，它又促进了氏族制度和以氏族制度为基础的原始共产主义制度的解体。

在历史的最初阶段，人类才刚刚学会制造和使用极简单的生产工具，在形成生产力的诸因素中人本身便是决定性的因素，因而改善人类自身的状况对于生产力的进步具有决定性的意义。而在当时人类所能用来改善自身状况的手段，只有通过自然选择的原则来改进人类自身的生产。所以在蒙昧和野蛮时代，家庭形式所经历的一切变化起初都是遵循着自然选择的原则进行的："被共同的婚姻纽带所连结的范围，起初是很广泛的，后来越来越小，直到最后只留下现在占主要地拉的成对配偶为止。"① 在血缘家庭发展的过程中，凡血亲婚配进一步受到限制的地方，其发展远比那些依然把兄弟姊妹之间的婚姻当作惯例和义务的地方更加迅速，更加完全。恩格斯说："这一进步的影响是多么强大，可以用氏族的建立来作证明，氏族就是由这一进步直接引起的，而且远远超出了最初的目的，它构成地球上即使不是所有的也是多数的野蛮民族的社会制度的基础……"②

但是，在随之而来的时期，生产力的进一步发展又导致了氏族制度的最后解体和个体家庭的出现。由于生产工具的进步和社会财富的逐渐积累，人类个体独立生活的能力也在不断提高，因而群体在人类生活中的意义也愈来愈减弱。与此同时，分工、交换和私有财产也逐渐发展起来，在旧的血缘关系的胞胎内发展了财产关系的新因素，于是家庭形式的发展又获得了新的动力，它不再是以婚姻限制为手段的人类自身的生产，而是以劳动资料为手段的物质财富的生产，于是以财产关系为基础的新家庭形式

---

① 转引自《马克思恩格斯全集》第21卷，人民出版社1965年版，第42页。
② 转引自《马克思恩格斯全集》第21卷，人民出版社1965年版，第49页。

（个体家庭）便逐渐取代了以血族关系为基础的旧家庭（氏族）。

原始时代的生产力是极端低下的，物质资料的极端贫乏使任何真正的财产所有制都不可能产生出来。真正的原始共产主义的财产公有制也只能出现于史前历史的后期阶段。所有制是历史范畴，它仅仅是和历史发展的一定阶段相联系的。在严格意义的财产制度尚未出现或仅仅处于萌芽阶段的时候，自然说不上它对社会制度的决定作用。所以，在从血缘家庭到对偶家庭的漫长发展过程中，支配着人类历史的不是经济规律，而是自然规律，是自然选择的原则。"没有血缘亲属关系的氏族之间的婚姻，创造出在体质上和智力上都更强健的人种，两个正在进步的部落混合在一起了，新生一代的颅骨和脑髓便自然地扩大到综合两个部落的才能的程度。"① 到了野蛮时代的初级阶段，部落内部的婚姻禁例日益增多，一切亲属之间都被禁止结婚。这样，就使任何形式的群婚制度都成为不可能的了，它终于为对偶家庭所排挤。"在成对配偶制中，群已经缩小到它的最后单位，仅由两个原子组成的分子，即一男一女。自然选择已经通过日益缩小婚姻关系的范围而完成了自己的使命，在这一方面，它再也没有什么事可做了。因此，如果没有新的，社会的动力发生作用，那末，从成对配偶制中就没有任何根据产生新的家庭形式了。"② 但是这种新的动力已经产生并且开始发生作用了，这就是刚刚发展起来的私有财产制度。只是从这时起，经济关系才对家庭形式从而对整个社会制度的变化和发展发生决定性的作用。

由此可见，原始共产主义的经济制度即使它早已产生并确实存在过，它对原始社会制度的发展也未曾起过十分重要的作用，它不过是人类的自然状态的延续，是传统的消极产物，而不是由人类自身创造（通过劳动）的积极的社会因素。在对偶婚姻制开始出现的时候，由于它本身还很脆弱，还很不稳定，还"不能使人需要有或者只是愿意有自己的家庭经济，因此它根本没有使早期传下来的共产制家庭经济解体"③。只是伴随着私有财产的出现而产生了一夫一妻制的个体家庭以后，这种共产主义的家庭经

---

① 转引自《马克思恩格斯全集》第21卷，人民出版社1965年版，第58页。
② 转引自《马克思恩格斯全集》第21卷，人民出版社1965年版，第65页。
③ 《马克思恩格斯全集》第21卷，人民出版社1965年版，第60页。

济才最后崩溃，同时，母系氏族也过渡到父系氏族。而从建立了父系氏族的时候起，财产关系的支配作用就日益显露出来了。从此以后，才能谈到经济关系对整个社会制度的决定作用。

恩格斯关于两种生产的理论是对历史唯物主义原理的重大发展，为认识人类史前时代的漫长历史提供了思想武器。历史唯物主义是支配人类社会发展的最一般规律，然而人类起源于动物，从人类刚刚由动物界脱离出来的时候起，到形成由人们自身所创造的社会止，必然要经历一个漫长的过渡时期。在这个过渡时期的开始阶段，支配人类肉体生产的自然规律必然起着决定的作用。人类的生产和生活在多大程度上依赖于自然，人类社会的组织和结构也就在多大程度上打上自然的烙印。正如马克思和恩格斯早就指出的，人对自然界的狭隘关系，制约着人们相互之间的狭隘关系，所谓经济关系以及以这种关系为基础的社会结构是人类在自己的劳动过程中创造出来的，人们在通过劳动生产自己的物质生活资料的同时，也生产着自己的生产关系。因此，在生产力极不发达的人类原始时代，人们的社会生活仍然以自然形成的关系（血缘亲属关系）为基础，而不是以他们所创造的经济关系为基础，这是很自然的事。只有随着生产力的逐渐发展，人们在越来越大的程度上不是以自然生长的产物而是以劳动创造的产物为其生活资料的源泉，人们之间的相互关系才会在越来越大的程度上失去自然关系的性质。按照马克思主义的观点，只有经过商品生产和交换的充分发展，人们之间的相互关系才具有纯经济关系的性质。不懂得这个自然关系和经济关系的历史辩证法，不仅对恩格斯的两种生产的理论会感到奇怪而不可接受，而且对历史唯物主义的实质也只能停顿在庸俗片面的理解上。

二

自从恩格斯明确地论述了两种生产的理论之后，资产阶级和修正主义的庸夫俗子们就纷纷加以攻击和责难。他们或者认为，这是恩格斯在晚年

"改变了观点","背叛了"唯物史观,意味着历史唯物主义的"破产"[①];或者认为它"是人为地嫁接到马克思主义学说上去的"非有机的部分,是"企图'补充'历史唯物主义学说,而这种补充导致了历史唯物主义学说内部结构的破坏"[②];而更多更流行的说法,则是认为恩格斯的这个理论"犯了二元论的错误"。为了证明这一类"批评"的思想浅薄和毫无根据,我们需要考察一下,在马克思的著作中关于人类历史发展的描述和恩格斯的上述思想究竟有无原则的不同。

1859年,马克思在《〈政治经济学批判〉序言》中对历史唯物主义的观点作了经典性的表述,其中对人类历史上经过的几个重要时期作了大致的划分。他说:"大体说来,亚细亚的、古代的、封建的和现代资产阶级的生产方式可以看作是社会经济形态演进的几个时代。"[③] 在这里,他把所谓亚细亚生产方式看作人类历史上最早出现的一种"社会经济形态"。但是我们注意到,马克思所说的亚细亚方式并不包括整个原始时代,而是指原始时代末期作为向文明时代的过渡而出现的农村公社土地公有制的形式。在马克思最初提出亚细亚生产方式的时候,他对人类史前史的内容还知道得很少. 不过那时他就已经明确地指出,对于这种"自然形成的共产主义"来说,自然形成的部落共同体是它得以产生和存在的第一个前提。他说:"部落共同体,即天然的共同体,并不是共同占有(暂时的)和利用土地的结果,而是其前提。"[④] 这就是说,在马克思看来,古代农村公社的土地所有制形式不是部落共同体(当时唯一的社会组织)的基础,而部落共同体倒是这种土地所有制形式的前提和基础。这就意味着,即使在原始时代的末期,在所谓亚细亚生产方式中,自然形成的血缘亲属关系以及由这种关系结成的社会共同体,较之人们相互间的经济关系来说仍然是一种更为根本和更为牢固的关系。

---

① 参见[俄]普列汉诺夫:《论一元论历史观的发展》,新华书店发行,1949年,第116—117页。
② [德]亨利希·库诺:《马克思的历史、社会和国家学说》第2卷,袁志英译,上海人民出版社1966年版,第4章,第107、141页。
③ 《马克思恩格斯全集》第13卷,人民出版社1962年版,第9页。
④ 《马克思恩格斯全集》第46卷上册,人民出版社1979年版,第472页。

1881年春，马克思在给俄国作家查苏利奇的信稿中，详尽地谈到了他关于农村公社的意见。大约就在这个时候，他正在仔细阅读摩尔根的著作，因此他对上古史的发展已有了一个较清晰的概念。在这些信稿中，马克思把人类的整个原始时代叫作"原生的社会形态"，而把进入文明时代以后的历史叫作"次生的社会形态"。他认为人类的史前历史就像"地球的太古结构或原生结构是由一系列不同时期的沉积组成的"一样，也表现为"一系列不同的、标志着依次更迭的时代和阶段"。而农村公社则是这种"原生的社会形态的最后阶段"①。马克思根据毛勒②著作中提供的材料指出，最初在印度发现的这种农村公社在德国也同样存在过，它是"从较早的古代类型的公社中产生出来的。在这里，它是自生的发展的产物，而决不是从亚洲现成地输入的东西"③。因此，所谓亚细亚生产方式并不仅仅是在亚洲存在过。它是几乎所有文明民族所共同经历的一个发展阶段，"是古代形态的最后阶段或最后时期"④。马克思说："'农村公社'到处都是古代社会形态的最新类型；由于同样原因，在古代和现代的西欧的历史运动中，农业公社时期是从公有制到私有制、从原生形态到次生形态的过渡时期。"⑤ 正因为原始公社经历了一系列发展阶段，所以马克指出，"把所有的原始公社混为一谈是错误的"⑥。他认为，"所有较早的原始公社都是建立在自己社员的血统亲属关系上的"，而较晚的农业公社则割断了这种牢固然而狭窄的联系，从而能够扩大范围并保持同其他公社的接触。⑦

　　从以上马克思关于古代社会形态的论述中，可以十分明白地看出，他和恩格斯的观点是非常一致的，这就是说，在人类历史的早期阶段，从人类本身生产中自然地形成起来的血缘亲属关系构成了整个社会制度的基础，而经济关系开始只居于从属的地位，只是随着私有财产的出现和交换

---

① 参见《马克思恩格斯全集》第19卷，人民出版社1963年版，第444、450页。
② 当指"约翰·穆勒"。——编者注
③ 参见《马克思恩格斯全集》第19卷，人民出版社1963年版，第433—434页。
④ 《马克思恩格斯全集》第19卷，人民出版社1963年版，第434页。
⑤ 《马克思恩格斯全集》第19卷，人民出版社1963年版，第435页。
⑥ 《马克思恩格斯全集》第19卷，人民出版社1963年版，第432页。
⑦ 参见《马克思恩格斯全集》第19卷，人民出版社1963年版，第434页。

的发展，经济因素的作用才逐渐上升为社会中的决定力量。

根据马克思的观点，一切历史时代的人们都生活于一定的社会共同体中，这种社会共同体的性质到处都制约着个人的发展。人类个体只有在社会中并且通过社会才能获得自身的规定性。但是社会又不是完全脱离个人并存在于个人之外的某种东西，社会不是别的，它只是表示这些个人彼此发生的那些联系和关系的总和，个别的个人正是由这些联系和关系决定的。然而在人类历史发展的不同阶段，存在于各个个人之间的联系和关系具有不同的性质，最初是自然形成的关系构成人们共同生活的纽带，而经济的联系和关系则是随后发生并逐渐取得支配地位的。因此，不难理解，在人类发展的不同阶段上，构成人们的共同体的基础和纽带经历着历史性的变化，相应于这种变化，社会共同体也改变着自己的性质。最初形成的社会共同体是以血缘亲属关系为其基础和纽带的，如果说"血缘家族是第一个'社会组织形式'"[1]，那么，普那鲁亚家族和随后而来的氏族和部落，则是人类早期的社会共同体所经历的几个重要阶段。稍后出现的社会共同体是以地域的联系为基础的，虽然在这种共同体内财产关系已具有头等重要的意义，但是原始形式下的财产仍然主要是由自然要素构成的，因此把人们联结在一起的纽带仍旧是自然形成的因素（土地），只是由于人们一般地不能脱离土地，他们才必然生活在以土地为纽带的共同体内。正如马克思指出的，财产的一切原始形式必然表现为人们把各种制约着生产的自然因素看作自己所有这样一种关系。这些原始的财产形式既是一定社会共同体的经济基础，同时又以自然形成的一定共同体（部落）作为自己的前提。在这样的条件下，社会的权力通常表现为土地的属性，而统治者个人也往往具有自然尊长的威严。因此，只要自然形成的生产条件仍然统制着人们的生产，人类社会的制度和组织就不可能建立在纯经济关系的基础上。经济关系在整个社会生活中的决定作用只是随着资本主义生产方式的确立而获得典型表现的。在历史上，只有资本对劳动的关系才表现了纯粹的、不加掩饰的经济权力的统治。在资本主义生产形式下，由于商品生

---

[1] 马克思：《摩尔根"古代社会"一书摘要》，人民出版社1965年版，第20页。

产的发展和交换的普遍化，由劳动所创造的物质条件越来越成为生产的主要手段，于是以自然因素为纽带的共同体的存在就完全成为不必要的了。所以在资本主义社会中，甚至在家庭内部，一切超出经济外的关系都荡然无存了。由此可见，在全部以往的历史中，人们克服自然条件的统制而走向独立的过程。也正是他们摆脱自然形成的共同体而使之解体的过程。生活在资本主义社会中的个人，由于最终摆脱了一切形式的原始共同体的制约而误认为真正的独立和自由已经实现，但实际上，他们却更加牢牢地被束缚在无所不包并日益和个人相脱离的经济关系的统制之下。商品生产和交换是破坏原始共同体和促成个人"自由"和"孤立化"的主要手段，人们越是摆脱了原始的共同体而走向"独立"和"自由"，他就越是孤立无援和绝望地陷入商品经济关系的无底深渊之中。这种商品经济关系用无形的绳索把单个的个人锁在新的社会共同体内，成为这个共同体的锁链上的一环。所不同的是，现在的这种共同体不再出现在自然形态（部落、家庭、地域等等）上，而是出现在由人们自己的劳动所创造的纯经济关系的形态上，即出现在"价值形态"（商品、货币、资本等等）上。

这个自然关系和经济关系的辩证法是全部人类历史发展中的最深刻的内容之一。它是历史唯物主义的更为基本、更为普遍的规律。不深入研究这个规律，不仅会对恩格斯阐明的两种生产的理论感到不可理解，而且不可避免地要把历史唯物主义片面化地曲解为"经济唯物主义"。

然而在人类历史上，自然关系和经济关系的辩证法又是同两种生产的辩证法密切地联在一起的，并且这两种规律都是在生产力发展的基础上发生作用的。如果说，在人类社会中从自然关系的统制到经济关系的统制是由于生产力的高度发展，由于人类摆脱了自然力的统制而获得独立的结果，那么从以人本身的生产为目的转变为以各种形式的财富生产为目的，同样是由于生产力发展的结果。事实上，在历史发展的各个阶段上，都同时存在着人本身的生产和物质资料的生产，构成社会总生产过程（即再生产过程）的两个不可分割的环节。因为从生产条件来说，它永远包含着人和物两个方面的因素，所以要再生产出这种生产条件，就必然包含人的生产和物的生产。问题只在于，这两种生产在不同的社会发展阶段上，所表现的形式和内容不同，它们相互间的关系和地位也不相同。

在原始时代，人类刚刚从动物界分离出来，物质资料生产的能力十分低下，人类要在恶劣的自然环境中得到生存和发展，它所能利用的手段主要有两个因素，第一是群体的力量，第二是通过自然选择的路来加强种的繁衍。因此在原始时代，人本身的生产基本上表现为种的繁衍，而物质资料的生产则是从属于这一总的目的和过程的。而在资本主义社会中，人本身的生产则具有了更加复杂的形式和多方面的内容。马克思在他的经济著作中把人本身的生产区分为三个方面：首先是与消费同一的生产，即狭义的消费，通过生活资料的消费而再生产出原有的主体；马克思叫它"第二种生产"。它是靠消灭"第一种生产"（物质资料的生产）的产品引起的。"在第一种生产中，生产者物化，在第二种生产中，生产者所创造的物人化。"[①] 其次是"自然的生殖"，即人类的延续和人口的增长。第三是教育、训练、医疗、体育等等。在资本主义制度下，即使为了把人仅仅当作劳动力再生产出来，也需要在最必需的生活资料的消费之外，在教育、训练、发展和维持生产者的劳动能力方面进行必要的投资。[②]

在《资本论》和其他经济著作中，马克思还着重研究了两种生产的关系在历史上所发生的变化，指出这种变化是按照一定的辩证规律进行的。如前所说，在原始时代，人本身的生产以及在这个基础上产生的原始共同体是物质资料生产的自然前提和最终目的。正如马克思所说："公社本身及其条件表现为生产的基础，而公社的再生产表现为生产的最终目的。"[③] 在这种情况下，物质资料的生产表现为人本身生产的一种单纯的手段和从属因素。然而生产力的发展又必然要扬弃再生产过程的这种原始性质。物质资料的生产虽然最初是作为人的生产的单纯手段发展起来的，而当这种发展达到一定的界限时，它就超出了单纯作为人的生产的手段的范围。这种超出最初主要表现在两个方面：一是随着剩余生产物的出现和交换的发生，人们开始把财富的积累当作生产的目的；二是由于生产资料在物质生

---

① 《马克思恩格斯全集》第46卷上册，人民出版社1979年版，第28页。
② 参见《马克思恩格斯全集》第23卷，人民出版社1972年版，第194页。
③ 参见《马克思恩格斯全集》第25卷，人民出版社1974年版，第940页。

产过程中作用的增强和它的生产的独立化，使人们把生产资料的生产和占有当作目的本身。这两个因素结合在一起就导致了私有财产和奴役他人现象的发生，于是人本身不仅不再是生产的目的，而且变成了物质生产的单纯工具。两种生产的关系就这样在历史上发生了第一次大变化，它们的地位各自朝着相反的方面转化，以致被彻底倒转过来了。因此，所谓"人的本质的异化"，不过是社会生活再生产过程这一根本性质变化的表现。这种情况在整个阶级社会中一直持续地存在着，最后在资本主义社会中达到了它的顶点。恩格斯指出："卑劣的贪欲是文明时代从它存在的第一日起直至今日的动力，财富，财富，第三还是财富——不是社会的财富，而是这个微不足道的单个的个人的财富，这就是文明时代唯一的具有决定意义的目的。"① 生产的目的离开人本身的生产越来越远，如果说在中世纪整个社会生产的目的还主要地是为了消费，是为了统治者们的享乐和挥霍的需要，那么到了资本主义时代，资本家只是作为人格的资本，他的灵魂是资本的灵魂。"而资本只有一种生活本能，就是增殖自身。"② 所以马克思称前资本主义社会是为消费而生产，而资本主义社会则是为了生产而生产，为发财而发财。这就是说，在资本主义制度下，正像原始时代把物质生产当作人的生产的单纯手段一样，它如今却把人的生产当成了物质生产的一个单纯的手段，物质变成了目的，而人却沦为手段，这似乎是人的异化之最极端的表现。

以上论述的是迄今为止人类历史上存在过的两大时期，即史前时期和文明时期。史前时期又包括蒙昧时代和野蛮时代，而文明时期则包括奴隶制、封建制和资本主义三个时代。如果说蒙昧时代典型地表现了人类史前史的内容和特征，资本主义时代则可被看作文明史上的典型形态。我们以这两个时代为标本，便可以得到历史唯物主义普遍规律的两种不同的具体表现形式，在蒙昧时代，历史发展的主要规律是"自然选择—家庭关系—亲属制度"；而在资本主义社会中，历史发展的主要规律则是生产力—经济关系（基础）—上层建筑。在从野蛮时代到封建时代的各个历史时期

---

① 《马克思恩格斯选集》第 4 卷，人民出版社 1958 年版，第 173 页。
② 《马克思恩格斯全集》第 23 卷，人民出版社 1972 年版，第 260 页。

中，历史唯物主义规律的具体形式又会表现出各种复杂的情况。这就说明，我们对历史唯物主义基本观点的理解不应局限于经济关系的狭窄范围内，而应该根据各个历史时代的具体特点作出广义的解释和灵活的运用。

三

不懂得关于两种生产的历史辩证法，就不能科学地说明人类以往的全部历史，也不能正确地理解人类发展的未来。如果人类的进步和发展注定不能摆脱物质欲望的困扰，而人们对经济利益的片面追求果真是无止境的，那么不管生产力有了怎样高度的发展，共产主义都将永远是一种不能实现的空想。一切抱有资产阶级庸俗观点的人都是这样看待共产主义，理解人类未来的。然而从马克思主义的观点看来，人类决不会永远成为经济关系的奴隶，正像它不会永远成为自然界的奴隶一样。人类本身既是来自自然界又是属于自然界的，人和自然界的关系永远制约着人们之间的相互关系。因此人对自然界的改造和对人类（社会）自身的改造是同时进行的。人类越是在更大的程度上改造并认识了自然界，它也就在更大的程度上改造并认识自身，从而它离开自然界即动物界就越远。人类原始家庭形式的进步便是一个明显的例证。一旦人类认识到自然选择规律的作用之后，它就成了促进人类原始家庭形式向前发展的强有力的动力。文明时代的人类虽然把财富的生产当作最高目的，但是随着这种物质生产的日益发展，人类就愈是脱离自然界而独立，那种源出于动物界的经济形式也就愈是要丧失其支配作用。这就是说，随着劳动生产力的高度发展和人类对自然界及其自身的认识不断深化，一方面人们的基本生活需要将获得充分而普遍的满足，另一方面他们的精神生活的需要就必然要空前迅速地发展起来，在这种趋势下，人们对物质利益的片面追求将不再成为历史进步的动力。于是，造就一种新型的、全面发展的人类个体的任务就会提到历史发展的日程上来。从这时起，人类自身的生产就将重新成为目的，而物质资料的生产（生产劳动）则变成为造就全面发展的个人而加以合理利用的一种单纯的手段。这就是说,劳动变成了人类生活的"第一需要"。从全部人类历史发展的过程来看,人类自身的生产既是出发点,又是最终的结果,区别只是在人类历史的早期阶段,这种生产只能通过自然选择的道路来进行,而到了共产主义,人类就带着它的全部丰富性,凭着它在漫长的历史过程中所获得的强大的物质手段和精神手段来创造全面发展的个人。只有在那样的时候,物质资料的生产本身才不再是目的,创造全面发展的个人才是推动历史发展的动力,决定着人们行为的动机。

马克思说,"古代的观点和现代世界相比,就显得崇高得多,根据古代的观点,人,不管是处在怎样狭隘的民族的、宗教的、政治的规定上,毕竟始终表现为生产的目的,在现代世界,生产表现为人的目的,而财富则表现为生产的目的。事实上,如果抛掉狭隘的资产阶级形式,那么,财富岂不正是在普遍交换中造成的个人的需要、才能、享用、生产力等等的普遍性吗?财富岂不正是人对自然力——既是通常所谓的'自然'力,又是人本身的自然力——统治的充分发展吗?财富岂不正是人的创造天赋的绝对发挥吗?这种发挥,除了先前的历史发展之外没有任何其他前提,而先前的历史发展使这种全面发展,即不以旧有的尺度来衡量的人类全部力量的全面发展成为目的本身。在这里,人不是在某一种规定性上再生产自己,而是生产出他的全面性,不是力求停留在某种已经变成的东西上,而是处在变易的绝对运动之中。"①

马克思在这里所谈的正是关于两种生产的历史辩证法。不过在人类自身生产中他强调的不是原始人类自身的生产,而是未来世界的人类个体的生产。在这两者之间存在着巨大的差别,前者只是人类"在某一种规定性上再生产自己",而后者则是"生产出他的全面性"。从前者通向后者的道路是由人类历史的发展铺平的,为了铺平这条道路,人类不得不付出巨大的牺牲,不得不把财富的生产当作凌驾于自身之上的最高目的。历史虽然走过了曲折的道路,但这种曲折却是人类在通向未来的前进过程中所不可避免的。

---

① 《马克思恩格斯全集》第 46 卷上册,人民出版社 1979 年版,第 486 页。

资产阶级思想家总是喜欢抽象地谈论自由，殊不知自由这个概念本质上是一个历史辩证法的范畴，它的内容和意义是随着人类历史的发展而一同发展的。对于全部人类历史的发展来说，这一概念的最高意义意味着"自由王国"的实现，然而"自由王国"的实现却必须要通过"必然王国"。不懂得历史的辩证法的发展而滥用自由概念的人们，把"自由化"当作人类解放的同义语，这只能沦为资产阶级思想的俘虏。马克思说："自由王国只是在由必需和外在目的规定要做的劳动终止的地方才开始，因而按照事物的本性来说，它存在于真正物质生产领域的彼岸。像野蛮人为了满足自己的需要，为维持和再生产自己的生命，必须与自然进行斗争一样，文明人也必须这样做；而且在一切社会形态中，在一切可能的生产方式中，他都必须这样做。这个自然必然性的王国会随着人类的发展而扩大，因为需要会扩大，但是，满足这种需要的生产力同时也会扩大。这个领域内的自由只能是：社会化的人，联合起来的生产者，将合理地调节他们和自然之间的物质变换，把它置于他们的共同控制之下，而不能让它作为盲目的力量来统治自己，靠消耗最小的力量，在最无愧于和最适合于他们的人类本性的条件下来进行这种物质变换，但是不管怎样，这个领域始终是一个必然王国。在这个必然王国的彼岸，作为目的本身的人类能力的发展，真正的自由王国，就开始了。但是，这个自由王国只有建立在必然王国的基础上，才能繁荣起来。工作日的缩短是根本条件。"①

按照马克思的观点，无论经济必然性是作为和人相异化的盲目力量而统治着人们，还是由联合起来的生产者自觉地加以调节和控制，物质生产和经济关系的领域始终是一个必然王国的领域。尽管"自由王国只有建立在必然王国的基础上，才能繁荣起来"，但是，任何以物质生产为自己决定性基础的人类社会，都不能被看作自由王国。在这种情况下要求个人对社会的绝对自由，即绝对地以个人而不是以社会为出发点，是荒谬的。我们已经知道，对于蒙昧时代的人类来说，原始的自然形成的共同体（原始家庭、氏族、部落）既是社会再生产的前提，也是它的结果。在资本主义

---

① 《马克思恩格斯全集》第25卷，人民出版社1974年版，第926—927页。

制度下，社会再生产的出发点和终结点则变成了纯经济的关系（经济共同体）。社会主义扬弃了资本主义经济关系的纯粹自发的、盲目的性质，但是在劳动生产力没有高度发展、工作日没有极大缩短的情况下，却不可能取消这种经过改造了的经济关系对整个社会生活的决定和支配的地位。所以，无论是资本主义社会还是社会主义社会，经济关系都是事实上的出发点，个人只能在想象中才能摆脱这种关系或企图凌驾于它之上。不过区别还是存在的。在资本主义制度下，由经济关系结成的社会共同体是以一种异己的、强制的和盲目的力量出现在个人面前，个人服从它的规律就像服从盲目的自然规律一样，而在社会主义社会中，则要求个人把社会全体的利益当作共同的利益而自觉地加以服从。在社会主义社会，物质生产领域的利益对实现整个社会进步仍然是具有决定意义的因素，只有在这个总的前提下才能具体地谈论个人的自由和发展。超出了这个范围的个人自由只能带来破坏性的后果。

然而马克思主义并不把物质生产和经济关系看作人类自由的不可逾越的界限，而是认为随着人类历史的进一步发展和劳动生产力的极大提高，人类终有可能通过必然王国达到自由王国，那时，社会就将建立在新的基础之上，不再是物质生产方式即经济关系构成整个社会生活的决定性基础，而是人本身生产的方式即再生产全面发展的个人的关系构成这种基础，前者将以一种被扬弃了的形式包含在后者之中。到那时，所谓社会一词就既不是指自然形成的原始共同体，也不是指尔后出现的经济共同体，而是以创造全面发展的个人为最高目的的"自由人的联合体"。用马克思的话来说：它"将是一个以各个人自由发展为一切人自由发展的条件的联合体"①。只有在这样的社会中，社会对个人来说才不再表现为一种实体性的、外在的强制力量，全面发展的个性本身即同时是一种直接的社会性，从而个人对社会来说也就获得了完全的独立和自由，因而人本身才重新成为社会再生产（人类自身的生产）的出发点和最终目的。不过现在的所谓人，不是指原始的家庭、氏族和部落，而是指既摆脱了对自然（外部自然

---

① 《马克思恩格斯全集》第4卷，人民出版社1958年版，第49页。

和人本身的自然）的奴隶地位而独立，又摆脱了对社会的奴隶地位而独立的终于成熟了的、真正成为自然和社会的主人的人类个体。

不过所谓"自由人的联合体"也绝不是建立在个人的纯粹自由意志的基础上，真正自由的活动，不仅以全面发展的个人对于外部自然和人本身的自然规律的充分认识为基础，而且作为一种客观的活动，本身有着自己的规律。任何活动总是以一定的客观条件为前提的，绝对意义上的不受任何限制的活动是不存在的，在共产主义下也不例外。不过这时的限制不再表现为外部条件对活动的限制，而是活动自身对自身的限制。同时既然这时活动以发展人的能力为目的，因此它本身就以超越这种限制为前提。"在这里唯一的前提就是超越出发点。"① 一切由人类从自然界继承下来的以及自身所创造的因素都不可能永远地成为人类自由的界限。因此所谓自由王国必须在上述意义上来理解，而不能陷于抽象的自由观。只有在这种意义上，才能有条件地用得上马克思在其早期著作中的一段话："共产主义作为完成了的自然主义，等于人本主义，而作为完成了的人本主义，等于自然主义，它是人和自然界之间、人和人之间的矛盾的真正解决，是……自由和必然、个体和类之间的抗争的真正解决。"②

综上所述，我们大致考察了整个人类历史发展的三个时期。这三个时期之间的历史差别是如此明显，我们若不对历史唯物主义的基本观点作广义的解释，就不能对全部人类历史发展作出统一的、科学的说明。为了要在更加广泛的意义上理解历史唯物主义，就不能仅仅局限于从物质生产即经济关系的领域来考察历史的发展，而应该从两种生产（物质资料的生产和人类自身的生产）及其相互关系的历史辩证法的观点来加以考察。而我们一旦把自己的眼光放大到两种生产的历史地变化着的关系上去，就会立刻理解到，支配着人类历史发展的规律绝不是永恒的、不变的，而是历史地起着变化的，随着历史的发展它不可避免地要改变自己的形式。根据这个观点我们也可以得出结论说，马克思主义也是一定要发展的，但是这种发展必须建立在历史自身的发展和人们对它正确认识的基础之上。如果离

---

① 《马克思恩格斯全集》第46卷下册，人民出版社1980年版，第34页。
② 马克思：《1844年经济学哲学手稿》，人民出版社1983年版，第73页。

开这条正确的道路，用抽象人本主义的"异化史观"来代替庸俗唯物主义的"经济史观"，那不仅同样是片面的，而且从根本方法上说，甚至可能重蹈唯心史观的覆辙。

从"实践"转向"物质生产"的逻辑过渡
——试析社会关系范畴在马克思主义哲学中的地位和意义[①]

孙伯鍨 张一兵 陈胜云

自80年代[②]以来,国内学术界从美学、文学和哲学诸方面对马克思主义的实践规定已经进行了长时间的讨论,有成就也有偏差。在这些讨论中,人们一般总是从马克思的《关于费尔巴哈的提纲》(以下简称《提纲》)论及实践,并将其视为这一文本的唯一理论焦点,由此推定它是马克思主义哲学的起始范畴。且不说这里对实践概念的把握,在方法论上常常是非历史的,就是马克思这一文本也不仅仅只有一个主题。我们认为,在人们集中关注的实践焦点之外,马克思实际上还专门论说了另一个重要的主题,这就是对实践作进一步历史唯物主义界定的社会关系范畴。对这一理论质点的盲视,使得相当的一部分论者没有注意到马克思从对"实践"的科学阐明(《提纲》)到对"物质生产"的历史分析(《德意志意识形态》)的重要逻辑过渡。为此,本文尝试从对马克思文本的解读出发,作出一些我们认为是必要的理论说明。

说1845年春天突现的马克思主义哲学的新地平最初是建立在实践这个基本概念之上的,这似乎没有疑问。关键在于怎样理解实践这个概念。照我们看,马克思的《提纲》中有两个主题而不是一个,这就是唯物主义地理解的实践和一定历史条件下的具体的社会关系。而这又是与这样一种提法相一致的:科学地理解实践范畴必须注意下述两个问题,第一,马克

[①] 原载《江苏社会科学》1997年第1期。
[②] 指20世纪80年代。——编者注

思始终是在唯物主义基础上理解实践的；第二，马克思是联系具体的社会历史关系来谈实践的。

马克思在唯物主义基础上理解实践的深刻含义，体现在他对旧唯物主义特别是费尔巴哈的直观唯物主义的超越上。这主要集中在《提纲》的前五条。第一条和第五条可以联系起来读，在这两条里，马克思着重阐述他自己的新唯物主义同包括费尔巴哈在内的旧唯物主义之间的哲学分歧。首先，马克思并没有推翻唯物主义的基本原则，而是在充分肯定费尔巴哈唯物主义基本前提的基础上，作出了进一步的发展和阐明。众所周知，费尔巴哈的唯物主义是通过对黑格尔思辨哲学的批判而得出的合理结论，他通过否定黑格尔哲学的唯心主义而历史性地恢复了唯物主义的应有地位。费尔巴哈首先批判了黑格尔哲学唯心主义的思辨性。他指出，虽然黑格尔也大谈其存在，但是存在在他那儿只是抽象思维的对立物，是与思维主体相对立的思维实体，存在及其自我生成、自我综合的运动虽然也被摆在对象的位置上，但却不是真正的客观对象。在《精神现象学》一书中，黑格尔恰恰是从感性直观的证伪出发，经过意识和自我意识的非自足性的确证，最后达到概念这个思维一般的逻辑起点的。接下来的《哲学全书》，则是这个概念化了的神创造世界过程的展开。费尔巴哈正是从思辨转向生活之后才发现了黑格尔哲学的这种头足倒置，因此竭力把它倒过来，"想要研究跟思想客体确实不同的感性客体"①。因而费尔巴哈则突出强调了生活的感性性质、感性原则。这样，费尔巴哈就以感性对象、感性客体取代了黑格尔的思维对象、思想客体。所以，在费尔巴哈的著作中充满了"感性"这个词。而从强调"感性"这一点来看，费尔巴哈的哲学较之黑格尔哲学的确更接近了人的现实生活。

但是，在马克思看来，费尔巴哈的哲学依然是不彻底的，它没有在唯物主义原则的基础上真正把握到人类生活的感性物质基础。因此，马克思对费尔巴哈的唯物主义作了重大的修正：即用实践的"感性活动"取代了费尔巴哈反复强调的感性对象。如果说感性直观的对象已经不同于思想客

---

① 马克思、恩格斯：《费尔巴哈》，人民出版社1988年版，第83页。

体,那么作为感性活动的客观实践过程,包括处于这一过程中的、不断改变的对象同样也不同于思想客体。所以,马克思批评费尔巴哈没有把感性看成是实践,是感性活动,批判他没有把直观的对象转变为感性活动中的对象,显然是在肯定费尔巴哈唯物主义,而不是用既非物质也非精神的中立性概念来批判费尔巴哈。《提纲》的第一条就讲到:"从前的一切唯物主义(包括费尔巴哈的唯物主义)的主要缺点是:对对象、现实、感性只是从客体的或者直观的形式去理解"①,这里的"只是"说明马克思并未否定唯物主义的一般前提,而是批评其不足。接着,马克思说旧唯物主义者"不是从主体方面去理解",这里讲的"主体"是指人的感性物质活动,即实践,意在用感性活动取代费尔巴哈的感性对象。一般来讲,联系到黑格尔、费尔巴哈和马克思,主体实际上有三种不同含义:黑格尔的主体指的是思维、思维活动,费尔巴哈的主体则是感性需要和感性直观的主体,马克思在批判前两种主体观的前提下,把主体首先理解为人类的感性实践活动,即人类的物质生产活动。所以,主体这个范畴在这种特定场合里,不能作随意的解答。显然,把《提纲》的第 1 条与第 5 条联系起来看,人们只能把马克思的实践范畴理解为是在唯物主义基础上使用的。

联系学术界对实践唯物主义的讨论,我们认为,考虑能否以"实践唯物主义"来命名马克思主义哲学,首先得看"实践唯物主义"支持者是否是在唯物主义的基础上理解实践,而不在于"实践唯物主义"这个名称本身。其实,如果遵循马克思主义哲学创始人的思路,就不难看到,从《神圣家族》到《德意志意识形态》(以下简称《形态》),马克思都是在唯物主义的基础上来运用实践概念的。马克思使用实践范畴不是从《提纲》开始,他在唯物主义基础上使用实践概念比较早也比较多的是在《神圣家族》一书里。在《神圣家族》里,马克思公然声明自己是一个唯物主义者,表示要对黑格尔和青年黑格尔派进行彻底的清算,并多次将思想和物质实践对峙起来。他认为思想既不能创造历史、也不能推动历史前进,单凭思想根本不能变革现实,只有通过实践即实践着的人才能做到这一点。

---

① 马克思、恩格斯:《费尔巴哈》,人民出版社 1988 年版,第 83 页。

从《提纲》和《形态》开始，马克思确立了自己的历史唯物主义（"新唯物主义"）的哲学方法，马克思把实践放在这个体系的基础位置上，不仅把思想和实践在历史领域里对峙起来、区分开来，而且阐明了二者的关系。马克思认为，全部历史都是由物质实践推动的。《提纲》的第三条虽然文字不多，却深刻地揭示了这一观点。马克思确定的实践概念，是对法国唯物主义关于人和环境关系的二律背反所作的唯物主义的解答。马克思认为，实践是推动全部社会历史发展的决定性力量，它既推动环境的改变，也推动人的改变，只有在实践的基础上才能达到环境的改变和人的改变的一致。人当然受环境决定，但另一方面，人也改变环境。环境的改变和人的改变都不是由思想所引起、由精神所推动的，而是由人的物质实践推动的。所以，《提纲》的第三条实际上进一步把这个问题拓宽了。

接着，马克思进一步谈到思想对客观实践的依赖性问题。在这里，马克思不是以一般的命题提出来的，而是联系费尔巴哈的宗教观来谈的。费尔巴哈认为，宗教实际上不过是人的自我意识的异化，克服自我意识异化的根本方法是唤起自我意识的觉醒。到头来，费尔巴哈只是想用一种正确的思想来代替错误的思想。无论是对宗教起源的揭示，还是对宗教的克服，他都没有超出思想的范围。而马克思则坚决地要把唯物主义贯彻到底。因此《提纲》的第四条比第三条又进了一步，指出费尔巴哈在宗教问题上的观点仍然是肤浅的，因为他仅仅"致力于把宗教世界归结于它的世俗基础"①，把神还原为人。在马克思看来，要解决宗教这个难题，最主要的是要通过对世俗基础本身的解剖，看看在这个基础本身中是什么样的结构性矛盾导致宗教现象的必然产生。他说："世俗基础使自己从自身中分离出去、并在云霄中固定为一个独立的王国，这只能用这个世俗基础的自我分裂和自我矛盾来说明。"②"对于世俗基础本身应当在自身中、从它的矛盾中去理解，并在实践中使之革命化。"③ 这也就是说，要消除宗教必须经过一个现实历史的实际发展过程，理论观念上的批判不足以完全克服宗

---

① 马克思、恩格斯：《费尔巴哈》，人民出版社1988年版，第83页。
② 马克思、恩格斯：《费尔巴哈》，人民出版社1988年版，第83页。
③ 马克思、恩格斯：《费尔巴哈》，人民出版社1988年版，第84页。

教，要真正地克服、消除宗教必须依靠物质的革命的实践。

在这里，马克思的思想是非常深刻的：全部观念、文化的基础都深藏在实践当中，深藏在由长期的历史实践所形成的社会现实当中，所以不通过改变社会现实、改变现存的社会制度，观念文化的东西也不可能从根本上加以改变。马克思在这里的逻辑是清楚的：没有物质实践的历史发展，我们要取得观念、精神、文化上的巨大进步也是不可能的。但是，我们不能得出不正确的结论说，思想、观念等等仅仅是消极的、在历史上不起作用的，好像它们对于社会现实、对于社会生活不能发挥巨大的反作用似的。当然，对于思想观念的能动作用，马克思在《提纲》里没有多作解释，在这里他着重阐述的是社会生活的实践本质。

《提纲》的前五条加在一起，我们可以看到，马克思正确地唯物主义地阐述了实践这个主题。但是，如果对《提纲》中的实践概念只作这一层次的分析，那仍然是不符合马克思的完整原意的，也无法将马克思的新世界观与同样提出了实践（感性活动）概念的赫斯的行动哲学区分开来。我们发现，马克思在《提纲》中是紧密地联系另一主题——社会关系——来理解实践的。社会（其实质是一定社会关系的总和）这个问题，在马克思的新唯物主义视界中同样是个重要主题，而且在《提纲》里社会范畴同实践概念的联系是非常密切的。就此而言，可以说马克思在《提纲》中提出了两条区分新旧唯物主义的标准：第一条提出，是否从主体方面即通过感性的实践活动来理解和认识事物与现实；第二条提出，旧唯物主义的立足点是市民社会，新唯物主义的立足点是人类社会或社会化的人类（《提纲》第九、十两条）。这里所说的旧唯物主义即直观的唯物主义，还应包括赫斯的抽象的实践唯物主义，因为它只是费尔巴哈唯物主义的改装。

马克思这里的所谓的市民社会就是资产阶级社会，在这种社会中的人与人之间的关系是被竞争和私利所分割的，社会生活的法则表现为一种自发性的平均化倾向，而人则纯粹表现为原子式的个体。在这种社会里，人们之间的真实社会联系始终是被掩盖着的。正因为这样，那些比较肤浅、只看到表面现象的唯物主义哲学家就只能把市民社会中的个人，即单个人作为经验上同质的感性实在来研究，所以他们最多也只能从个体上升到类，用抽象的类本质来规定人，而不承认在个人之外还有什么实在的关系。当他们用这样那样的人类本质来设定人甚至批判现实生活的时候，他们仍然没有超出这个社会（资产阶级意识形态）。因此，当马克思声明新唯物主义的立脚点是人类社会或社会化的人类时，他着意强调的就不只是旧唯物主义强调个人、新唯物主义强调群体，而在于后者把个人和个人之间的特定的关系、联系或交往活动作为自己的研究立足点。这可以联系《提纲》的第六条来理解，第六条主要谈人的本质，马克思在这里正是以社会关系作为着眼点的。

现在学术界有一种提法，认为历史是人的本质实现的历史。按照马克思1845年以后的科学表述，这种说法显然是不正确的，相反，这种观点正是马克思加以批判的。我们看到，费尔巴哈也谈人的本质，但他所说的人的本质是用道德圣水浸泡出来的，他谈的人的道德是从人的类概念中推演出来的。在人的本质这个问题上，马克思没有否定费尔巴哈从神回到人的这一思路，但却比费尔巴哈更进了一步。马克思认为：宗教的本质不是从人的类本质引申出来的，而是人的现实本质的歪曲了的反映；所以，批判宗教要联系批判人的本质，批判人的本质则要联系人的现实存在，这样就只好又回到人们的生活实践中来。马克思对人的本质的看法是历史的、批判的，而不是认为先有人的一般类本质，然后去实现它。所以他说："人的本质——在其现实性上，它是一切社会关系的总和。"① 《提纲》的第七条是对第六条的进一步的、更明确的说明："费尔巴哈没有看到，'宗教感情'本身是社会的产物，而他所分析的抽象的个人是属于一定的社会形式的。"② 马克思在这里提出的"社会关系总和"与"一定的社会形式"，才真正进一步确立了他的新唯物主义的方法论原则。如果说，在前几条主要说明了在实践活动的基础上坚持并深化了唯物主义的基本前提，而在这里则是创立了一种历史地、具体地、现实地面对生活世界的唯物主义方法论。这也就是后来马克思恩格斯在《形态》一书中阐明的历史唯物论和历史辩证法。马克思所要确定的原则是：无论是客体还是主体，物质

---

① 马克思、恩格斯：《费尔巴哈》，人民出版社1988年版，第85页。
② 马克思、恩格斯：《费尔巴哈》，人民出版社1988年版，第85页。

还是观念，只有将其真实地置于特定的社会历史和具体的社会关系中，才有可能科学地加以把握。这是一种全新的哲学观点，它的理论立场不再像以往的哲学那样，总是有意或无意停留在某个历史时段的、凝固化了的意识形态中，而是坚定地追踪现实历史发展的轨迹，从而第一次真正超越了资产阶级市民社会的狭隘眼界。正是这种历史唯物主义和历史辩证法的新观点，造成了真正彻底的批判精神。

这一原则的确立恰恰说明，决不能离开历史唯物主义的基础去空谈实践，抽象的实践唯物主义并不是马克思主义哲学的科学本意。马克思哲学新视域中的实践始终是与具体的社会历史条件和社会关系相关联的。所以很自然地马克思在《提纲》的第八条中对第六、七两条作了更深层次的补充，"全部社会生活在本质上是实践的"①。在这里，马克思把社会和实践放在一起谈，说明马克思用来区分新、旧唯物主义的两条标准是紧密地联系在一起的。

如果我们已经注意到，马克思在《提纲》中确立的实践范畴在很大程度上是联系一定的社会关系来谈的，那么我们就不难发现：真实的社会关系只能是从具体的社会物质生产中派生出来的。这是马克思恩格斯在他们的《形态》一书中进一步阐述的理论课题。问题的这一方面，恰恰是马克思在后来的经济研究中不同于资产阶级经济学家的根本点：资产阶级经济学家只看到了生产过程的结果，即通过生产劳动过程而形成的生产物，作为商品的使用价值；马克思则认为，社会物质生产最终生产的不仅仅是一种物、一种劳动产品，更重要的是，它同时还生产了人与人之间的特定的社会物质关系；并且，社会关系一旦作为生产活动的结果产生出来，便又反过来变成了人们进一步实践、进一步生产的现实条件与前提。所以，那种仅仅强调实践而忽视实践的社会制约性，不是把实践放在一定的社会关系之中来理解的观点，恰恰是没有克服的直观唯物主义的残余。

基于马克思在《提纲》中对实践范畴和社会关系范畴的内在关系的深刻阐明，我们认识到，从《提纲》中的"实践"到《形态》中的"物质

---

① 马克思、恩格斯：《费尔巴哈》，人民出版社1988年版，第85页。

生产"的过渡是完全合乎逻辑的。在《形态》中,马克思恩格斯想科学地说明刚刚发现的新历史观,阐述历史唯物主义的基本思路,所以,他们就以物质生产作为起始概念代替了《提纲》中的实践概念。生产与实践两个概念不同：实践概念更加宽泛、涵盖面更大,而生产概念则比较专门,它主要指实践活动中最基本的一项活动。恩格斯后来曾概括地说,人类现实生活的生产和再生产是社会历史发展中起决定作用的活动。这是他与马克思两人都加以肯定的观点。在他们看来,人类生活之所以不同于动物的活动,主要是由于人类的生活是通过物质生产创造出一个新的生存界面,而动物的活动则始终没有超出本能的范围。人从动物界脱离出来,是以生产为标志的,生产在什么地方出现,历史也就从那里开始。在现实生活中,人的活动从最基本方面来讲也是生产活动。在《形态》中,马克思恩格斯说：一切历史的第一个前提就是生产,而宗教、意识或其他什么都不是历史的首要前提。所以,要分析人类历史不能不首先分析生产。在这个意义上说,物质生产是人类实践的首要的基本的规定。

马克思恩格斯在对物质生产进行研究的过程中,一方面着眼于人改造自然的活动,一方面着眼于人们之间的社会关系（交往活动及其形式结构）。这正是和《提纲》中在分析实践时,同时也紧密地联系着对社会关系的分析是基本一致的。简单地说,生产包括两个方面,即生产的自然关系和生产的社会关系这两个方面。从生产的自然关系方面来说,所包括的主要是劳动活动,劳动是在生产过程中人和自然界之间进行的物质、能量交换过程。人凭借工具的媒介、通过自身的活动作用于自然界,并有目的、有计划地把自然物变为能适合人类需要的劳动生产物,它是狭义的生产活动。就生产过程的这一方面来说,它构成了人类生存发展的永恒基础,只要人类还存在,作为劳动活动的生产过程不能停止。它不取决于社会关系的性质和社会经济形态的变化。从历史角度来说,人类和自然界之间的关系是随人类生产能力的发展、工具的进步而不断变化着的。人类最初屈服于自然力、在很大程度上依赖于自然,后来才慢慢地从自然界中独立出来并逐渐获得一定的自由。当然这个意义上自由也包括对自然界的认识和把握。人类的这种进步,一方面反映在人的智力的发展上,另一方面反映在科学技术在生产中应用的不断扩大。随着智力的发展和科学技术进一步广泛应用于生产过程，人相对于自然界、自然规律来说获得的自由也越来越大。

同时，现实的生产过程不仅仅包括生产的自然关系方面，它还包括生产的社会关系。这种关系是从生产过程中引发、派生出来的（生产关系不高于在原始社会时期、特别是其早期阶段的纯粹的血缘关系，虽然这种关系跟生产的社会关系常常交织在一起）。生产的社会关系不同于生产的自然关系，它表现在同一个社会内部人与人之间的关系上，这种关系在内容上基本包括了相互关系的三个方面，共同活动、分工和交换。在历史发展的早期，人们之间的共同劳动构成了当时社会关系的主要内容，分工和交换则还处于一种原始自然的萌芽状态。越到后来，社会分工和产品交换就愈益发展为生产者之间主导的社会关系了。生产越发展，生产力水平越高，生产的社会关系也越是复杂，其组织程度也就越高。反过来，它对生产过程的制约作用也就越大。

马克思通过对生产过程的这两方面的历史和逻辑分析，科学地抽象出了历史唯物主义的两个基本概念，生产力和生产关系。生产力表示着人对自然力的控制、驾驭和调节能力。所以，单就生产力本身来说，代表了人的利益，具有人类学的意义，是衡量人类进步的重要标准。但是，由生产力发展所带来的人类总体利益，具体落实到每个个人，又必须通过生产关系的中介，在最终结果上，不同个人之间的差距就不断被拉开了。所以，如果人在自然界面前还可以保持人类平等的外观和整体形象，并在其他动物面前感到骄傲和自豪的话，那么在社会生活即现实的社会关系中就不同了。在这里，出现了人与人之间的矛盾和冲突以及由财产差别和分工造成的界限和鸿沟。所以说，是社会关系造成了人与人之间的差别，造成了等级、阶级等等。从生产发展的历史来看，这种社会差别的产生和形成又是必然的，不可避免的。这正如随着生产的发展，分工、交换、财富的发展是不可避免的一样。

现实生活中，生产过程作为总体同时结合着生产的自然关系与社会关系两个方面。它作为人的活动，本身就是人和人之间的相互作用、相互交往实现的，是一定社会形式下的共同活动。不管是原始时代，还是现代的大生产都要求共同活动。这种共同的、社会地组织起来（现在体现为更为细密的分工和合理计算的组织）的活动，对于整个人类的进步以及人类个体的发展都具有重要的作用和意义。人类的许多精神品质，像集体主义观念，共同劳动所要求的纪律，彼此间进行的合作诚意和协作精神，都是通过共同的生产劳动产生出来的。另外，生产劳动这种活动，在以往的历史条件下又是一种谋生活动，在自然经济条件下是谋生活动，在资本主义条件下也是谋生活动。作为一种谋生活动，人在什么样的条件下劳动，怎样生产和生产什么，以及生产的结果对劳动者个人的关系，对劳动者来说是决定性的。这就是马克思所讲的生产方式对个人的决定性意义："个人怎样表现自己的生活，他们自己也就怎样。因此，他们是什么样的，这同他们的生产是一致的——既和他们生产什么一致，又和他们怎样生产一致。"①

所以，马克思通过对生产劳动活动的分析，就已经得出了个人的社会存在决定个人的意识的结论，个人怎样存在，他的思想（心理、情感、意志）就会怎样，他的精神智力的发展也就怎样。这样看问题，社会存在对于个人来说就不是一种外在的东西，社会存在和个人存在就不是一种外在的关系，个人存在就是个人的社会存在。因为个人的谋生方式（生产方式）以及以之为基础的其他社会活动都是社会地历史地构成的，并且受社会的制约，它不是个人可以随心所欲地加以选择的。

进一步说，就人的生产活动而言，还不仅仅是指直接的物质生产劳动。在现实中，实际参与直接物质生产劳动的只是一部分人。随着生产的不断发展，在社会经历了多次分工之后，商业成了独立的部门。继商业之后，金融银行业、证券股票业都相继独立出来。但所有独立出来的部门都是从生产的最基础部分逐步地分化出来的。在这些部门中从事活动的人们，虽然也属于整个社会生产的参与者，但就其具体形式而言，他们的谋生活动就跟生产过程中最基本的、直接的物质生产劳动形式有了差别。这

---

① 马克思、恩格斯：《费尔巴哈》，人民出版社1988年版，第11页。

种差别的形成，一方面是由于分工的需要，另一方面则是由于不同的社会利益的要求。在历史上，这两个方面往往是相互联系在一起的。从分工来看，最基本的是脑力劳动和体力劳动的分工（现代西方的白领工人和蓝领工人、经理阶层和生产第一线的工人之间的分工）。社会分工的日益多元化，引出了人的活动的多元化，并进一步引出了人的利益的多元化。这种多元化在社会中形成一种多元化的社会力量，而人在社会生活中的自由就是在这种无论个人还是社会集团都无法操纵的多元化的社会力量的相互作用中得到实现的。因此，人在社会生活中的自由，一方面取决于人与自然的关系的发展，另一方面又取决于社会关系的发展和演变。所以，跟自然界一样，在社会生活中也有一种不以个人的自觉意志为转移的客观必然性、客观规律。人的自由（相对意志上的）同样地依赖于对这种客观必然性的把握。而且，人们对社会生活中的客观规律的把握和自觉运用，相对于人们对自然界的客观规律的把握和自觉运用来说，具有更大的不确定性。其中最根本的原因在于，社会领域里不同个人、不同集团、不同阶级的人们的利益矛盾和对立必然表现为他们之间的意志的对抗和冲突。这种意志的对抗和冲突，这种意志行为的偶然性和不可预测性是自然现象中绝对没有的。

马克思把他的大部分精力放在研究资本主义生产方式、经济活动规律上，其原因正在于，无论是这个社会中的无产阶级的解放还是全人类的解放，都离不开人们对资本主义社会发展规律的科学揭示的把握。而对资本主义社会产生、发展及其灭亡的规律的认识，则需要通过对全部人类历史的科学认识才能达到。同时，马克思在这个领域的理论努力，首先考虑的是要唤起工人阶级的自觉性，促使无产阶级的觉醒。这就要求马克思既要以一种严格的科学精神和彻底的理论透视力，又要以简洁的形式和通俗的话语来阐述他的学说。为完成这一艰巨的任务，他花去了一生中大部分时间和精力。

通过以上分析，我们看到生产概念在马克思历史哲学中所起的作用，类似于《资本论》中的商品概念所起的作用。在《资本论》中，马克思正是通过对商品的分析，最终逻辑、历史地把握了资本主义社会的全体。

正是立足于对生产进行逻辑、历史的分析，把握了人类历史的基本线索及其基本方面。因此，马克思的生产概念是个大概念，它本身包括了狭义的生产活动及其引发的其他一切社会物质活动。它一方面包括人和自然之间的关系，另一方面包括全部的社会物质关系。所以，在这里，生产并不是和交换并列的，而是同时包括交换、分配和消费等等在内。这就要求我们必须立体地去理解马克思的这个范畴。

以上阐述，使我们不仅看到，马克思在《形态》中分析人类社会历史时紧紧抓住生产这个基础概念的合理性；而且也看到，从《提纲》中的实践概念过渡到《形态》中的生产概念是完全符合其思想发展的逻辑的。更重要的，通过对生产概念在马克思历史唯物主义中的基础性作用和意义的评述，我们将进一步明确：马克思主义哲学的很多问题（如异化与人道主义的问题、主体与客体的问题、个人和社会的关系问题、人的活动和客观规律之间的关系问题）的解答，都是跟马克思对生产这个范畴的分析有关的。要解决马克思在《1844年经济学哲学手稿》中提出的诸对矛盾，如人和自然、个体和类、存在与本质、对象化和自我确证之间的矛盾，只有联系其对生产的历史的、逻辑的分析才有可能。

"历史之谜"的历史性剥离与马克思哲学的深层内涵[①]

孙伯鍨　张一兵　唐正东

在经验的、外在现象的层面上,所谓的"历史之谜"其实本不是个谜,这是自近代市民社会以来在一般的日常生活的层面上都能体会到的一种客观事实存在,具体地说,这是工业主义的成就与人的被压榨感的共存性事实。它之所以在思想界的学者看来是个谜,是因为,截止到马克思时代,没有人能提供出一种解决这个问题的科学方法。各国、各个民族的学者各自从自己的民族性出发阐发对这个问题的看法,可问题却终究得不到解决,于是,这一问题便成了个"谜"。面对这个谜,不仅大家所提出的解决方案不同,甚至连对这个谜的内涵的描述都带着明显的民族化语言特色。对这个谜团的不同的剥离方法,体现了各位思想家不同的哲学观点。马克思也处于这个思想系列之中。因此,仔细地研究马克思对历史之谜的剥离方法的变迁,显然会十分有助于我们把握马克思哲学的真实内涵。

当马克思1844年开始介入对历史之谜的研究时,他对这一问题的定位显然带着强烈的青年黑格尔派的思想痕迹。在《1844年经济学哲学手稿》的第三手稿中,马克思说:历史之谜指的是"人和自然界之间、人与人之间的矛盾",即"存在与本质、对象化与自我确证、自由和必然、个体和类之间的斗争"[②]。需要注意的是,马克思此时的"人与自然界"之间的矛盾决不是后来的生产力的含义,它的理论关注点并不是人对外在自

[①] 原载《南京大学学报》(哲学·人文科学·社会科学版)2000年第1期。
[②] 《马克思恩格斯全集》第42卷,人民出版社1979年版,第120页。

然界的实践改造能力这样一种客观的内容，而只是自然界在多大程度上能成为人的无机的身体，在多大程度上能够真正的复活，成为"实现了的人道主义"。因此，它事实上只是一种以抽象的人的类本质为核心意义的评价维度上的东西。"人与人"间的关系也是如此。这一概念在此时的马克思那里只关注人与人之间在多大程度上能具有"实现了的自然主义"的特征，即多大程度上能具有真正的类的关系，而并不关注人与人在现实的客观实践活动中所构建的真实关系。事实上，后面紧跟着的四个概念是对上面两个概念的很好说明。人的存在应该是能够直接体现人的本质即自由自觉的劳动本质的，可现实的存在却是对这种本质的异化。人的本质的对象化应该能直接成为这种本质的自我确证，可现实中的对象化活动却成了人的本质的丧失。现实中到处都是必然性的东西，与人的自由本质完全不一致。另外，在每一个个体身上应能直接体现类的本性，可现实中的个体所能反映的却只是类本质的异化。上述四组概念之间的张力，在马克思看来便是对人与自然界、人与人之间矛盾的最好注解。

　　显然，马克思此时还谈不上对历史之谜的剥离，因为连这一谜的内部都没深入，怎么能谈得到剥离呢？所以，至多只能算是对这一谜的外在敲打。正像费尔巴哈站在抽象的人的类本质的基础上对宗教进行了外在的敲打一样，马克思也站在同样的基点上（尽管对人的本质的具体内容的理解不尽相同）对历史之谜进行了这种敲打。与此相联系，马克思此时所提出对这一谜的解答办法也具有很大的外在性，相对于现实历史性来说就是一种抽象性。马克思说，"共产主义"就是"历史之谜的解答，而且知道自己就是这种解答"。请注意，马克思只是到后来的《德意志意识形态》时才认识到共产主义本身是一种现实的历史性运动，此时的共产主义概念仅仅是一种应有的社会状况的表现。这种非历史性的东西怎么能有那么大的能力成为历史之谜的解答呢？它是上帝吗？不是。那么，它凭什么能说自己是历史之谜的解答呢？这是人的本质之使然。共产主义是人的本质的实现，所以在它那里任何历史之谜都能消融。显然，马克思此时在根本上站到欧洲大陆资产阶级古典理性主义的思想平台去，而且还是一种德国化了的古典理性主义。正像其他青年黑格尔派分子一样，马克思此时也忽视了黑格尔的理论贡献，对于一个急切地批判非理性的现实的青年思想家来说，这一点也是可以理解的。对历史之谜的这种诠释是与它的哲学基础即哲学人本主义直接相连的。人本主义哲学的一个重要特点是在被研究对象（不管这种研究对象是宗教还是现实的市民社会）的外面设置一个理论的支点，然后对这一对象进行所谓的批判性研究。这种哲学方法的弊端清楚地反映在马克思此时对历史之谜的诠释上面。

首先，上述诠释不能回答历史之谜在共产主义中获得解答的必然性问题。把整个论证的理论支点完全置放在人性这种不同的人对之有不同理解的概念上面，决定了整个论证从一开始便没有了稳固的基础。马克思说，人的本质是自由自觉的劳动，因此，私有制必然要被消除，因为私有制所体现的是这种本质的异化。而亚当·斯密却说，人的本质是对财富的追求，因此，私有制是人的本质实现的基础。黑格尔说，精神自由是人的本质，所以国家是人的本质的最终实现。谁说得更对呢？无以回答。既然如此，以此为基础的历史之谜诠释理论的科学性便无从谈起了。

其次，上述诠释理论必然无法达到对作为一个阶级而存在的工人的正确理解。为什么工人必然成为扬弃劳动异化的主体？这是因为工人所遭受的异化最彻底。这里的思路还是把工人作为聚集在一起的许多这一类的个人来看待的，工人作为一个阶级所具有的独特本性尚未在马克思的思路中显现出来。因此，尽管在《〈黑格尔法哲学批判〉导言》中马克思就已经形成了"无产阶级"的概念，但事实上马克思这时对这个概念的理解是很单薄的。不把工人阶级的本性真正展现出来，怎么证明工人必然是解答历史之谜的历史主体？如果连这一历史主体问题都不能解决，那么，怎么说明这种历史之谜的诠释理论是正确的呢？阿尔都塞曾认为，马克思此时的理论思路尚处在资产阶级意识形态的范围之中，这体现在马克思在对问题域的选择方面还没有跳出资产阶级学者的"场地"。从一定意义上讲，这是有道理的，这也是为什么马克思此时的理论思路无法直接与工人阶级准确对接的原因。

当然，《1844年经济学哲学手稿》本身是一个复杂的文本，上面所说的只是其中的主导理论逻辑。与此并行的是，当马克思在摘录、批判资产阶级经济学著作的过程中，他已经开始对现实市民社会的发展问题有了不断清晰的认识。这是马克思走向对历史之谜的真正科学的解答的起点和基础。

如果说《关于费尔巴哈的提纲》标志了马克思科学地解答历史之谜问题的基本思路的形成，那么，《德意志意识形态》则是科学的理论逻辑本身的诞生的标志。"实践"观念的形成，宣告了马克思告别古典理性主义的人性史观，同时又克服了以亚当·斯密为代表的资产阶级古典经济学的古典历史主义的经验主义缺陷。马克思开始以一个学术创新者的身份登上了理论舞台。历史之谜的真实内涵及其解答方法只有在现实的社会实践活动中才能找到，这一思想的获得是马克思对资产阶级经济学著作进行深刻的批判性研究的结果。

《德意志意识形态》中，历史之谜的原像在科学理论逻辑的层面上得到了彻底的展开，这种科学的理论逻辑是以物质生产为中心线索的。对于马克思来说，历史之谜不再是以人的抽象本性为支点的意义评价方面的东西，而是在物质生产的过程中"可以用纯粹经验的方法来确定"的东西。于是，生产力的概念代替了原来的人与自然界的关系的概念。什么是生产力？马克思说，理解这一点首先从"我们开始要谈的前提"出发，"任何人类历史的第一个前提无疑是有生命的个人的存在。因此，第一个需要确定的具体事实就是这些个人的肉体组织，以及受肉体组织制约的他们与自然界的关系"[①]。而个人肉体组织的维持，即人要想生活，首先必须需要衣、食、住及其他东西。因此，第一个历史活动就必须是生产满足这些需要的资料。在马克思看来，人类在这方面的生产能力就是生产力。这里已经完全没有了过去的那种自然界的实现了的人道主义的抽象内容。与此同时，"交往形式"、"交换关系"这样一些带有明确的客观现实性的概念取代了过去的抽象的人与人之间的关系的概念。马克思指出，在生产物质生活资料的过程中，人与人之间形成一种现实的"社会关系"，这种社会关系在私有制社会形态中以"个人与劳动的材料、工具和产品的关系"为基

---

① 《马克思恩格斯全集》第 3 卷，人民出版社 1960 年版，第 23 页。

础。上述两种客观维度构成了马克思物质生产概念的基本框架，分别表现了"生产什么"和"怎么生产"两方面的内容。人的本质是什么？马克思这时已不再抽象地谈论这个问题，而是深刻地指出，必须到物质生产中去寻找答案，"他们是什么样的，这同他们的生产是一致的，既和他们生产什么一致，又和他们怎样生产一致"①。

以此为基础，马克思还形成了剥离历史之谜的科学的理论逻辑，即人类历史在本质上无非是生产力和交往形式之间的矛盾运动的历史。这也就是说，只有沿着这一逻辑线索去剥离历史之谜，才可能得出真正科学的答案。事实上，马克思在《德意志意识形态》中已经开始了这种剥离的努力。在第一卷第一章的第一、二手稿中，马克思以分工和所有制这两个作为生产力和交往形式的表现形式的概念之间的关系为线索，厘清了从古代到资本主义社会形态的历史发展过程。在第四手稿中，马克思又以此为基础，进一步揭示资本主义社会形态被共产主义形态所取代的历史必然性。②

在马克思之前，从未有人能以如此清晰的线索把社会历史剥离得这么深刻。马克思实际上是向思想界展示了一种崭新的理论视界，即透过历史现象抓住历史的本质，并进而通过历史本质因素之间的矛盾运动来理解和剖析历史发展过程的思想线索。很显然历史唯物主义哲学是这种历史之谜诠释理论背后的哲学观点。历史之谜剥离到现在，在理论逻辑上所能做的事情，马克思都在《德意志意识形态》中完成了。在这一意义上，我们应该十分肯定地说，《德意志意识形态》是马克思历史唯物主义观点之诞生的标志性著作。

当然，同时需要加以说明的是，《德意志意识形态》并没有穷尽历史唯物主义所要做的一切事情，至少从文本所反映的情况来看是如此。不知道是因为马克思认为批判德国形形色色的历史唯心主义哲学家不需要把自己的理论作进一步的展开，还是由于他自己的理论研究在当时只是到达这一步，一个客观存在的事实是，在《德意志意识形态》中，马克思对社会

---

① 《马克思恩格斯全集》第3卷，人民出版社1960年版，第64页。
② 新版《德意志意识形态》第1卷第一章，参见《马恩列斯研究资料汇编》（1981），书目文献出版社1985年版。

历史循着上述科学逻辑不断展开和推进的过程的描述还是很不充实和丰富的。具体地说，马克思此时对交往形式这一重要概念（在他那里本质上是生产关系的内涵）的理解与他后来的情况相比还不是非常具体化的。譬如，资本主义形态中的交往形式，这一概念中的资本家以资本的形态出现，工人以劳动力的形态出现，整个社会建立在资本的统治基础之上，作为私有制社会发展史的最终阶段，这一交往形式体现了人与人之间的生产关系的最彻底的物化等等深刻的内容还没有得到阐发。没有对政治经济学的深入研究，作这样的阐发事实上也是不可能的。因为，只有政治经济学的理论触角才能深深地插进交往形式概念的这种深层内涵。在马克思此时对其他社会形态中的交往形式概念内涵的理解中，也存在着这种问题。这些因素必然会影响到马克思对生产力和交往形式之间的矛盾的理解方面。在《德意志意识形态》中，马克思的确已深刻地认识到了生产力和交往形式的矛盾是解开历史之谜的根本性线索，但在判断这两者之间存在矛盾的标准是什么的问题上，马克思这时更多地还是从个人自由活动是否得以实现的角度来理解的。资本主义交往形式为什么跟它的生产力相矛盾，那是因为"在过去的任何一个时期生产力都没有采取过这种对于作为个人的个人的交往漠不关心的形式，因为他们的交往本身还是很狭隘的。另一方面是和这些生产力相对立的大多数个人，这些生产力是和他们分离的，因此这些个人丧失了一切现实生活内容，成了抽象的个人"①。

马克思此时所理解的个人的抽象性，并不是后来《资本论》中所理解的那种劳动者只有以抽象的劳动力的形态才能得以存在，而是说，个人由于在这种交往形式中无法实现自主活动，因此，个人才是抽象的个人。个人自主活动的线索在理解交往形式从私有制形态向共产主义形态的转化过程时还能对付，但在理解私有制内部各形态的交往形式之间的发展过程时显然会遭遇很大的困难，因为，这时候你就无法再用自主活动与物质生产的不一致来作为证明一种交往形式与其生产力之间存在矛盾的根据，要想搞清随着私有制中各种交往形式的发展，个人自由活动类型呈现出了一种

---

① 《马克思恩格斯全集》第42卷，人民出版社1979年版，第56页。

什么样的变化过程，就得深入到这些交往形式的历史性内容中间，去把握现实的个人的生产活动方式所发生的变化，而这就非得要政治经济学的深入研究不可了。当我们仔细研究"费尔巴哈"章的第一手稿，发现马克思在阐述部落所有制、古代公社所有制和封建所有制之间的发展时，并没能清楚地说明这些所有制与其生产力的发展到底存在着什么样的矛盾关系时，我们就能清楚地意识到这一点了。

从总体上说，马克思在《德意志意识形态》中提供的是对社会历史研究的科学逻辑框架，如果把历史比作地球的话，那么，马克思给研究这个地球提供了科学的经纬线。这点的确立使对人类历史的正确研究，对历史之谜的科学剥离成为可能。从基本原理的角度来看，历史唯物主义的基本原理应该说在这部著作中已经得到了实现。但同时需要说明的是，经纬线的确立毕竟不是地球研究本身，正像剥离历史之谜的科学逻辑的确立不是历史之谜的剥离过程本身一样。《德意志意识形态》中，"历史"还没有以一定的、具体的、历史的生产关系的历史性涌动的形式来出现，而这一点正是马克思在从《哲学的贫困》到《1857—1858年经济学手稿》中所完成的工作。

对蒲鲁东的批判及其随后进行的更为深入的政治经济学研究，使马克思具备了对历史之谜进行历史性剥离的理论条件，把历史发展的过程真实地剥离开来，把其活生生的内容真实地展示出来，由此而取得的思想成果是马克思这一时期政治经济学研究的支援性思想背景。与此相关联的是，马克思历史唯物主义哲学的内涵得到了更为深刻的挖掘。

蒲鲁东是一位小资产阶级经济学家，他的理论视域主要集中在欧洲大陆。他所要批判的对象是支配法国的商业资本主义以及支配欧洲其他地区的地主经济和佃农制度。他自身代表着自耕农和小企业主的利益，他的理论建构的主要目的是通过自愿合作和合作信用的方式来实现个人财产和自愿合作买卖和借贷的充分结合。仔细观察不难看出，蒲鲁东根本没有意识到，资本主义的发展必然把地主经济往前推进到工厂制度，而绝不可能往后退到自耕农经济的水平。孤立的商业资本主义和商业金融也必然被历史的发展推进到与工业资本主义结合在一起的状态，而根本不可能出现体现小企业主梦想的自愿合作买卖和借贷的情况。蒲鲁东一定要进行他的经济矛盾体系的构建，那么，他所能做的必然只是抛开经济概念的现实历史内涵而停留于概念辩证法的游戏之中。

要想对蒲鲁东的这种政治经济学的形而上学进行批判，就非得要有政治经济学的历史唯物主义不可，这也正是马克思在《哲学的贫困》中所完成的工作。《哲学的贫困》的一个最大的贡献在于，它提出了研究一种生产关系本身的历史性形成的重要性问题。蒲鲁东直接把经济概念拿过来构建其经济学的形而上学体系，马克思就必须针锋相对地做到：一、说明经济范畴所反映的不是物，而是一定生产方式中人与人之间的关系；二、进一步揭示这些生产关系的历史性生成本身。马克思在这本书中多次强调过研究生产关系的历史运动和历史发展的重要性。在他看来，蒲鲁东之所以最终落入概念辩证法的游戏之中，一个重要的原因就在于他延续了资产阶级古典经济学家把资本主义生产关系看成是固定不变的永恒的范畴的错误，经济学家们向我们解释了生产怎样在上述关系下进行，但是没有说明这些关系本身是怎样产生的，也就是说，没有说明产生这些关系的历史运动。由于蒲鲁东先生把这些关系看成原理、范畴和抽象的思想，所以他只要把这些思想"编下次序就行了"①。马克思指出，要想真正地了解概念、范畴的历史演变问题，首先得把它看成是一定的社会关系的体现，其次还必须把这种社会关系放在历史发展的背景之中来考察，譬如，某一种生产关系，它为什么会出现在18世纪？要想回答这个问题，这必须去研究18世纪的人们是怎么样的，在这个世纪中，人们的需求、生产力、生产方式以及生产中使用的原料是怎样的。只有这样的研究才可能得出关于现实的、世俗的历史的真正科学的答案。

当然，在《哲学的贫困》中，马克思在这一理论方向即生产关系的历史性生成研究方面的努力还只是刚刚开始，他的确在某些经济范畴如货币、分工、所有制等的历史性生成的研究方面已经作了一定的努力，但从总体上看，《哲学的贫困》的地位更在于提出了这一理论研究视界的重要

---

① 《马克思恩格斯全集》第4卷，人民出版社1958年版，第140页。

性。事实上，马克思当时的政治经济学知识也还不足以给他提供全面揭示市民社会中生产关系的历史性生成的能力。这一工作是在《1857—1858年经济学手稿》（以下简称《57—58手稿》）中完成的。

从表面上看，马克思在《57—58手稿》中只研究了各经济范畴在资本主义经济结构中的逻辑关系问题。他在"导言"中所阐述的从抽象上升到具体的方法似乎跟对生产关系的历史生成性研究没有什么关系。而且，马克思的确也讲过这样的话，"把经济范畴按它们在历史上起决定作用的先后次序来排列是不行的，错误的。它们的次序倒是由它们在现代资产阶级社会中的相互关系决定的"，并且，"问题不在于各种经济关系在不同社会形式的相继更替的序列中在历史上占有什么地位，而在于它们在现代资产阶级社会内部的结构"。① 包括阿尔都塞在内的许多马克思研究者都因此而否认马克思的这一手稿中含有关于历史发展过程方面的思想。这是导致对马克思哲学的丰富内涵的不完全理解的一个重要原因。

其实，仔细分析不难发现，马克思在这里之所以讲这番话，是因为马克思在这一手稿中的研究对象只是资本主义经济形态，而不是市民社会的经济形态发展史。因此，他当然只可能紧扣资本主义经济形态的内部结构来展开其论述。但这决不等于说，马克思否认了经济关系以及以此为基础的经济范畴的历史发展性问题。从本质上讲，从抽象上升到具体的方法既是科学地分析资本主义经济结构的正确方法，同时也是深入到历史过程的本质层面，进而充分展开生产关系的历史性生成的图景的唯一科学的方法。当马克思说"把经济范畴按它们在历史上起决定作用的先后次序来排列是不行的"时，他实际上所批判的是对历史发展过程的经验主义的现象性描述。譬如，站在现象、经验的角度，"地租"必须在"资本"之前加以探讨，因为前者在后者之前已经存在了。另外，人口这一概念也应当作为政治经济学研究的起始概念，因为没有人口，谈何经济形态的发展？可这么一来，整个经济关系史的分析就会变成一堆散沙，更谈不上能对这一段历史进行正确的剥离了。这种分析方法在马克思看来有两个方面的缺

---

① 《马克思恩格斯全集》第46卷上册，人民出版社1979年版，第45页。

陷,一是不知道"人体解剖对于猴体解剖是一把钥匙"的思想,不知道"资产阶级经济只有在资产阶级社会的自我批判已经开始时,才能理解封建的、古代的和东方的经济"。二是不能透过经济关系史的现象找到构成这种发展过程的本质线索。马克思强调不能按照经济关系在历史上出现的序列来理解它们之间的本质联系的观点,就是要跟上述经验主义的历史分析观点区别开来。

而真正对生产关系史的本质线索的科学分析应该是跟对资本主义经济结构的科学分析有共同的思想基础的。正像马克思所指出的,最一般的抽象只是产生在最丰富的具体发展的地方,譬如,货币的最一般的抽象形态只能产生在当代资本主义社会,而这一状态中的"货币"必须是以"资本"的形态出现的。但是,在这之前,抽象化程度不很高的"货币"却是早就存在着的,甚至在市民社会的最初阶段,在人们所进行的物物交换中,作为核心概念存在的还不是"货币"而只是"商品",但就商品本身来说,其最发达的形态也只存在于当代的资本主义形态之中,也就是说,"商品"的最彻底的发展形态必须只是"资本",正像"货币"的最彻底的发展形态也是"资本"一样。因此,商品—货币—资本这一分析线索对于科学地分析私有制条件下生产关系的发展史来说也十分的适合,因为,这条线索所展示的恰恰正是一定的、具体的、历史的生产关系的历史性涌动过程。譬如,处在这一线索中的"资本"概念一下子就抓住了资本主义经济形态建立在资本的抽象统治基础之上这一根本性的特点,以此为基础,其他一些概念如劳动力、剩余价值等等便一下子得到了彻底的阐明。其实,如果认为马克思在认识论层面上对资本主义经济结构的科学分析方法与其对经济关系史方面的思想没有任何关系,那么显然无法面对以下这个问题:马克思《资本论》中的经济范畴的演进过程难道是脱离了历史发生学内容的纯逻辑性推理吗?马克思不是黑格尔,所以,他决不会这样做。阿尔都塞在《读〈资本论〉》中断言,马克思在《资本论》及其手稿中如果要有什么历史主义的观点的话,那也只可能是认识论结构的演变史。这显然跟他无法认清马克思《57—58手稿》中对资本主义经济结构的分析背后所蕴含着的深层的历史发生学方面的观点有直接的关系。阿尔都塞不知道，除了像卢卡奇、葛兰西那样以总体性的人为中心来构建马克思的历史主义之外，还可以从生产关系、生产方式的历史性演进的角度来理解马克思的历史主义，这一缺陷是阿尔都塞无法正确理解马克思的历史唯物主义的深刻内涵的关键之所在。

马克思在《57—58手稿》中的这种作为资本主义经济结构的科学分析理论的支援性思想观点而存在的生产关系的历史性涌动的观点，由于，正像马克思所说的，他的理论的立足点、"主体"是现代资产阶级社会，是人与人之间的生产关系彻底物化了的阶段，因此，上述历史性涌动的过程必然同时体现为，随着市民社会史的发展，生产关系不断被历史本身所剥离，直到最后在资本主义形态中彻底显现为物的形态。因此，这种过程便具有了一种批判的、科学的历史现象学的特征。[①] 私有制度的发展史本身把私有制的现象一层层地剥离开来，直到最后向世人展示最彻底的物化形态。"历史"就好像是一只看不见的手，它能随着自身的不断运动，把私有制生产关系的最一般的、最彻底的本质展现出来。显然，这一理论维度上具有很强的主体向度。细想一下，当马克思的历史唯物主义观点把理论视域定位在私有制阶段时，它必然同时具有强烈的批判的历史现象学的特征，必然具有很强烈的主体向度（是主体向度，而不是主体性，因为这种主体向度事实上是由历史活动，而不是由一般性的"人"所呈现出来的）。

这样，马克思在历史之谜问题上的一条非常清晰的思想发展线索便展现在了我们面前，《1844年经济学哲学手稿》时期，马克思对历史之谜进行了抽象的定位和解读，《德意志意识形态》中，马克思在科学的理论逻辑的层面上对历史之谜进行了总体上的解读，科学的理论逻辑的诞生本身就是历史唯物主义基本原理的确立的标志。而在《1857—1858年经济学手稿》中，马克思所做的是，从科学的理论逻辑的层面继续走向现实历史运动的层面，把在科学的理论逻辑指导下研究私有制度史时应该得出的全部丰富内容都加以了展示。这一步的重要性在于，这使我们看到了马克思

---

① 参见张一兵：《回到马克思：经济学语境中的哲学话语》，江苏人民出版社1999年版，第八章。

的历史唯物主义哲学除了具有在客观规律层面上的客体性向度之外，还具有科学的批判的历史现象学的特征，它因此还具有很强烈的主体向度。这就是在解答历史之谜的过程中马克思哲学的不断演进过程。

体系哲学和马克思主义哲学

孙伯鍨　张一兵　胡大平　张溟久

体系，还是方法？在马克思主义哲学理解史上，这一争论是围绕"马克思主义哲学变革实质"这一核心问题进行的，它同时内在地和理论与实践的关系联系在一起。反映在旧教科书中的体系，在相当长的一段时间内曾是我们理解马克思的主要特征。关于它的是非，国内学界已经有了广泛而深入的评论。问题是这个体系，它的实质到目前为止都没有能够得到较好的清理，因此，旧哲学体系思维方式仍然是影响实际工作和马克思主义哲学研究的重大障碍，在这种思维方式下，无根性的"新体系"之间的争论成为马克思主义哲学研究的显性特征。

建立一个完整的马克思主义哲学科学体系，在当前马克思主义哲学宣传和教学中，这无疑是极其重要的，但是从研究的角度，从建设和发展指导当代中国历史实践的马克思主义哲学来说，坚持马克思主义哲学是"科学的指南，而不是现成的教条"则更为重要，后者正是马克思主义哲学实质所决定的。本文从马克思主义哲学变革的实质、它和体系哲学的关系以及马克思主义哲学体系化历史等几个方面来说明这一问题。

一、体系哲学、哲学体系和马克思主义哲学的变革

作为对世界的解释，任何一种理论，甚至是自称"反体系"理论，只

---

① 原载《江苏社会科学》2000年第1期。

要不是武断任意,而是讲道理重论证的,它都必须有一个体系。这是因为:对象之间固有的关系决定了任何对"规律"或"本质"的揭示都必须是围绕本质之间的关系展开的,虽然不同的理论在本质或规律的认识上有着巨大差别甚至相反,此所谓"对象的体系性";另一方面,在阐述内容,即对象之间的关系时,也存在着形式的选择,形式的完整性同时倾向于理论的体系化,此所谓"逻辑的合理性"。在这个意义上,体系直接表现为科学的"最起码要求"。但是,我们是否就因此可以将体系化程度即体系的完整严密性视为科学发展水平的标志?显然也不能,如果是这样的话,黑格尔之后就没有了科学了。

事实上,体系化思维方式正是影响近现代科学进一步发展的障碍,这种思维方式从哲学史的角度看正是西方近代哲学的产物。牛顿作为近代科学大师,他为物理学的发展作出了巨大的贡献,这是众所周知的,但是他为了体系的完整性,将上帝设定为宇宙的第一推动,这就直接走到了科学的反面。马克思指出旧哲学只是满足解释世界,而问题在于改变世界。因此,马克思主义哲学从诞生之日就拒绝了这种思维方式,而把基点放在用实践解决人与外部世界之间的关系。这直接表现为新哲学变革实质的基本内容之一。

在《路德维希·费尔巴哈和德国古典哲学的终结》中,恩格斯在建构了终极真理体系的意义上称黑格尔哲学为体系哲学。黑格尔虽然批评了"康德以前的形而上学",但他自己也肯定,他的哲学是近代哲学逻辑发展的产物与顶点。事实上,在对"终极真理"也即所谓"客观思想"的追求方面,它与"形而上学"、"批判哲学"以及提倡"直接知识或直观知识"的学说并无二致。他基本沿袭了莱布尼兹—沃尔夫体系的分类标准来建立自己的哲学全书体系,它们之间的分歧与差异主要体现为思想方法即辩证法与形而上学方法的对立,这种对立只不过是:源于"客观思想"自身发展的辩证的有机的理性范畴取代了"从外面拾取而来的"主观的知性概念,成为体系发生、发展的尺度和动力。因此,按照恩格斯的指示,除了黑格尔哲学之外,体系哲学起码还包括"康德以前的形而上学"。

我们不难发现,以知性的体系哲学为出发点,整个近代资产阶级哲学经过"经验主义"和"批判哲学"、"直接知识或直观知识"哲学，最终在黑格尔理性的体系哲学中完成了。这正是马克思所批判的解释世界的旧哲学的基本构成。因此，马克思主义哲学和体系哲学的关系问题就此转化为前者和整个旧哲学的关系问题，这就是马克思主义哲学革命的实质和核心。

旧哲学的发展进程与工业文明、近代资产阶级社会的发展进程是基本一致的。知性的体系哲学本能地确保"思维与存在的统一"、"存在是可以认识的"，因为在它看来，对象既然是由人类自己创造出来的，就自然能够为人类所认识。这种观点正确反映了早期资产阶级充满自信的思想和政治立场。至于知性的体系哲学所具有的形而上学和独断主义特征，则既和资产阶级的意识形态立场相一致，又与工业文明发展的局限性相一致。出于自身的社会地位，资产阶级必须要把自己的思维形式和自己所面对的现实即社会存在简单地等同起来，以自己的主观的思维形式来思维世界；另一方面，刚刚兴起的资本主义生产还只是在英国这一狭隘的区域取得自己的统治，面对欧洲强大的封建势力，它尚未表现出自己是一种普照的光、将打破一切外在制约、把一切都纳入自己的绝对统治的能力，它需要借助资产阶级思想家的独断思维来确证自身的力量。

旧哲学的形式理性包含着无法扬弃的矛盾：一方面，它把以数学和几何学方法为基础的形式主义的概念和推理体系看作是由"我们"创造的；另一方面，则把由这种认知体系所把握的"自然规律"视为是与人相异在、相对立的。这一巨大的矛盾在知性的体系哲学中还是被掩盖着的。可是，随着资本主义生产的发展，由人的活动所创造出来的经济规律日益像一只"看不见的手"，拨弄和控制着人的命运，人对此却无能为力。在这种社会背景中，休谟和贝克莱便通过经验主义把这一矛盾公开化了。康德批判哲学以严肃的现实主义精神否定了知性的体系哲学家们的盲目乐观态度，尖锐地揭示出了这一内在矛盾，得出了不可知论并重新跌入宿命论之中。

深受古典经济学影响的黑格尔哲学不仅推动德国古典哲学走向终结，而且也标志近代资产阶级哲学最后走向终结。它不再像知性的体系哲学那样，把现实的矛盾隐藏在由知性所创造的堂皇的形式之后，而是牢牢抓住这种对立，并在现实的社会运动中寻求对立的解决。在黑格尔那里，绝对精神及其抽象统治的原型就是形成了的资本及其现实的活动。《逻辑学》再现了资本的结构性生成，而整个《哲学全书》体系则揭示了资本包容一切的生产与再生产强权。在《逻辑学》中，黑格尔反复强调起点的重要性，为的就是正确地进入"客观思想"（即绝对精神）本身，不再以外在的主观思维建立形式体系，由此而形成的是一种内在同一的以绝对精神的自我运动为本体的方法论体系。不过，黑格尔哲学并未能彻底贯彻自己的历史主义原则，而是和古典经济学家一样，为资本的似乎永无止境的扩张所迷惑，欢欣鼓舞地宣布历史的终结以迎合资产阶级关于千年王国的虚幻镜像。于是，从方法论体系的科学立场出发，黑格尔哲学最终还是在知性的体系哲学失足的地方失了足，宣称资产阶级社会就是全部人类的终极真理。

黑格尔之后，与马克思差不多同时代，也有不少哲学家从人本主义或非理性主义的立场对黑格尔哲学进行了猛烈批判。他们的共同特点就是试图以个人（或者是个人的类存在，或者是个人的非理性存在）来消解绝对精神的抽象统治。但不管是费尔巴哈、叔本华、克尔凯郭尔还是尼采，都未能真正克服黑格尔哲学。因为他们用以解构的形形色色的个人，都不过是由绝对精神即资本主义制度历史地生产出来的资产者。在黑格尔把资本主义制度永恒化的同时，他们把资产者永恒化了。

马克思主义哲学的逻辑起点也是个人。但马克思正确把握了黑格尔哲学和古典经济学的合理之处，把人看作是物质实践尤其是一定的历史性的生产方式的产物，从而获得了科学地理解全部人类历史的钥匙。在马克思看来，任何社会形态都是一定的、历史的、暂时的，这源于社会生活的内在矛盾。这种矛盾并不因为理性的和解而消失，只能够通过现实历史的发展和由此准备起来的一定的社会力量的革命实践才能真正解决。在旧哲学停留于对现存世界解释和理解的地方，新哲学发现了改变世界的必然性和必要性。

我们注意到，在马克思主义哲学的诞生地《德意志意识形态》中，马克思原本还存在着建立一种历史哲学的企图，但是他最终还是放弃了建立体系哲学的空想，意识到新哲学只能是一种科学的历史主义方法："在思辨终止的地方，在现实生活面前，正是描述人们实践活动和实际发展过程的真正的实证科学开始的地方。关于意识的空话将终止，它们一定为真正的知识所代替。对现实的描述会使独立的哲学失去生存环境，能够取而代之的充其量不过是从对人类历史发展的考察中抽象出来的最一般的结果的概括。这些抽象本身离开了现实的历史就没有任何价值。它们只能对整理历史资料提供某些方便，指出历史资料各个层次的顺序。但这些抽象与哲学不同，它们绝不提供可以适用于各个历史时代的药方或公式。"① 作为科学的方法论，马克思主义哲学的基本功能就在于从现实的历史的具体的社会规定出发，深刻认识和把握现存社会秩序的本质和真正趋势，作为改变现实世界的指南。因此，马克思主义哲学形成之后，马克思就一直致力于对现实的社会形态即资本主义的科学解剖，最终发现：资本是资产阶级社会支配一切的经济权力，它通过决定其他一切生产的地位和影响而决定了一切社会关系的地位和影响，换言之，资本成为社会存在一切领域生产和再生产的原型，社会存在资本化了。在《1857—1858年经济学手稿》中，马克思通过对资本的历史的考察揭示了资本的本质和运动趋势，并找到了"科学上正确的"、"从抽象上升到具体的方法"，完整再现了资本的生产与再生产过程，由此在《资本论》中科学地论证了资本主义社会的社会结构理论，形成了一个严整的方法论系统。

二、马克思主义哲学"体系化"的历程及实质

马克思主义哲学的"体系化"有着较为复杂的背景，这一过程事实上从第二国际的考茨基开始的。它和马克思主义在工人运动中的实际传播特点直接相关，也和第二国际领导人受新康德主义、实证主义哲学思潮的影响直接相关。一般研究者认为，马克思主义哲学的"体系化"可以直接追

---

① 《马克思恩格斯选集》第1卷，人民出版社1995年版，第73—74页。

溯到恩格斯的《自然辩证法》，而在斯大林授意和直接参与下写成的《联共（布）党史简明教程》第四章第二节中形成最高点，这就导致对体系的批判也包括了对恩格斯的批判。这是不准确的。

为阐明马克思主义哲学"体系化"的实质，我们须首先澄清这一问题。毫无疑问，在马克思那里，马克思主义哲学就是唯物史观或历史唯物主义，而在恩格斯那里，则出现了关于一般外部世界的辩证唯物主义，虽然恩格斯本人并未使用过这一术语。这一事实在国际范围内引起了巨大的纷争。一些西方"马克思学"学者因此攻击恩格斯背叛了马克思，而"西方马克思主义者"则批判他将走向了实证主义、僵化教条的、属于旧哲学的辩证唯物主义作为历史唯物主义的基础塞入马克思哲学之中。这不符合历史事实。

历史地看，马克思主义哲学是在与讲坛哲学和讲坛经济学的斗争中形成和发展起来的，尽管马克思为了能使其为一般工人看懂已经做了大量努力，但就其原发形态而言，它依然是相当艰深的。马克思主义哲学是工人阶级的理论武器和方法论指南，它只有掌握了群众才能转化为现实的物质力量；另一方面，一般工人群众除了希望解决关系其历史命运的历史发展问题外，同时还希望能够对他日常生活中所遇到的一般外部世界问题有一个明晰的了解，这就给马克思主义哲学提出了新的必须回答的问题。因此，随着马克思主义的传播，马克思主义哲学就自然面临一个普及化、体系化的问题。在这一点上，马克思主义哲学的体系化确实是符合多数的要求和马克思主义者的观点的。由于马克思长期忙于《资本论》的创作，这一任务主要就是由恩格斯来承担了。

作为马克思主义哲学的创立者之一、马克思长期的亲密合作伙伴，恩格斯始终坚持了马克思主义哲学的方法论本质。在晚年，他向当时的一些青年理论工作者们反复强调，"马克思的整个世界观不是教义，而是方法。它提供的不是现成的教条，而是进一步研究的出发点和供这种研究使用的方法"[①]。恩格斯尤其强调"我们的历史观"是进行研究工作的指南[②]，这

---

① 《马克思恩格斯全集》第39卷，人民出版社1975年版，第406页。
② 《马克思恩格斯全集》第37卷，人民出版社1975年版，第432页。

与马克思的一贯立场相吻合。在《德意志意识形态》中，马克思正确地指出："我对我的环境的关系是我的意识"①，也就是说，我们总是以我们历史性的物质实践为中介来建构我们对"我们周围的世界"的认识。因此，首先，只在实践中才能够认识"我们周围的世界"；其次，只有在科学的历史观基础上才能够形成对"我们周围的世界"的科学认识。马克思在这里实际表达了这样的思想，即所谓的辩证唯物主义只是历史唯物主义所体现的哲学方法的提炼和推广！恩格斯后来对自然辩证法的研究坚持和贯彻了这一思路，在方法论上与其说是通过自然研究为历史唯物主义提供理论基础，不如说是运用黑格尔和马克思历史辩证法思想而对整个自然界作推广的应用和研究。当他说运动是物质存在的方式时，就是极为深刻地坚持了马克思哲学的方法论，因为这说明了离开运动来谈物质和离开生产（实践）方式来谈人的存在一样，都是非辩证的。因此，恩格斯强调唯物主义的历史观与自然观，而没有创造出"辩证法唯物主义"这一术语来命名马克思和自己阐发的学说，因为，无论是对于马克思还是对于恩格斯而言，根本不存在一种与历史唯物主义具有对等地位的其他东西。

但在后来由自然科学变革所引发的哲学争论中，辩证唯物主义却成为了斗争的中心。第二国际理论家、包括创作《唯物主义与经验批判主义》的列宁，在捍卫马克思主义哲学的基本原则的时候，一定意义上，对辩证唯物主义的论述都随着论敌的语境而脱离了马克思主义的基本地平线。按照柯尔施1930年的说法："结果是，在一个时期内，马克思和恩格斯新的革命观主要是通过作为一种辩证唯物主义的方法而运用于经验的社会科学和自然科学，才得以生存和发展。"② 这种状态严重制约了马克思主义哲学的自身发展。马克思主义成为与新康德主义实证主义同质的"经济学"（考茨基）、"社会学"（奥地利学派）等。在自己所设定的特定体系下，第二国际内部展开了"正统的马克思主义"之争。虽然第二国际并未形成大一统的体系，但是其思维方式却十分明显，这就是随着19世纪90年代

---

① 《马克思恩格斯选集》第1卷，人民出版社1975年版，第81页。
② ［德］卡尔·柯尔施：《马克思主义和哲学》，王南湜、荣新海译，重庆出版社1989年版，第85页。

以后，涂尔干、帕累托、韦伯等人的崛起，在实证主义社会学确立学科地位的背景下，第二国际的理论家也大多将马克思主义直接视为"关于社会存在和社会事件的自然科学"。

辩证唯物主义是否能够作为有效地反对第二国际对马克思主义哲学的庸俗化理解这个问题已经被历史证明。当斯大林将辩证唯物主义作为马克思主义哲学的钦定体系写进教科书时，它所能够起的积极作用也为教条主义以及他本人所推崇的个人崇拜所制约。关于这个术语的历史，黄楠森先生已经作了详细的说明①。

在列宁那里，无论是反对第二国际和实证主义，还是在其著名的《哲学笔记》中，列宁在使用这个术语时，都没有将其作为马克思主义哲学的全部特征，而是视其为马克思主义的认识论特征，因此，历史唯物主义还保持着认识论的基本特征，没有抽象为对一般外部世界的全景式的概括。但是随着马克思主义在苏联意识形态化逐渐加剧，主要是在斯大林的授意下，经过苏联以阿克雪里罗德、米丁等为代表的一批红色青年哲学家的炮制，辩证唯物主义脱离历史唯物主义的母体，膨胀为对外部世界的一般描述，这样，辩证唯物主义反过来倒成为马克思主义哲学的根本，历史唯物主义只是它的一个特例或运用了。按照斯大林的说法，"历史唯物主义就是把辩证唯物主义原理推广去研究社会生活，把辩证唯物主义原理应用于社会生活现象，应用于研究社会，应用于研究社会历史。"② 这种立场在1938年《联共（布）党史简明教程》中公开而明确地作为教条肯定下来，马克思主义体系化由此到达其顶峰。

从第二国际和苏东马克思主义哲学发展看，马克思主义哲学的体系化之所以能够最后达到登峰造极的地步，不是没有客观原因的。一方面，它符合多数群众认识和学习马克思主义哲学的需要，在这一点上，教科书体系在传播马克思主义哲学中曾发挥过巨大的历史作用；另一方面，不可忽

---

① 参见黄楠森：《建立一个完整严密的科学体系是马克思主义哲学建设和发展的重要任务》，载《社会科学战线》1999年第1期。
② 联共（布）中央特设委员会编：《联共（布）党史简明教程》，人民出版社1954年版，第136页。

视的是，在一个建设社会主义的过程中，苏联、东欧所面临的被破坏和被颠覆的危险长期存在着。在这种条件下，高度统一的意识形态作为一种必然源于党内意见和行动的一致性需要，这为维护党的团结和集中社会主义建设力量作出了巨大贡献。

但是，我们也应该看到，教科书体系从本质上反映的是旧哲学思维特征，它和马克思主义哲学的实践特征是背道而驰的。

三、作为方法系统的马克思主义哲学内涵与当代马克思主义哲学的研究的任务

旧哲学教科书体系的问题不在于它的表面结论，从解释世界的角度看，它确实达到了极高的科学水平。所以，问题并不在于它的体系并不完整。那问题出在哪里呢？从其实际后果看，它在理解马克思思想方面的教条思维和对马克思解释"必须如此"的个人崇拜做法，不能从根本上提供行动的指南，从而背离了马克思主义的实践性质。因此，它越是精致就越是窒息了生动的马克思主义哲学研究，从而极大地扼杀了马克思主义科学性本身。因此，我们批判这一解释框架，并不是批判它的体系所包含的缺陷或不完整性，以致重构一个让大多数人都接受的"科学体系"。

从根本上说，我们在当前对旧哲学教科书体系的反思就是要恢复马克思的科学批判方法，将之作为一种研究指南，而杜绝教条。如果从体系的角度来考虑马克思主义哲学，它也只能是一个确定的方法系统，而不是一个泛化的包罗万象的"TOE"（theory of everything）大全。前文已强调，在旧哲学教科体系形成过程，斯大林只是一个突出的代表。因此，仅仅从斯大林身上去寻找旧哲学解释框架的错误之源，这是远远不够的。如果在批判斯大林的同时，将马克思主义"重新改写"的同时，将马克思的正确结论也一起抛弃，或者，仍然从马克思的片断结论出发，整出一个不同于此的封闭体系出来，同样也是一种错误。然而迄今为止，这一关键性认识都未能在马克思主义哲学研究中达成共识。因此，我们有必要进一步回顾

马克思主义哲学理解史上的"非体系化"理论运动。

马克思主义哲学"非体系化"理论运动在本世纪①有两次,它们正好与马克思主义哲学理解史上两次重大的片面化、庸俗化针锋相对:一是20年代肇始于卢卡奇的"西方马克思主义",它开始所针对的主要是第二国际,稍后也直接反对斯大林体系;二是五六十年代的东欧所谓"非斯大林化"运动。

卢卡奇的问题是"马克思主义哲学是体系,还是方法?"这一问题的提问背景是新康德主义、实证主义思潮对马克思主义哲学的浸入所形成的第二国际改良主义以及被柯尔施称作意识形态化的"列宁主义"(这一点却是对列宁的误解)。因此,卢卡奇和柯尔施都着重强调马克思主义的哲学方面,并回溯到黑格尔,由此开创了马克思主义哲学理解史的一种传统,这就是西方马克思主义。

客观地说,卢卡奇等人虽然在时代的理解上和理论与实践关系上并没有能够走出一条正确的道路,但是他们提出的"马克思主义哲学的实质"这一问题却是一个基本问题。这一问题随着30年代以后马克思的一些重要哲学文本(如《1844年经济哲学手稿》等)的公开发表而复杂化,被引向马克思本人所摒弃的人道主义方向,由此引发阿尔都塞等人与存在主义、法兰克福学派之间的"科学"与"人"的争论。可以说,西方马克思主义的道路并不足取,因为其人学主导本质是向前马克思主义的一种倒退,但是,阿多诺的反体系哲学仍然为我们提出了一个值得注意的问题,即体系正是资产阶级启蒙以来的理性神话。

"非斯大林化"是在斯大林逝世之后的东欧爆发的,官方和非官方的马克思研究都从同样的理论前提出发:斯大林的教科书体系是对马克思主义哲学的歪曲。但他们看不到这一点:虽然旧哲学解释框架是片面的,缺乏对马克思结论的理论论证和逻辑说明,但其结论恰恰都是马克思恩格斯和列宁本人作出的,也是正确的。因而,在这些结论之外寻找"真正的马克思",其必然结果是无根的,对于现实的解释同样是非科学的。正是这

---

① 指20世纪。——编者注

一特点，斯大林体系在东欧被质疑后，马克思主义研究也就立即陷入多元，和各种思潮进行畸形的结合，产生种种非马克思主义的马克思主义哲学体系。特别是在"实践"唯物主义框架下嫁接出来的人道主义哲学体系，直接影响了80年代之后前苏东的改革性质，最终形成戈尔巴乔夫"人道的、民主的社会主义"对科学社会主义的背叛。从马克思主义哲学理解史的"非体系化"运动看，它们的失误仍然在没有科学地理解马克思主义哲学的变革实质。事实上，在反体系运动的最高点阿多诺那里，当他说明体系哲学正是启蒙以来资本主义意识形态的理性神话时，只要再追一步，马克思主义哲学与近代哲学及其后续形态之间的区别也就可以凸显了，但是，阿多诺本人在"改造世界"的道路上也没有能够走入历史。

我们强调马克思主义哲学作为方法的系统，正是从马克思主义哲学变革的实质这一点出发的。① 当然，这里必须交代的是，这一"系统"只是对马克思主义哲学的一个形象概括，而不是指其结构的完整性。马克思主义哲学作为哲学史的变革，可以从多方面进行描述，在本文第一部分我们已经简单地展开了。从立场上看，马克思主义哲学从"解释世界"走向"改造世界"，因此，他拒绝教条而倾向于认识和实践的指南，这种思维方式的彻底变革核心体现在马克思拒绝了作为独立于历史之外的"理性工具"和"概念体系"，而深刻地走向历史本身。

纯粹的逻辑学和认识论是一致的，这是马克思与黑格尔的共同之处，虽然辩证法作为在近代哲学高点之上实现了"科学"的功能，但是，如果将辩证法视为可能脱离具体历史实践对象的纯粹的方法，那无疑不能将马克思、黑格尔与后来韦伯等人的"科学"在哲学上区分开来。哈贝马斯触及了这一点，但他对历史唯物主义的重建也仅仅是将韦伯马克思化而获得一种批判精神。所以仅仅局限于认识论来强调马克思主义的"方法"功能也是非法的，因为这样就不能将马克思主义哲学与新康德主义哲学以及其后的实证主义哲学区分开来。这一点国内学者也已经指出来了，但是我们不能因为这一点就反过头来强调体系，因为马克思的问题不在这里，而在

---

① 关于这一点，详见孙伯鍨、张一兵、仰海峰：《体系哲学还是科学的革命的方法论》，载《天津社会科学》1997年第6期。

于列宁所深刻揭示的"逻辑的分析必须和历史的分析一致",这才是马克思主义哲学的基本要求。它也是马克思主义哲学作为方法系统的核心内涵。

回到马克思主义哲学本身,马克思创作《德意志意识形态》时曾经强调:"我们仅仅知道一门唯一的科学,即历史科学。"① 这一主题又在其《资本论》中得到深化,他指出:"那种排除历史过程的、抽象的自然科学的唯物主义的缺点,每当它的代表越出自己的专业范围时,就在他们的抽象的和唯心主义的观念中立刻显露出来。"② 很显然,马克思所追求的是基于人类实践本身对特殊社会的物质组织的连续解剖,而不是提供解释历史发展的终极性方案。正是这一点马克思才与黑格尔区分开来。

马克思在《资本论》中从商品出发分析资本主义,这是因为商品不仅是资本主义分析的科学的逻辑起点,而且是资本主义的历史起点。正是后一条件的支持《资本论》才得以可能成为科学。这也说明了为什么黑格尔的逻辑学提出了科学问题,但他本人却没有能够走向科学。

我们经常强调马克思主义哲学对黑格尔哲学的确是一个"颠倒"。但是这个颠倒绝不是我们通常所说的用唯物主义的范畴(前提)代替唯心主义的过程这一简单的逻辑起点的唯物主义颠倒。列宁曾指出,20世纪初的马克思主义者们虽然按照费尔巴哈的方式(也就是唯物主义的方式)对康德主义者和休谟主义者进行批判,他们所能做的只是肤浅地驳斥一些议论,而不能根本上纠正这些议论的错误。因此,列宁强调他们却没有一个是理解马克思的。为什么?因为他们不理解黑格尔的全部逻辑学,因此也就没有完全理解马克思的《资本论》③,从而也不可能真正理解马克思的辩证法。列宁在这里强调的是唯物主义辩证法,这种辩证法将客观的过程区分为两种形式:自然界和人的有目的的活动。前者是后者的基础,"人在自己的实践运动中面向客观世界,以它为转移,以它来规定自己的活

---

① 《马克思恩格斯选集》第1卷,人民出版社1995年版,第66页。
② 马克思:《资本论》第1卷,人民出版社1975年版,第410页。
③ 《列宁全集》第55卷,人民出版社1990年版,第150—151页。

动。"① 黑格尔辩证法已经揭示了这一点,所以列宁强调:马克思把实践标准引进认识论时,是直接和黑格尔接近的。② 但是黑格尔虽然在认识论上进入实践,然而其却停留在自己所构造的那个伟大的认识体系上,拒绝将历史本身视为实践的过程,因此其认识论上对近代哲学的变革最后成为保守的"构造体系的方法"。如恩格斯所阐明的那样:"黑格尔的辩证法只是它的反光。而实际上,我们头脑中的辩证法只是自然界和人类社会中进行的、并服从于辩证形式的现实发展的反映。"③ 也就是说,黑格尔在正确地揭示辩证法之后,又将辩证法剔出历史,在辩证法之外又重新设定了历史的规律,即"绝对精神"。费尔巴哈用自然唯物主义的"人"颠倒了黑格尔客观唯心主义的"绝对精神",但又缺乏黑格尔的辩证法,因此在历史解释过程中,重新陷入唯心主义。马克思在费尔巴哈"颠倒"的基础上再进一步颠倒,历史既不是"绝对精神"的自发过程,也不是完全的"人"的自觉过程,它是主客体辩证作用的过程。因此,马克思的历史观不再满足于对这一历史过程的解释,而是走向在特定的历史条件下自觉参与历史进步的过程(改造世界)。这是马克思主义实践的核心思想,也是马克思《资本论》的出发点和归宿。而在其哲学方法上,如列宁强调的那样,是逻辑的分析和历史的分析,"在每一步分析中,都用事实即用实践来检验。"④

这一点正是体系哲学所忽视的,因此它趋向于以形式的完整性取代方法本身来作为科学的标准。而这一点,到目前为止,都没有在马克思主义哲学理解过程中得到很好的反思,在现行的讨论中,关于体系的几个标准,无论是对象、内容还是逻辑结构等等,没有一点涉及马克思主义哲学的实质性变革,因而也就不能将马克思主义哲学与其他"科学体系"区分开来,也更看不到当代社会科学的历史之误。

从马克思主义哲学在 20 世纪的发展来看,无论是列宁、毛泽东还是

---

① 《列宁全集》第 55 卷,人民出版社 1990 年版,第 157 页。
② 《列宁全集》第 55 卷,人民出版社 1990 年版,第 181 页。
③ 《马克思恩格斯全集》第 38 卷,人民出版社 1959 年版,第 203 页。
④ 《列宁全集》第 55 卷,人民出版社 1990 年版,第 291 页。

邓小平，没有任何一个人为我们留下一个绝对完整的体系，相反，他们都在实践中科学地坚持了历史辩证法，也因此发展了马克思主义，为我们留下了科学的基本原理。这就历史地回答了"科学性或科学发展水平是否必须由形式的完整性和严密性来支持"的问题。

事实上，坚持从形式的完整性上主张马克思主义哲学体系的学者也强调，这个体系必须是"随着社会实践的发展，随着自然科学和社会科学的发展而发展，这也是一切科学的共性"。这里也就道出了坚持形式完整性的体系与科学精神的矛盾性，因为科学的发展已经告诉我们，在科学的发展史上并不存在"绝对科学"的体系。那些声称终结科学的体系无不成为科学革命的对象，而能够贯穿科学史不变的只是科学的精神，这种精神如邓小平指出的那样：研究和解决任何问题都离不开一定的历史条件①。它直接表现为实事求是、一切从实际出发、理论与实践相结合的这样一个马克思主义的根本观点，根本方法。这也是完整准确地理解包括马克思、恩格斯、列宁、毛泽东以及邓小平在内的革命导师的思想系统的核心。在这里，我们充分看到当代马克思主义哲学建设的核心任务到底是完善一个体系，还是坚持它的基本原理和基本方法分析、解决现实的具体问题。我们必须历史地反思这样的问题：为什么在强大的"体系"指导下社会主义实践也会犯错误？为什么用强大的体系"武装"起来的一些个人会在物质利益面前不堪一击？

我们认为，在当前改革的年代，新的问题不断出现的年代，只有从思维方式上彻底摆脱旧哲学教科书的影响，深入历史进程本身，以马克思主义哲学基本原则来考察现实本身，回答现实提出的问题，才是当代马克思主义研究的重中之重。相反，囿于体系，用一个"新"的范畴替代已有的范畴，用一个新的结构去替代原来的结构，从表面上看，马克思主义显现出"繁荣"之势，而马克思的历史唯物主义最基本的方法却被排除在外。这就导致这样一个问题，现实需要我们马克思主义哲学理论家进行发言的时候，他们却说我们的体系还没有建构好。因此，当下，重温毛泽东同志

---

① 《邓小平文选》第 2 卷，人民出版社 1994 年版，第 119 页。

关于改造我们的学习的有关指示是有益的。

　　毛泽东指出改造我们的学习和作风的核心就是：科学的态度和作风，它指"马克思列宁的理论和实践统一的态度"。因为，"我们如果仅仅读了他们的著作，但是没有进一步地根据他们的理论来研究中国的历史实际和革命实际，没有企图在理论上来思考中国的革命实践，我们就不能妄称为马克思主义的理论家"。①

---

① 《毛泽东选集》第3卷，人民出版社1991年版，第814页。

实践与物质生产
——分析马克思主义新世界观的本质[①]

张一兵 姚顺良 唐正东

张一兵（简称"张"）：今天是我们第三次集中讨论《马克思哲学的历史原像》一书的第三稿。此次讨论将分为两段。

第一段主要集中在1835年，从《关于费尔巴哈的提纲》（以下简称《提纲》）到《德意志意识形态》（以下简称《形态》）。其主要文本包括《提纲》、《形态》、《哲学的贫困》和《致安年柯夫》。在我们的书稿中，《提纲》提出的基本思想在《形态》中才充分展开，我们称之为广义历史唯物主义的基本形态。更重要的是，在这个展开过程中，马克思的基本思想也相应发生变化，不再从元哲学的角度讨论实践、社会、类等带有类哲学或者传统哲学含义的概念，而转向以物质生产为基础的实证性研究，转向历史本身，建构了一个他当时以为是客观地映照历史过程的历史哲学。而且，不同于《提纲》，马克思基本上以实证的方式进行讨论，并自以为接触到了历史的本相，接触到了工业、经济过程，所以把物质生产看作第一个历史活动，并关注从历史活动中衍生出来的人的生产、人的生产关系以及"倒霉的"意识。显然，马克思在其历史科学中建构了一个关于历史哲学的基本构型。长期以来，我们理解这个问题基本上没有脱离孙伯鍨老师的传统思路，是按照《形态》是《提纲》的进一步丰富和展开以及后者对前者稍微有一点变化这个方式来理解的。

[①] 原载《学术月刊》2006年第7期。本文是对张一兵课题组第三次集中讨论《马克思哲学的历史原像》一书第三稿的记录。

如果我没有记错的话，二十多年前，当姚老师和孙老师一起合作写两种生产的观点①时，我们比较一致的观点是：历史唯物主义最重要的逻辑起点是物质生活资料的生产与再生产。但是，这一次姚老师在对书稿上的批注中，思想可能有所变化，已经与我们不太一致了：第一，你现在对《提纲》评价更高一些，认为它是马克思全部哲学的基本体系，本身已经是马克思主义成熟思想的全面布展；第二，你认为书稿对《形态》本身的评价也不够；第三，对物质生产，即现在我们高度评价的历史唯物主义核心范畴你却持怀疑态度，甚至对我们提出的马克思哲学的重心是从实践到生产的发展并不认可。需要承认，我对《提纲》、《形态》的评价多少受到唐正东的影响。

第二段是马克思创立历史唯物主义以后，特别是在他写下《1857—1858年经济学手稿》（以下简称《1857—1858年手稿》）时的理论状况。我在《回到马克思》②一书中提出，只是在这时，马克思的历史唯物主义才真正成熟起来。姚老师不同意这个评价。

今天的讨论，首先请姚老师谈谈他对从实践到生产、再到《1857—1858年手稿》的理解；后面是唐正东谈他对马克思这一时期所谓"经验论"的分析；然后，我们再提问、讨论。

姚顺良（简称"姚"）：我认为，第一，从《1844年经济学哲学手稿》（以下简称《1844年手稿》）之后，经过《神圣家族》，特别是《评李斯特》，然后到《提纲》，马克思基本上已经建立了其哲学的基本范式；从《提纲》到《形态》，主要是将其进一步展开，更系统化、具体化。评价的关键是，这一质变的关节点在哪里？按照书稿中的观点，在《提纲》中这还是一个萌芽，没有完全成熟、具体化；直到《形态》，"物质生产"作为对历史的具体分析，才使马克思真正同前一阶段的人本主义区别开来。对这一点我不同意。确实，从《提纲》到《形态》是具体化展开、进一步发展，但是这种展开本身已是质变的关节点之后的发挥，是一个从

---

① 孙伯鍨、姚顺良：《从两种生产看历史唯物主义的广义和狭义解释》，载《晋阳学刊》1982年第2期。
② 张一兵：《回到马克思——经济学语境中的哲学话语》，江苏人民出版社1999年版。

《提纲》中的基本哲学范式、基本要点、逻辑框架即大纲式的东西的展开和系统阐发,而非质变,不存在根本思想的飞跃。这种展开是已建立基本的逻辑框架后的阐述,而不是思想本身的飞跃。

另外,在这一过程中确实存在发展,甚至是实质性的发展,主要是由于对施蒂纳的批判。这表现在:从《提纲》中作为过程和关系统一的实践,到《形态》中新的出发点的提法即"现实的个人"。在马克思看来,施蒂纳对费尔巴哈的批判,恰恰是建立在与后者相同的基础上,即抽象的、先验的基地上。如果说费尔巴哈是抽象的类,那么施蒂纳就是抽象的个体、个人。而马克思则从费尔巴哈的"类"到"关系",再到"过程中的关系"即"实践",并进一步强调实践不仅是"类"的进一步现实化、具体化,更是"个人"的现实化和具体化;现实的个人恰恰是从特定的历史条件出发、处在一定社会关系和过程中的个人。这是一种深化和发展,但不是质变意义上的深化和发展。

第二,我对《提纲》有较高的评价。我觉得,在形式和表述方式上,《提纲》与马克思所欣赏的《未来哲学原理》和《关于哲学改造的提纲》非常相似。仔细分析,《提纲》各条尽管都十分简短,但并不是仅仅作为记录思想火花信手写下的一种随感性的东西,其中有着严格的内在逻辑。基本上有三个内容要点:(1)哲学范式、根本出发点;(2)基本要点;(3)从哲学范式出发,将基本要点联结起来的内在逻辑构架。第一条作为哲学的基本出发点,就是实践问题;第二条涉及传统哲学意义上的所谓认识论、本体论和意识形态论;第三条涉及历史观、社会观、主体观。第二、三条是第一条的两个分支:第二条偏重于原来的一般哲学;第三条偏重于历史观和人。下面各条分别是在这一基础上的展开,包括人的本质、宗教、意识形态,以及对旧哲学的看法和认识论意义。最后两条又回过来总结新哲学同旧哲学在社会基础与理论功能上的根本区别。如果说,《形态》中出现了如张老师所讲的某种马克思自认为的实证化倾向、自认为哲学的终结,他们认为的统一的历史科学包括自然历史和人类历史的统一的历史科学,那么,这些实际上在《提纲》中已经有了。《提纲》已经明确讲了哲学家"不是解释世界而是改变世界"。我们可以理解为马克思是要否定过去的哲学，建立一种马克思主张的历史科学。我觉得，后来《形态》中一切历史观上的基本观点在这里基本上都有了，而且意义在于还超出了《形态》，因为在《形态》中未加发挥的东西在《提纲》中已经出现，例如关于实践是检验真理的标准问题。

第三，讲一下马克思从《1844年手稿》到《1857—1858年手稿》之间大体的思想演变过程。《1844年手稿》是从人的自由自觉的应有本质的一种对象化的角度来理解活动的，这实际上是一种伦理意义上的实践活动（与西方马克思主义的人本主义、实践派对"实践"的理解相类似）。《神圣家族》则强调这种活动本身应该转向强调物的关系。到了《评李斯特》，强调现有的工业形式下形成的工业力量，并进一步将关系分为两重，接近于后来区分生产力和生产关系的二重性。在此基础上，到《提纲》提出了实践概念，把活动与关系分为两种，并将两者整合；过程本身也是一种主客体或主体之间结合的方式。再到《形态》，进一步加进现实的个人、有生命的个人等，实际上解决了一个逻辑出发点和前提问题。逻辑要素的出发点是有生命的个人，直接的逻辑结构的出发点是物质生产，但是这种物质生产不是后来经济学意义上的物质生产，也不是第二国际以及我们过去理解的庸俗的经济唯物主义意义上的物质生产。马克思讲生产，第一步是物质资料的生产，这是第一个历史活动；人类新的需要的产生也是第一个历史活动。我个人认为，这并不是马克思的笔误。物质生产活动是第一，新的需要产生还是第一。目的（需要）和手段（物质资料的生产），是实践（物质生活的生产和再生产）的两个不可分割的方面和环节。第三个因素是人本身的生产（这是生活再生产的主体内容）。马克思讲生产的时候，已经在《提纲》的基础上进行整合，并具体化到历史观这样一个比较丰富的内涵，包括了人与物的关系、人与人的关系及人的需要即人自身的关系，也就是总体生产、再生产。这不是狭义的生产过程。《形态》的局限性就是讲一个"分工"问题，反映了马克思试图在分工中，将几个过程统一起来。分工本身包含很多内容，如生产力、生产关系（私有制）、社会（家庭内的分工、城乡分离）以及意识形态（体力劳动与脑力劳动分工）等等。这反映了马克思经济学知识的缺乏和其理论努力。到了《哲学的贫困》，马克思明确提出了生产力和交往关系，思考的是社会的联结。我的基本观点是：《提纲》是这一过程的质变关节点。我认为，不仅是我们过去的观点，包括孙老师、张老师的书稿，甚至连恩格斯，对《提纲》的评价都过低。恩格斯认为，《提纲》是"包含着新世界观天才萌芽的第一个文件"。"第一个"概括得很好，但"萌芽"就太低了。《提纲》就是一个新世界观的基本范式、基本要点、逻辑框架的基本文件，相当于"关于未来哲学宣言"这样一种东西。

唐正东（简称"唐"）：插一句，关于马克思两个"第一个历史活动"的提法，孙老师曾认为，第二个是笔误。

张：这在原文上不可能是笔误。这一部分是恩格斯抄写过、而且马克思再次修改过的。

姚：物质生产既是前提，由总的范式下降到历史观的东西，反过来又是实践的基础。这涉及实践论和唯物论的关系：究竟是实践论建立在唯物论基础上，还是唯物论建立在实践论基础上？对这两者的关系必须辩证理解。

张：下面我们请唐正东博士讲述自己的观点。不能狡辩，你在《斯密到马克思》中怎么写就怎么说。

唐：第一，我先声明，我对这一段的理解不是经验论。我赞同姚老师刚才讲的，所有对马克思、恩格斯的解释，在根本上都与对马克思哲学如何定位的问题直接相关。不同的话语体系所建构出的理解会有不同。首先，我不同意过去对历史唯物主义的理解，因为哲学的使命归根到底在于对人的存在意义及自由的追问。唯心主义尽管有万般缺点，但不可否认的是，其最大的优点在于直指人的自由，以应有的状态来批判现实。黑格尔的唯心主义就更加深刻了，搞出了一个历史发生学的生长路径。唯物主义不能简单地抛弃唯心主义，而是要扬弃唯心主义，用唯物主义的方式来解析人的自由的获得问题。如果说在超越唯心主义的过程中，马克思、恩格斯只是转变为对历史过程的实证描述，或是一种实证的历史科学，那就无法完成两个理论平台之间的跨越：一是现实的经验历史或西方学者所讲的物质生产的平台；二是人的自由的平台。

因此，对于马克思历史唯物主义，我个人理解有两个"不是"：不是对历史过程的经验描述；不是用哲学的概念，比如实践、社会关系等来描述历史过程。如果是描述的话，何来自由？而且，这还必须认可以下两个理论前提：一是人类自由的获得是一个神秘的过程，历史观无须去研究这一过程的内在生成路径，只需去描述正在发生着的事情就足矣；二是哲学根本就不需要讲自由，只要讲过程的特征就可以了。我认为，上述这两者都不足以阐明马克思哲学的意蕴。马克思哲学超越唯心主义之处，第一步在于转向唯物主义；第二步便是历史唯物主义的话语来解析人类自由的获得路径问题。只有站在这一理论视域中，马克思对社会历史规律的探寻才同时显现为一种对现代性的批判及超越。这一点，对我们在当下语境中阐释马克思哲学同样是具有重要意义的。

所以，在学习了张老师关于历史唯物主义的广义和狭义理解之后，我提出这样的观点：历史唯物主义哲学研究的重要使命，在于理解马克思、恩格斯是怎样解析当时的资本主义世界的？人的现实生活以何种必然性才能真正走向自由？这是一种历史唯物主义的自由之路，它超越了传统哲学对历史的理解。我个人不同意以平面化的实践和社会关系概念来描述这种哲学。在马克思唯物主义的视域中，所有概念（包括实践和社会关系概念）都是历史生成性的，这些概念背后所蕴含着的，正是从当下的现实出发，对人类自由的探寻之路。除非这种自由是一个神秘过程，除非放弃自由，历史过程才可能是一种实证的描述。出于这种理解，我个人对《提纲》和《形态》的定位是较为辩证的：《形态》体现了马克思历史唯物主义基本理论的达成，其标志是生产力和交往形式的矛盾运动规律的揭示；但我们不能说在这一著作中历史唯物主义的全部内容都已经实现了，因为马克思后来对生产力和生产关系概念都加以进一步深化和丰富。

第二，我有充分的理由断定，就历史观的层面来说，马克思在《形态》和《提纲》中还不可能彻底完成对资本主义现实历史过程的解析。理由如下：就整个社会层面来说，当时的资本主义主要还只是手工业资本主义，劳动者直接是生产过程的主体。比如制鞋匠，在分工体系中处在敲鞋跟的位置，一辈子完成敲鞋跟这一片面化的劳动过程。在这种劳动过程中，由于劳动者与劳动资料之间的分离还不充分，因此，劳动者时常感觉到自己的劳动产品和劳动过程都处在异化的状态，也就是说，自己会有一种异化感。马克思在《1844年手稿》中从人本主义的角度所展开的批判，就是对这种异化感的第一次分析。这种分析如果从历史唯物主义的角度来说，当然是很不深刻的，因为它在主导逻辑上还没有站在现实的平台上。1845年之后，马克思在哲学思路上完成了向历史唯物主义的转变，重新思考对上述异化感的批判模式。这促使马克思对产生上述资本主义异化的现实过程进行了更加深入的分析。在手工业资本主义阶段，分工是促进生产力发展的主要因素，而由分工所推动的交换关系的出现与普遍化，是生产力发展带来的主要的社会效应。亚当·斯密之所以选择分工和交换这两个概念作为自己的主导概念，其原因正在于此。马克思当然是要超越斯密的，所以，在斯密只看到私有财产的交换关系的地方，马克思看到了私有财产制度这一所有制层面的内容。这样，马克思便用分工和所有制这一组概念，建构起了对历史过程的解析及对资本主义社会的批判。但是，这里的问题在于马克思还没有把自己的审视对象转移到大工业资本主义上面。这是因为在《形态》之前，马克思读了经济学但是还没有真正研究经济过程，他受的是别人的影响，最典型的是斯密和萨伊。马克思读过李嘉图，但以为他跟斯密和萨伊是同质的。其实，在真正的大工业资本主义阶段，推动生产力发展的主要因素是机器，由此带来的分工主要表现为社会分工即资本家与雇佣工人之间的分工，而不是敲鞋跟的工人与擦鞋皮的工人之间的技术分工。由此，生产力发展所带来的社会效应主要表现为整个资本主义生产关系与生产力发展之间的矛盾，而不是以个体身份存在的工人的异化感。只有到这个时候，马克思才会准确地理解内在生成性意义上的社会历史过程的内涵。马克思不是真正研究经济学，而是从事经济批判学，通过批判资本主义生产力与生产关系的矛盾来实现最大的人文关怀。当然，这不是人本主义的研究路径。

马克思由此阐发了许多新的内容：首先，是物质生产的问题。它包括三个层次：一是物的生产与再生产；二是社会关系的生产与再生产；三是劳动者作为人的生产与再生产。在1848年之前，马克思从客体向度解析资本主义必然灭亡性的最好文本是《形态》。在那里，资本主义必然灭亡是因为生产力的发展只得到了片面的利用，这与从分工出发的思路是一致的。但是，《形态》中尽管阐述了一般历史过程，还无法彻底地理解这一过程。1848年革命证明了这一点，即为什么尽管资本主义的生产力只得到了片面利用，却并不必然导致资本主义的灭亡。其次，马克思阐发了革命主体的问题。1848年的欧洲大革命使马克思对这一问题有了更深刻的认识。在《形态》中马克思、恩格斯认为，工人阶级"只有在革命中才能抛掉自己身上的一切陈旧的肮脏东西，才能成为社会的新基础"①。1848年革命之后，马克思发现事情可能并不这么简单。这里还存在着一个工人受到资本主义观念拜物教的束缚的问题，所以才有马克思后来对资本主义观念拜物教问题的研究，并最终得出结论：实践将迫使工人起来，既反对资本主义拜物教的物质形式，也反对资本主义拜物教的观念形式②。在思考革命主体问题的主导概念上这一从"革命"向"实践"的转变，说明了马克思对这一问题研究的不断深入。

马克思在移居伦敦后提出了生产形式概念③。从交往形式概念到生产形式概念是一个核心的转变。生产关系不同于生产中的关系，社会关系不同于社会中的关系。我将社会关系定为三个层次：一是一般层面的人与人之间的关系；二是财富的交换或分配层面的资本家与工人的关系及由此而来的政治斗争关系（交换关系的不平等并不能与生产力构成内在矛盾，《曼彻斯特笔记》主要涉及的是交换关系而不是生产关系）；三是生产过程中资本家剥削工人剩余价值的关系。这里的第三个关系，才是马克思历史观最终要研究的社会关系。第二个层次关系实际上主要由《哲学的贫困》概括。工人和资本家的交换关系是不可能与生产力构成真正的内在矛盾的，英国"李嘉图式的社会主义者"的理论困境就出在这儿。真正跟生产力构成内在矛盾的是第三个层面的生产关系。对资本主义来说，剩余价值是在生产过程中产生的，交换过程只是对它的实现而已，而在交换过程

---

① 《马克思恩格斯选集》第1卷，人民出版社1995年版，第91页。
② 《马克思恩格斯全集》第48卷，人民出版社1985年版，第258页。
③ 参见《马列主义研究资料》1984年第5期，人民出版社1984年版，第13页。

中实际上是平等的。此前，马克思关注的是交换过程，做笔记统统谈"交换"，没有深入到生产过程。《哲学的贫困》也是如此，马克思讲到了资本家和工人的关系，但认为这只是交换过程中的不合理。应当说，最深的层次是生产过程，所以马克思后期的理解不只是1845年所形成的成果的后期运用。如果不对其后期的研究进行突破，我们就无力回应西马的挑战，因为这需要揭示出马克思对历史过程的分析。马克思实际上从生产走向自由，从应有走向自由，而非一开始就谈自由。我对从《伦敦笔记》到《资本论》第三卷的梳理，是要试图揭示出马克思思想的深化历程。所以说，我是批判经验主义，而不是经验主义的。

张：我现在给你们两个提问题。姚老师的思路，我大致清楚；唐正东讲的东西，我今天第一次听清楚。我觉得，你们两人是两个极端，而我自己可能介于你们之间。我先说小唐。你不管在书中有没有使用经验主义的概念，但是在你的分折中，的确存在主义的理论倾向，而且很有意思的是，在理解马克思哲学的形成过程时，你恰是将哲学按到经济学的研究过程中去了。可是，马克思的哲学进步为什么一定要跟着他的经济学研究一点点向前走？我觉得，这并不是一个同体的过程。

还需要回答两个问题：第一，马克思讨论哲学问题是不是一定谈论自由（你似乎带有目的论痕迹）。在你的讨论中，离开了所谓自由，实践和物质生产都是非法的。只有马克思解决了寻求自由的根本点之后，才可能真正确立其哲学基础。第二，你将哲学的价值立场与经济学中剩余价值理论的科学发现捆得过紧，而你将资本家与工人的剩余价值关系作为历史一般的生产关系。这样存在很大问题，因为《提纲》和《形态》的主体并不是剩余价值。马克思在这两个文本中，实际上提供的是一种新的科学的哲学方法论和世界观。

我发现，如果说，刚才姚老师的问题叙事基本上是离开具体历史过程来讲的，那么，唐正东则是用对当时资本主义历史过程中最重要的剥削关系的揭示即剩余价值的产生过程，来确认马克思的科学社会主义的道路问题，即怎样最终走向科学。但是，这一点与《提纲》、《形态》中马克思所面临的任务不完全一致。比如，《形态》中讲共产主义，但马克思当时主要是清理自己的哲学思想，不是在打算解决政治问题。马克思在《形态》中的确将分工理论拿出来，而且很失败，但对分工和交往关系等概念的不成熟理解，是否阻碍了马克思在哲学上形成像实践这样的科学概念，是否阻碍了他打算给历史提供一般的社会哲学模型？我觉得这是两回事。不是一定要到李嘉图描述的大机器时代，才会有科学的实践概念形成。按照你的逻辑，今天的社会历史还在向前进步，是不是到了网络社会之后马克思理论还没有形成？你这样是站不住的。关键在于马克思是否在哲学方法论上实现了革命。我觉得，你的这一观点受孙老师影响，但你把孙老师原来正确的东西误认为不那么正确了。马克思在《提纲》、《形态》第一章中，是不是始终考虑自由的问题，准确地说是人类解放和无产阶级革命的问题，这是一个价值判断。我认为，至少在这两个文本中，这并不是马克思关心的中心问题。在这两个文本中，马克思实际上是在讨论哲学方法的变革问题，而不是革命理论问题。你实际上将后面的标准看成为马克思的一贯思想。

姚：我插一句，唐正东实际上将两个伟大发现，即历史唯物主义、剩余价值理论合并成为一个伟大发现。

张：对。按唐正东的理解，没有后一个剩余价值理论的伟大发现，也就没有前一个。斯大林关于辩证唯物主义和历史唯物主义的理解可能简单化了，但是他还承认这两个伟大发现的时序呢。请注意，虽然我赞成马克思主义哲学的重要理论来源自古典经济学，但是不是只有马克思在经济学上完全解决了问题才形成历史唯物主义？我不赞成这种观点。我只能同意随着马克思经济学研究的深入，他的历史唯物主义思想也不断得到深化。我觉得，恰恰因为唐正东将哲学方法的探索下降为经济学研究，才会死扣分工、生产；手工业到大机器；斯密到李嘉图。你难道还不承认，你的这种研究思路不是经验主义的？我讲的经验主义并不是你的概念，而是你的研究方式。

好，我再向姚老师发问。我听下来，你今天的阐述与第一次的讨论有点变化。在马克思主义哲学变革这一点上，我与唐正东完全一致。马克思在《提纲》中形成自己的实践概念时，不是从传统哲学的基础出发的，而是从经济学的理论平台出发的。这种思考是从《评李斯特》开始的。我的看法是，马克思在《1844年手稿》中使用的工业概念，可能是一个含混的概念，但是在《评李斯特》中，他的工业概念已经与特定的历史状况相关联了。因为李斯特提出生产力问题，是在说明后起的德国社会经济与英国工业的生产力水平不一致，这是生产力水平概念形成的原初语境。没有这个历史性的生产力概念，就无法进行比较，就无法反对斯密、李嘉图普适性的自由主义。他想说明，自由主义交换实际上是不平等的，因为德国与英、法在竞争起点上不公平，由此才会产生李斯特首创的贸易保护主义思想。在这一点上，马克思意识到了问题的本质在于不同历史时期、不同阶段的工业发展的生产水平，已经意识到一定历史条件下的工业发展阶段。在这一点上，我同意唐正东：马克思是从经济研究学中，一步步开始他的哲学变革的。我有一个观点是，马克思所解决的问题不是回答旧哲学，而是在经济学研究中意识到工业革命之后，人与世界关系的新的质的变化。我与唐正东不同之处是，我在这里就打住了，并上升到哲学；而唐正东却继续在经济学中一直走。

我认为，实践概念的确是马克思主义全部哲学的最重要基础，但这只是一个形上的基础。这是马克思在1845年为了解决自己哲学新视界的基础，为界划自身与过去哲学不同之处而确认的新范式。说实践概念是范式，也就是说，它仅仅是马克思的理论问题范式，是一个大的方面。马克思新哲学中实践概念的合法性，不在于像我们过去所理解的认识论构架中的那种狭义的概念。马克思此处之所以强调实践，在于说明自己新哲学的特点，并且公开宣布新哲学的目标旨趣在于改变世界。但是，到了《形态》，我们发现，马克思、恩格斯突然不再从形上的哲学范式——实践概念出发，而是从物质生产这个人类社会历史的真正起点（用马克思的话，是"第一个历史活动"），开始面对社会存在，明确提出我们的整个世界的基础是生产劳作。精确一点说，这种指认只有在工业生产的意义上是合法的，因为在自然经济中，我们外部的周围世界的基础不是劳作。那时，从畜牧业到农业、种植业的生产，与自然界的关系是一个同体过程。人的劳作只是外部自然成长的辅助性条件，还根本不可能成为马克思、恩格斯批判费尔巴哈时所指认的，是整个感性世界的基础。海德格尔后来所讲的劳作成为世界的基础，其前提是整个自然成为对象。这正是工业生产的新基础和发展目的。只是在工业生产中，全部自然存在成为人类改造和征服的对象。工业第一次创造了以人类社会历史生活为中轴线的新的存在层级。只是在这个意义上，马克思的实践理论才合法地成为一种新哲学。在改变世界中，实践成为批判的革命的活动，这是工业生产这个新基础创造的。所以，马克思实践理论的合法性，仅仅在于工业性和今天的后工业性。这样，在原始社会等古代社会生活中，不能泛用马克思的实践概念：原始社会中的生产和人类生活不具有马克思《提纲》中的实践含义；原始社会的实践不具有改变世界的质性意义。

关于实践问题，姚老师讲了很多观点，有道理，但是没有从工业性的意义上来理解。因为马克思之前包括黑格尔的实践概念，从上帝的创世说中都能得到，从拜自然神开始就已经有了，包括后来的宗教式的偶像主体投射，原来的主体能动性被唯心主义发展了，那是观念化的夸大。人类真正改变世界，那是工业性的产物。马克思获得的最大的理论启发来自古典经济学。配第以来的政治经济学第一次发现财富分为两种：一种是原来的自然财富，一种是劳动价值意义上的财富。在新的经济生活中，自然财富逐渐降低为原料，新生活的财富来源于被物质生产重构的工业产品。在这一点上，我决不否定、贬低《提纲》：整个马克思主义的全部基础在《提纲》中确立了。但是，我当时的研究前进了一步：从《提纲》到《形态》，我们自然要回答为什么马克思、恩格斯到了《形态》突然不从实践来谈哲学这样的问题。我们必须从文本的思考语境具体地讨论问题。我们必须思考《提纲》的每一条具体可以勾画什么？我当时的答案是：马克思、恩格斯发现，实践本身一进入历史就会分化。实践是有不同结构层级的。毛泽东也强调实践，但是他是从实践走向社会活动和政治斗争，也就是说阶级斗争的实践。马克思面对历史作了最重要的划分。同观念相对应，实践最重要；但必须历史性地观察实践。与实践中创造的制度层面比较起来，物质生产是第一层级的、原始的，物质生产才是人的存在的第一个历史活动，这是一种在逻辑上从抽象到具体的转化。仅仅在《形态》

中，马克思才有可能提供一般历史唯物主义的模型，但由于当时掌握的历史资料不够丰富、经济学理解不够深刻，他对历史的理解（我称之为广义历史唯物主义），实际上是一个一般的历史公式。那时，马克思、恩格斯实际上想提供历史发展的一般模型，但这里有几个方面，他后来意识到是有问题的：一是不知道原始社会那种没有所有制为基础的历史阶段；二是以分工为基础的历史模型与历史本身发展并不一致。我的判断是，《形态》虽然提供了历史发展的一般模型，但这并不是马克思、恩格斯心目中历史唯物主义的最后形态。当然，它确立了历史唯物主义的许多一般原理是不容否定的。比如，社会存在决定全部意识；物质生产作为历史发展的一般基础等等观念。小唐的问题是，既然马克思《形态》提供的历史唯物主义的一般原则，在《资本论》中还是他的指导思想，并没有改变，那就不能推翻这个一般原则。可是，关于《形态》的不成熟性还有一个方面，就是它并不是马克思、恩格斯的最后完成文本。对于这一点我猜想：在《形态》的手稿中，马克思写不下去，放弃了，后来第一部分以生产方式重写，仍未完成。

我给姚老师提的问题是，从实践到以物质生产为核心的历史唯物主义，其中的关系到底是什么？我发现，说到底我的一些想法与孙老师可能更接近：马克思主义重要的哲学基础是历史唯物主义。而按照姚老师的分析，从实践出发建构一个基本构架，这个构架与历史唯物主义将是一种异体关系。你不大能说得清楚，实践唯物主义那种从实践出发的抽象本体论很难走进现实。小唐刚才讲的有一点是对的，即马克思在《形态》中面对的首先是历史。恩格斯后来讲了一句"在1840年代，最大的现实是经济学和历史"。所以，《形态》首先面对的是历史，但并不能简单地说是历史观。在《形态》中，马克思当然讲到社会历史（工业性）中的自然存在。我们过去讲成是自然观，在这里，马克思讲的是外部的自然环境。所以，我与孙老师当时的观点是，历史唯物主义是马克思主义最重要的哲学观念，他称为历史科学。这里的历史不是历史观的狭义社会历史生活，而是一种广义的（基始性的）历史哲学的历史。从这一历史出发，解释历史性的具体实践，解释一定历史条件下的物质生产，是马克思最重要的一般原理。但是，我之所以后来又提出狭义历史唯物主义，是因为马克思在后来的《1857—1858年手稿》等文本中要解决的是根本性的价值判断，即批判资本主义目标。正是在那里，马克思面对人类社会发展当时的最高阶段（他形象地称之为"人体"）——资本主义社会，努力用科学的方法来解决经济学上的问题。我发现，历史唯物主义和历史辩证法的科学方法论在这种重要的研究中被极大地加深和丰富了。所以我才说，历史唯物主义最终的完成，是在《1857—1858年手稿》（包括其他《资本论》手稿）中。这才是马克思主义哲学发展的最高峰。我同样充分肯定《提纲》和《形态》在马克思主义哲学创立过程中的地位，但只是说那两个文本相对来说还不够完善。接下来，请姚老师回答为什么不同意我将《1857—1858年手稿》看作历史唯物主义最高峰的原因。

姚：澄清一下，马克思主义哲学包括历史唯物主义的确立，与其完成、成熟、完备化、最高峰不是一个概念。我的想法是：承认决定性的关节点是在1845年的《提纲》，后面到了《1857—1858年手稿》更成熟，后者是对历史唯物主义原理的进一步精确化。现在的问题是，能不能把《提纲》的不完善，与其实现的根本性变革区别开来，即：总的哲学范式、观察世界的视角变化是决定性的，然后用这个视角来理解、批判世界，并为实践的改变现实作论证。这两者不同，是两回事。

当然，从马克思当时的19世纪40年代，到20世纪、直到现在，物质生产实践一直是最大、最重要的实践。但问题是，其基础性与重要性不同。关于马克思的实践概念与物质生产的关系，我认为，物质生产是实践的基础，是出发点，但是不能离开具体时代。认为马克思的实践概念永恒地把物质生产作为最重要的实践的看法，是运用一般的哲学范式来观察、研究历史。问题是从"二战"至今发展的现实，已涉及实践本身也在变化发展的问题。这是现实的要求。从物质生产最初的基础性作用，上升到实践的全部活动，甚至实践的其他范围和领域，也已变得越来越重要。这一点，在《提纲》中都已经包含了这些理解的可能性和生长点。我的意思是，如果否定《提纲》的地位，仅仅关注后来的完善，这样就会疏忽马克思哲学变革的意义，减少其能够对我们的启发，减弱马克思对现实世界的解释力。所以我强调：一方面恢复其历史意义，另一方面也有我们联系现实，与西方马克思主义、与"马克思学"对话的问题。实践到现阶段，已在物质生产的基础上超越，但是超越物质生产并不是否定它。我们的目的是在物质生产上向前，使马克思主义的哲学范式更加"当代化"。

唐：张老师讲我是理论层面的经验论。我来申辩。您刚才一直强调哲学的形而上层面的研究。我还是要强调一下我刚才讲的第一点。我一直在思考一个问题：唯心主义是形而上的，当然黑格尔更加复杂。您也强调哲学的一般原则。对历史观的一般层面界定算是哲学，那么您在《回到马克思》中强调的主体向度的内容算不算哲学？如果成熟的历史现象学是哲学的话，那么张老师所理解的马克思哲学是不是一个过程？

姚：问题在于，哲学层面问题的解决，与经济学研究中体现的哲学思想的进一步深化是不同的。

唐：在这一点上我有自己的看法。马克思反对唯心主义。他怎么反对唯心主义？不仅仅是批判其头脚倒置。唯心主义中一个重要因素是被包裹着的人文因素。唯物主义如果仅仅是对社会生活的一般界定，那是无法反对唯心主义的。解释一下历史，并不足以反对唯心主义。如果从历史中生长不出人的自由的可能性和必然性，那就无法与唯心主义相对抗。唯心主义假设了历史的起点和目的，并把历史解释为一个神秘的过程。我个人认为，马克思主义哲学不仅仅是对社会历史过程一般原则的界定（这当然也是其内容之一），而且还应包括对社会历史过程的完整内容的揭示。所以，我的定位是：《形态》标志了历史唯物主义基本理论的达成，而马克思后面的著作包括《资本论》在内，则是对历史唯物主义全部内容的完成。这两者之间不是对立的关系，而是辩证统一的关系，或许可以用历史唯物主义Ⅰ、历史唯物主义Ⅱ来加以说明。

姚：历史唯物主义Ⅱ就是政治经济学问题的全部解决。

唐：对于当时的马克思主义来说，不能解剖当时资本主义的发展历程，就不能解释历史，也就无从阐释哲学以及人类自由的获得。

张：唐正东你是自己挖了一个很大的坑，然后自己跳下去。按你的理路，你是将全部的宝压在经济学上：马克思揭示了剥削关系，所以你的哲学跟着经济学走；然而，一旦在理论上或者实践上，证明马克思的经济学解释与那个时代是相关联的，一旦由于这种历史关联性出了问题，那么你全部的哲学大厦就会倒掉。讲到哲学与当下现实的关系，我跟老姚是接近的：哲学的变革不会直接依托于历史的具象。可是你的哲学就在这种具象中。但是，一旦证明这种具象是非法的，你的哲学就是非法的。孙老师和我们讨论的哲学是一种方法。这种哲学不可能局限在你所讲的只有解决了剥削关系之后才会出现。准确地讲，马克思只有具备了这种方法才能解决这个问题，而不是揭示了剥削问题才会有这种方法。

姚：所以，小唐的思路还不彻底：只有解决了所有实践问题，也就是说解决了社会主义问题，才会有历史唯物主义的完成。所以，必然存在历史唯物主义Ⅱ。

唐：张老师所讲的一般原则，如何可能被用来阐释社会生活走向自由？

张：所谓的走向自由根本不存在。走向什么自由？从后工业文明来看，你的走向自由根本是不存在的。走向谁的自由？按照马克思的方法，只能在一定的历史条件下谈论解放的可能性。现在，你恰恰是将马克思拴在一个抽象的自由目的上了。所有价值判断的前提，是姚老师所讲的"能有"，即现实的可能性，而不再是抽象的自由概念。实际上，在马克思那里，这就是19世纪工业文明创造的历史的"能有"之中的自由关系。在马克思的新视域中，没有抽象的自由。况且，本雅明之后，已经根本不存在简单的走向自由的历史过程。所以说，马克思的方法论在于永远提供的是在一定的历史条件下的解放的现实可能问题。

张：接下来一个问题，是关于人的实践结构。我很早就想过，在不同的历史时期，在人的实践结构中起主导性和基础决定性作用的因素是不同的。马克思讲过，在资本主义物质生产过程中，劳动过程和创造性过程被分离了。物质生产是科学技术的应用过程。这在《马克思恩格斯全集》第四十六卷中讲过。今天更精彩了，物质生产根本不仅是什么科学的运用了。现在的创造性过程就是在"观念"中完成的。以汽车的生产为例。人们先是在3D的软件平台中创造出自控生产程序。新程序上了生产的流水线之后，生产也就结束。我承认，姚老师刚才讲的是个问题。为了解决这个问题，我提出过一对范畴，即基础与主导的范畴。这里的基础，是指历史唯物主义中所确立的物质生产作为人类社会存在与发展永恒的一般基础，马克思曾经将其称为"永恒的自然必然性"；这里的主导，是指在每一个具体的社会形态中起主导作用的社会力量，比如在古代是人的生产；在西方中世纪是宗法关系；而在资本主义生产方式中，则是经济力量。主导力量只是在一定的历史时期内起决定性的作用，而不是基础性的作用。这样，我们就既不否认物质生产是永恒的一般基础，也不会无视不断变动中的各种重要的社会力量和作用。我认为，就是在今天这个所谓的后工业社会中，我们在最终社会存在层面上实现物质化的过程还是生产。无论是欲望引导生产也好，还是鲍德里亚讲的消费社会也好，最终到根本上，任何时期都不可能停止物质生产，或者物质生产在量上被减小到一个非常小的程度。而且，这种物质生产在原始社会中就存在，因为物质生产是人区别于动物的开始。在不同社会阶段，基础不变，但可以有不同的社会主导因素。对于这种主导，第二国际把特定经济社会形态中起主导作用的经济必然性理解为一般规律，这就导致了机械的经济决定论。

我最后的观点是，只有物质生产才是历史唯物主义的一般原则。在这一点上我与姚老师的观点可以达成一致。

唐：我回答张老师的问题。我觉得，关于哲学与自由的关系，马克思当时是有这样一种目的：社会最终将走向自由。这不是简单地对现实的否定，而是通过揭露现实的内在矛盾，梳理出一条人类不断走向自由的路径。这里就牵涉到隐藏在卢卡奇思路中的一个理论质点：资本主义现在还没到"黄昏"，是否就意味着我们还无法对资本主义的历史进行历史生成性的批判？因为智慧的猫头鹰只是到黄昏的时候才会起飞。按照我的理解，对这一质疑不难作出回答：当代资本主义还没有灭亡，这并不意味着马克思关于内在矛盾运动的理论就不是科学了。马克思认定当时的资本主义已经快到黄昏，所以，他认为完全具备了对整个私有制发展历程作出科学分析的条件。他由此而得出的一整套理论，事实上也已经被证明具有非常重要的思想力量。我们的确还不能认定资本主义的某个"黄昏"时刻，但这并不妨碍我们在对社会历史进程的分析中继续贯彻马克思的方法论思路，因为对整个社会历史进程的认识，就是在上述这种科学认识论的不断递进中获得的。我们决不能因为资本主义社会生活过程还没有到达最终的"黄昏"时刻，就因此转向只是对日常生活过程的描述。这在方法论上，是放弃了科学的抽象，完全转向了"具体"。法国的"后马克思主义"理论家在1968年事件之后完全转向了日常生活的经验过程，但为此而付出的代价，是对马克思科学认识论的忽视。

第二个问题，关于物质生产。物质生产之受关注，不是因为它是一个物质性范畴，而是由于它的发展导致了社会矛盾，即在社会关系层面产生效应。所以，马克思研究它并不是因为它是一个自然过程，而是因为它是一种社会历史过程。马克思主要是从社会关系的角度，从社会历史的角度来研究物质生产的。就当代现实而言，我个人对知识经济有些看法。我们怎样面对知识经济所提出问题的理论挑战？就当今而言，经济在全球范围内到底是工业经济还是知识经济？真正导致社会矛盾的是什么内容？如果我们把审视的眼光从某个具体的资本主义国家转向整个资本主义的世界政治经济格局，那么我们可以看到，导致矛盾的恰恰是资本的全球扩张问题，是资本的再生产问题。而且从具体数量上来看，全球经济中占主导的还是工业经济。前几天法国的巴黎发生了骚乱，这是全球化必然带来的问题，首先是移民的问题，如果闹下去必定是本国工人的问题。我个人认为，在马克思主义当代立足点的问题上，资本的生产与再生产依然是其中一个核心内容。知识经济尽管很时髦，但仍应关注资本的生产与再生产过程。

张：你的问题实际上是这样：你总是看到马克思晚年关注的东西，资本主义条件下工人受剥削的秘密。这是对的。但这并不代表马克思不关注阶级斗争之外的哲学概念。这是两个问题。但是，按照你的意思，似乎不讨论剥削，哲学就没意思了。马克思的辩证法不都是讨论剥削啊，马克思的认识论也不都是阶级眼光。最重要的是，要求我们实事求是地客观看待世界。晚年毛泽东的观点倒是符合了你的理解，因为在那里，剥削与被剥削关系是全部哲学的骨干。

唐：就这一小点而言，我同意这样的一种观点：离开了马克思的历史观，就谈不上他的哲学。就当代中国来说，马克思主义哲学的确应该完成从批判到建设的转变，因为语境变化了。

张：这种观点实际上是一种意识形态的观点。

姚：马克思哲学是一种观察世界和改变世界的基本态度、基本视角和基本方法。

张：马克思在1845年以后讲辩证法和实践的时候，都是用革命和批判的这样的定语，但是这种革命和批判具有多种含义，其中包括政治斗争即人对社会制度的变革，然而也包括人与自然的斗争，还包括了人们改变观念的心理过程。如果只思考资本和剥削关系，那么你就必然带有将马克思主义哲学政治化的倾向。马克思主义哲学有自己的意识形态指向，但这应该是以科学的方法指导无产阶级面对和变革现实。特别是在19世纪的社会现实当中，是要为无产阶级革命提供批判和斗争的方法。我承认，这种方法本身包含革命性和批判性，但马克思的历史观除了历史进步性之外，同时会关注现实的不公正。关注现实不公正是哲学方法论的直接内容。我在讲狭义历史唯物主义的问题时，提出过马克思的这种批判性的经济哲学方法，是同对资本主义批判包括对拜物教批判结合起来的。马克思通过一种新的批判性的认识论，去看待资本主义背后的东西。这都属于马克思历史唯物主义的东西。但是，这种政治性的东西、对资本逻辑的批判不能作为马克思哲学一般的实质内容。我知道你的意思，但是我们可能不一样。

唐：对这一点我有不同看法。马克思主义哲学的确关注人和自然、人和观念等一般性的问题，但从本质上讲，真正代表马克思主义哲学深刻之处的，是他在社会历史过程之中关注物质或观念问题的解决，关于人和自然的问题也是如此。这一点我可能受孙老师影响。马克思思想的深刻主要是历史观上的，在他的视野中，人和自然的关系问题不能脱离社会历史过程而理解。当然，是以承认自然界的先在性为前提的。

张：不能夸大。史前资本主义是不是必须按照资本逻辑解释？马克思之所以说人体和猴体的比喻，因为猴体毕竟存在。还有一条，按马克思的逻辑往下走，资本逻辑消失之后，马克思哲学的作用是否仍然存在？

唐：我也向孙老师问过这个问题。孙老师对这一问题的回答是：你管那么多干嘛？马克思主义哲学还有很多现实问题要研究呢！我是同意孙老师的这一观点的。至于对《形态》的评价问题，孙老师确实认为从《形态》到《共产党宣言》是马克思哲学理论发展的最高峰。我坚持认为，马克思、恩格斯历史唯物主义哲学基础理论的建构是在从《提纲》到《形态》中完成的。这里所谓的基础理论，是指看历史的基本方法以及由此获得的关于历史过程的基本观点。马克思在《形态》中从历史唯物主义的基本方法出发，得出了生产力与交往形式之间的矛盾运动规律，这就是他完成了历史唯物主义基础理论或者说基本理论的证明。但是，由于马克思此时还没有得出剩余价值概念，还没有对大工业资本主义的生产过程作出完全成熟的解读，因此，他还不能对整个私有制社会的内在过程作出最为深入的理解。正是在这一意义上，我说马克思的历史唯物主义理论在以后的研究过程中还会得到进一步的发展。

姚：问题是，光从经济学上解释历史不够，还是要通过社会主义运动变革世界才行。

唐：我回答关于哲学和历史观的关系问题。我认为，不管在别的哲学理论中这两者的关系怎么样，但可以肯定的是，在马克思这里，哲学理论和历史观不可能分开：不存在脱离历史观的哲学观；在历史观之外，没有一种单独的哲学。这种历史观就是马克思哲学。我认为，马克思哲学不是怎么看待历史过程，而是揭示人类在这一进程中怎么不断走向自由的过程。

张：这次讨论是非常好的，因为我们围绕着一个问题展开了详细的讨论，其中发生不同意见是非常正常的事情。就是希望今天的争论不要把同学们讲糊涂了。下面，同学们有什么问题请提出来。

〔博士研究生刘力永在一旁插话：我想提两个问题。第一个问题：各位老师讨论的是，在界定马克思的方法论怎样成为一种科学方法论的问题上，到底把它定位在哪一点上？姚老师将其定位在《提纲》，张老师将这一点定位在《形态》，唐老师定位在《1857—1858年手稿》。我的问题是：

马克思哲学成为一种科学,到底应该定位在哪里?第二个问题是,既然讨论马克思哲学方法论怎样成为科学的问题,为什么不能将这种讨论延伸到马克思已经发表的作品上,而要在马克思早期不完全文本或马克思本人不愿意发表的文本上寻求依据呢?〕

张:第二个问题很简单,就是当马克思研究哲学问题的时候,他没有可能发表关于哲学的文章。比如,写《神圣家族》的时候,马克思本身思想还没有成熟;提出了广义历史唯物主义的《形态》开始没有发表,后来也放弃了。当马克思一旦公开发表自己的论著的时候,他的主要精力已经不再放在研究哲学上。过去从第二国际到中国的马克思主义研究,在解释马克思主义哲学的时候主要依据的都是马克思已经发表的东西,但是后来我们发现,马克思对哲学思考最多的,还是在19世纪40年代当时没有发表的手稿中。这并不是说,在发表的作品中马克思的观点不正确,比如《哲学的贫困》、《共产党宣言》包括《资本论》,这些作品都是非常重要的,然而在这些作品中,我们不可能充分把握马克思哲学形成的基本思路。

姚:我来补充。你提的问题实际上是对科学的理解。如果把科学理解为实证科学,那么唐老师是对的:只有在经济学研究中,马克思的哲学才真正达到科学;如果把科学理解为历史观,那么张老师是对的;如果把哲学理解为一种特定意义上的科学,即:既不同于历史观也不同于实证科学,那么我是对的。争论的关键在于哲学观的差别。

〔刘力永:张老师是在何种意义上定义哲学的?〕

张:我不能说我如何认为哲学是什么,这个问题太大了。今天下午讨论的是,我们三个所理解的马克思的哲学思想。如果说到马克思主义哲学,我个人认为,马克思、恩格斯创立的马克思主义哲学是一种根本性的方法论,而不是一种系统性的体系。一部分是历史唯物主义最重要的一般基础,彻底的唯物主义。不是唯物主义的历史观,而是历史唯物主义,其中包含了丰富的内容。它告诉我们如何在一定的历史条件下,具体地、历史地面对历史对象。也因为这样,马克思讲黑格尔那里的辩证法通过实践的概念,在新的唯物主义观点上可以被真正地彻底化。所以,我有一句话：彻底的历史唯物主义一定是彻底的历史辩证法。在当时的工业性基础上，马克思的哲学观念不会承认任何永恒的东西。

唐：请张老师简单概括一下：狭义历史唯物主义究竟是不是哲学？它在马克思主义哲学谱系中是什么地位？

张：我所谓的狭义历史唯物主义，是我原来在第一本书《马克思历史辩证法的主体向度》中提出来的。当时是为了界划马克思后来在历史唯物主义基础上建立的、不同于早期《1844年手稿》那种人本主义批判的科学批判理论。我之所以提出这个问题，当时主要是为了纠正第二国际的错误观点。第二国际理论家将马克思在资本主义研究中提出的针对资本主义社会的批判理论，直接当成或夸大为一般的历史唯物主义原理，把在资本主义一类经济的社会形态中运行的特殊经济规律，看作人类社会发展的一般规律。这是那个著名的经济决定论的误认性成因。我认为，马克思关于后期研究相当多的问题，包括1858年的《〈政治经济学批判〉序言》中那个著名的历史唯物主义经典表述基本上属于狭义历史唯物主义。为什么？因为它不具有一般性。在原始社会中，并不存在今天意义上的经济基础，也没有国家、法律等上层建筑。马克思这里的说明，实际上只是针对特殊的经济社会形态，特别是资本主义条件下的社会存在结构和运行过程。所以，狭义历史唯物主义的提出，第一是为了厘清某种理论错误。当然，我在《马克思历史辩证法的主体向度》一书中，用得更多的表述是"科学的批判理论"，以区别于第二国际和后来的法兰克福学派。

第二点，只有在马克思弄懂了经济学历史学相当大量的一手材料之后，他在理解历史的过程中才丰富了自己过去对历史唯物主义的理解。这一部分内容的确是在关于资本主义的经济研究中实现的。比如，新的工业发展建构出来的时间和空间问题；由市场开辟出来的、更加深刻广泛的人与人的社会关系；历史维度的真实进展等等。相当多的内容在原来广义历史唯物主义中并不能得到。比如，马克思第一次理解了为什么资本是一种伟大的力量，由交换和市场本身开创了人的解放性空间等。这些只能在新的经济过程中才能理解的内容，都不是从原来的哲学逻辑中得出来的。正是在这样一种狭义的批判性思考资本主义经济现实的理论中，关于历史唯物主义相当多的原有概念加深了，但遗憾的是马克思从未回到哲学上来。狭义历史唯物主义是我的一种概括，并不是说马克思另外有一种独立的哲学学说，一种哲学观点。

第三点，狭义历史唯物主义最重要的方面，是一种批判性，对现实经济关系的批判性。这种批判以三大拜物教理论为主线。拜物教理论不属于经济学理论，而是马克思在剖析资本主义过程中提升出来的批判性理论。为什么？我举一个简单的例子。传统政治经济学中，从商品、货币到资本，丢掉的是对拜物教的批判。我之所以写这些东西，的确是为了拯救被卢卡奇他们片面地退回到异化逻辑中的科学理论内容。有意思的是，这一部分在广松涉那里被称为物象化理论。我与他不一样，我还是统一于历史唯物主义，至多将其称为一种对历史现象的批判，所以我用了历史现象学这一词。马克思实际上是想还原一种历史的真实，揭示出一种"应该"。这个应该有两个维度：一是公正的维度，因为拜物教隐藏着剥削的秘密，马克思之所以揭露拜物教，实际上是想揭露隐藏在拜物教之后剥削的秘密；二是哲学逻辑上的现象学的意义仍有一个回归，这种回归不是人学现象学意义上的本真性，而是历史上真发生了的前工业社会中人与人交往的直接性。现在，人与人的直接关系通过物与物的中介、市场的中介，颠倒为物的关系。在理论逻辑上，如果现象学是成立的，那应该存在一个还原，针对它是被什么颠倒的，在《1857—1858年手稿》中有所涉及。马克思原来在《1844年手稿》中的逻辑是"应该"与"是"，而现在没有抽象的"应该"，"是"也是"过去的是"、"现在的是"和"以后的是"。在现在的"是"中提炼出走向以后更好的"是"的现实的"应该"，即"能有"。我用了老姚的这个词。其间当然也有复归：一是公正性；二是不被物化、拜物教化的人与人的直接社会关系。我注意到，马克思在19世纪60年代的经济学手稿中突然重新使用异化概念，这是因为马克思后来发现，仅仅用这样一种现象学批判解决不了资本主义复杂经济关系中的自反性。此前，马克思一直拒绝使用异化概念，后来的重新使用，是因为他发现用现象学批判仍然解决不了资本主义条件下通过复杂的物化所实现的特殊的剥削关系，所以他不得不重新启用异化概念，但这并不是原来的异化史观，而是带有新的含义的科学异化概念。

唐：我在想一个问题：马克思后来的科学批判理论取得了巨大的成绩，那么历史唯物主义的一般理论、广义历史唯物主义是否也该有一种提升？

张：我不同于你的地方是，我并不认为，广义历史唯物主义中最重要的观点如物质生产作为历史的一般基础、社会存在决定社会意识这样一些原则还要发生根本改变。我没有这个意思。我觉得《形态》不成熟，只是因为马克思依据材料对历史的理解不成熟，而非历史唯物主义一般原理的最重要的基础不成熟。而且我认为，现在晚期马克思主义，与我们观点接近之处在于，即使到了后工业文明时代，他们仍然坚持从物质生产方式出发来分析问题，分析全球资本、国际劳动分工。杰姆逊、哈维等人都是如此。马克思主义不会因为时代变化而丢掉物质生产方式的分析基础。我不同意你关于《形态》中马克思对生产的理解只是一种手工业生产的观点。马克思在那个时代是完全有可能把捉到一般物质生产的，到后来，他在经济学研究中不过是将其更加精确化、具体化了，但这并不是说马克思那个时代的生产就不是工业化生产而是小生产。实际上，李斯特、萨伊在论述中，也不仅仅说的是手工业资本主义。马克思的哲学立场、观念、方法，到了 20 世纪、21 世纪，由于科学和整个社会的发展会不会过时？实际上，与你的争论最高的问题就是到这了。我之所以提到这个问题，是因为马克思依据的所有内容、李嘉图所看到的大机器生产，与今天的自动化生产差别太大了，而且剩余价值的形成也完全不是同一个问题了。我刚才讲的从数控机床到剩余价值的产生，今天与马克思的时代完全不同，但是马克思主义哲学方法是不是真的在质上出问题了？

唐：我个人认为是这样的：对历史过程的解释需要深化；马克思并不是穷尽了这个解释。实际上，刚才姚老师概括的第一点是对的，我的历史唯物主义是张老师用的一般原则，广义历史唯物主义。只不过我试图在狭义历史唯物主义的基础上，将历史唯物主义发展下去。当然，这种发展在张老师看来已经不是一般哲学了。问题在于：是不是要抓住一般哲学不放？

姚：你如果把马克思主义哲学定位于你的历史唯物主义，那么现在可以说马克思主义已经大部分过时了。

张：实际上，最不会过时的，是姚老师所讲的形上的实践概念。

好了，由于时间关系，我们今天的讨论就只能到这里了。

两条逻辑的相互消长还是共同消解?
——析青年马克思《1844年经济学哲学手稿》的内在结构(学术对话)[①]

张一兵 姚顺良

张一兵教授(以下简称"张"):这是我们课题组关于《马克思哲学的历史原像》一书第三稿的第二次集中研讨。

今天,我们研讨的主题或者说争论的焦点将从《穆勒笔记》开始,集中讨论《1844年经济学哲学手稿》(以下简称《1844年手稿》),特别是《1844年手稿》中的"两条逻辑"问题。姚顺良教授那天提出要批评孙伯鍨老师关于《1844年手稿》中的"两条逻辑"的观点,而我们学科点上大部分老师都是接受孙老师这一"两条逻辑"的思路的,即在《1844年手稿》中存在着占主导地位的从异化史观出发的人本主义逻辑和另一条从客观现实出发的逻辑的矛盾结构,特别是马克思后来的思想是从前者向后者的转变,马克思在1845年春天逐步形成的《关于费尔巴哈的提纲》(以下简称《提纲》)到《德意志意识形态》,都是从后一条即从客观现实出发的理论逻辑中生长起来的过程。

我个人觉得,姚顺良教授那天提出的问题还是有意义的,即历史唯物主义不是由我们过去认为的那种相反逻辑中的某个对立面生产起来的,而是一种全新的东西,在一种变革之中产生的全新的思想,无论是术语还是他的思路都是新的。姚老师这个新想法,对我们进一步分析问题很有些裨

[①] 原载《理论探讨》2006年第3期。本文系是对张一兵课题组关于《马克思哲学的历史原像》一书第三稿的第二次集中研讨,南京大学哲学系研究生周嘉昕根据会议录音整理。

益。我有一个判断,比如我们上一次围绕青年马克思思想1843年发生的"第一次转变"问题,进行了比较充分的争论,效果很好。经过上次的讨论,我们在第四稿的修改中可以就第一次转变的问题作一些细节上的变动,包括财产唯物主义、私有制唯物主义,但需要我们重新作一些定位,好好进行一番梳理,尤其是在重大问题上,还需要进一步讨论和厘清。今天也是如此,姚老师,如果你的东西能够说服我们,我就修改稿子,如果不能,你的东西就留给你自己写专著时来用。

更重要的是,这整个讨论过程对我们在座研究生的学习有着比较重大的意义,因为"两条逻辑"都是我们从马克思主义哲学史本科教学时就开始灌输给同学的,大家在对这个东西耳熟能详以后,通过观摩这个争论换个角度考虑问题还是很有意思的。所以,我希望姚老师还是从《穆勒笔记》到《1844年手稿》,主要是手稿的后半段,特别是对"两条逻辑"的问题再作一些说明,我还会提几个问题。好,下面,我们还是先请姚顺良教授谈谈自己的观点。

姚顺良教授(以下简称"姚"):关于马克思在完成世界观转变的关键时刻,从巴黎时期到布鲁塞尔时期的转变过程,孙老师提出两条对立的逻辑,一是原有的哲学人本主义逻辑;另一是研究经济学以后接触到一些事实,在事实基础上形成的客观逻辑。这两条逻辑在互相斗争,在手稿中萌芽,在神圣家族中逐步发展,最终后一种逻辑取代前一种逻辑。基本上是这个思路。

听《1844年手稿》课时就有感觉,当时孙老师不是带我们一起读《1844年手稿》吗?接下来我也没有很好地再深入探讨。直到后来我在学校讲"马哲原理",特别是给研究生上"马克思主义思想史和原著选读"课时,结合讲课过程我才又认真看了一些东西,那大概是1991年左右。再后来,在南京大学讲授"马克思主义原著选读"课的时候又碰到这个问题,我又再看了一下。基本上就是这个情况。但现在来看,我原来的想法还是有一定道理的。孙老师把问题简单化,基本的思想就是张老师刚才讲的,是在原有的逻辑之外,通过研究现实,产生另一种的逻辑,这种逻辑在逐步发展过程中,一方战胜一方,最终新的逻辑取得胜利。我的观点是，在马克思原来的哲学中，哲学观念与现实逻辑中的现实问题两者形成了矛盾的两个方面，但不是一方取代另一方，而是既相互对立又相互依存，一方不能离开另一方，最后矛盾导致了必须超出这两个对立，形成新的哲学范式。

此处观点上的区别集中体现在如何看待《1844年手稿》中"对象化劳动"与"异化劳动"之间关系的问题上。孙老师强调，"对象化劳动"本身就是一个新的起点，实际上"对象化劳动"应从两个角度来理解：

第一，从对象化是客观化这一点来理解。在活动中，人们把他的主体规定性客观化到产物之中，将对象化作为一种客观活动从客观化这一点上来理解，那么，它是和异化劳动相区别的，这一点是贯彻到底的，它作为一种对象化活动，是反对黑格尔的从精神出发，对象化本身就是异化，精神转化为一种物质本身就是一种异化，所以黑格尔那里扬弃异化就是扬弃客观化。正是从这一点上来理解，孙老师把对象化逻辑作为一种新生的逻辑，这个观点是对的。

第二，另一方面还要看到，如果从内容角度看（不是从客观形式），"对象化"在当时本身就是一种人本主义的逻辑范式，即把人与外界的交互活动、把主体与客体的运动、把劳动过程不看作相互作用、双向作用，而是看作单向的人的主体规定在对象中物化出来，在对象当中得到证实，也就是说对象化仅仅是主体的自我确证。这实际上是后来人本主义的"西方马克思主义者"的思路，亦即活动的结果完全就是主体规定性单方面的对象化。这样就带来一种结果：对象化本身就带有人本主义逻辑，对象化就是自我确证，这本身是一种规范目的论，由此也就必然带来所谓"实践本体论"。所谓"实践本体论"实际还是"主体本体论"。虽然"实践本体论"者表面上也承认实践是人与环境的相互作用，但环境在他们那里实际上只不过被看作一种纯粹的质料，这个质料是任由主体加以塑型的。所以从这个角度来讲，这种对象化劳动和异化劳动实际上同样应该被否定。在资本主义社会中，对象化表现为非对象化，本来是人的主体的东西，理想的本质，在活动结果中应该得到确证的，但在资本主义社会里却表现为丧失对象，反过来被对象支配，这就是异化。所以从这个意义上来讲，这个对象化和非对象化、自我确证和异化,二者实际上是同样来自于人本主义思维方式的一对双生子。所以不能简单地用对象化去跟异化相对抗,认为只要强调对象化,就是正确的逻辑。这是第二点(从内部分析)。

第三,从《1844年手稿》前后联系来看,这也是一个问题。这两个逻辑一个是哲学人本学对非人现实的谴责,另一方面是在现实条件下所产生的人的本质对象化。按照孙老师的说法,这恰恰是,一方面马克思当时从哲学固有的思维逻辑带来的东西;另一方面就是马克思实证地研究现实的经济学带来新看法的逻辑提升。但是向前推,就像在《莱茵报》时期已经遇到的物质利益的难题一样,这里头就涉及这个问题,也就是说,在马克思原来的逻辑中认为国家应该是理性的产物、精神的本质是自由,所以国家应该代表普遍性,但是实际上,国家和议会恰恰代表了等级制的私人利益的表现。后面这一逻辑就是从现实得来的。这是他从莱茵省议会上的辩论,特别是代表地主利益的人关于"林木盗窃案"的言论等等的现实实践中得出的。这里就构成什么呢?马克思认为本来是国家、议会应该代表人民、代表普遍,但是这些人恰恰不代表所有的人,不代表普遍,而是代表着等级制的私人利益,这恰恰是一个颠倒的观念:真正的人不是现实的人,现实的人不是真正的人。他把现实看成一种异化的表现。从这个角度来看,对象化和异化实际上两者相互渗透,所以对象化不仅是指从现实出发,代表着客观化,反而是马克思理想的那一面东西更多,异化恰恰是现实。所以,孙老师把马克思的异化逻辑说成是一种人本逻辑,把对象化看成是现实逻辑的起点。然而正好相反的是,就我刚才所说的例子而言,异化恰恰是现实,而对象化的自我确证恰恰是理想的东西。所以,这两种逻辑并不像我们原来所理解的那样,一个是现实的逻辑,一个是异化的人本逻辑,偏偏相反,那个客观化的对象化活动恰是理想的东西,而伦理的价值的批判的异化劳动恰是现实的东西,这实际上是应有和现有的矛盾,这种矛盾在"对象化劳动"和"异化劳动"两个范畴中都存在。

这以上是从《1844年手稿》之前的文本来看的。如果从《1844年手稿》之后的文本来看,联系马克思本身的思想文化背景,这时的所谓"两种逻辑"实质上分别是德国人和英国人的思维方式。后来,在《哲学的贫困》的第二章"政治经济学的形而上学"里，马克思讲："有两个人，一个是李嘉图，英国的银行巨子，把人变成帽子；另一个是黑格尔，德国的国家哲学家，把帽子变成观念。"这表明，所谓"从经济事实出发"中的"事实"并不是马克思亲自去考察资本主义的经济关系，而是通过资产阶级的古典政治经济学来了解事实，这种"事实"实际上都是在英国经验主义眼中表述出来的那种经验事实，事实本身已经被古典经济学家所具有的思维方式污染、渗透了。从后来马克思的思想发展来看，马克思并不是赞同其中的一种逻辑，而是对两者的超越，超越英语和德语的对立。马克思在《哲学的贫困》中讲过，蒲鲁东一会儿说德国话，一会儿说英国话，他想成为这两种逻辑的"合题"，但没有成功，他不是高于这两者，而是低于两者。而马克思自己恰恰是要高于两者，超越这两者。如果从《1844年手稿》来看，这两条逻辑基本上就是如此这般地来源于这两种传统，一个从德国古典哲学而来，另一个是来自英国资产阶级古典经济学，两者恰恰都是后来被马克思否定的东西。

第四点需要论证的，涉及这样一个问题，英国古典经济学具有唯物论的色彩。这个唯物论，上次我也讲了，它不是真正的唯物论。如何评价这个问题？马克思在后来《资本论》中讲到了。今天我们不从经验论角度，而仅从唯物论角度来看。马克思后来谈道，这种唯物论带有自然主义色彩。这已经具有超越经验主义的味道了，因为古典经济学还没有完全达到彻底经验论。现代西方经济学，从马克思所谓"庸俗经济学"开始，才真正达到彻底的经验论（实证主义）。实证主义我认为是彻底的经验论。最早源于休谟，国内学术界对休谟评价比较低，其实休谟是古典经验主义的最后终结者。原来唯物主义的经验论我们说带有一个形而上学的尾巴，就是唯"物"性经验。从培根到霍布斯再到洛克的"第一性的质"，是"物—感觉—观念"。而从洛克的"第二性的质"到贝克莱，则是"观念—感觉—物"，变成了唯心主义的经验论。休谟则认为，既然承认观念（知识）只能来自经验，那就不能再追问经验是从哪里来的，因为这一追问本身就属于一种观念（知识），它不能超出经验之外。所以唯物论与唯心论都只能是一种假设，作为世界本原的所谓"物质"和"精神"本身都是超验的。这是从他开始的。所以呢,古典经济学不像后来的"庸俗经济学"那样是实证的或彻底的经验论,它确实是唯物论,但这是自然主义的、带有形而上学色彩的唯物论,而这种唯物论,包含着形而上学的本体论和自然主义的历史观,恰恰是马克思后来作为与"抽象的唯灵论"和"唯心史观"两极相通的东西加以否定的。马克思在分析资本主义的时候指出,这种形态的唯物论恰恰是把一个统一的具体的东西分离了、两极化了,它不是从实践出发来理解,而是从与人分离的、在人类实践之外的"物"出发,把人的活动所创造的物当作人之外的先验的自然物,这实际上是一种拜物教观念。另一面呢,它必然导致把人也抽象化,导致"抽象人的崇拜"即抽象的人本主义。这样一种哲学和历史观,也包括马克思经常讲的18世纪唯物主义。它与唯心主义、抽象的人本主义是既相互对立,又互为补充的两个方面(一个硬币的两面),这恰是马克思要超越的两种极端。马克思在《资本论》中说道,这些唯物主义者在他们自己的专业范围之内是唯物主义者,一旦超出这个范围就变成了唯心论。而且还说,英国人经常把自己看到的最初的东西当作事实。所以,从这个意义上说,阿尔都塞讲马克思主义是"反经验论",还是有一定道理的;但是他过了,走到另一个极端去了。

从这几个方面来看,我认为应该这样说:马克思的思路在达到《提纲》之前,理论困境和解决方式基本上都是一致的,就像《莱茵报》时期那样,国家应该是什么,而实际是什么,现实的东西反而是异化的,而应该的东西又不是现实的,现实的东西都是不应该的。《1844年手稿》中也是如此,应该的东西并不现实,现实的东西(异化劳动)并不应该。所以在我看来,孙老师被唯物和唯心这对矛盾阻挡了,因为从表面上看,对象化就是从唯物来说的,而异化就是从唯心来讲的,这恰是我国50年代[①]把唯物、唯心这对矛盾当作基本哲学线索的影响的延续。我就说这么多。

张:这里有一点疑问,就是你把"两条逻辑"的思路否定掉了,那么马克思是如何凭空创造出一种新的东西的?

[①] 指20世纪50年代。——编者注

姚：凭空？也不能说是凭空，这两个东西是前提，马克思对这两个东西既是抛弃又是吸收，就像后来恩格斯在马克思《政治经济学批判。第一分册》出版时（1859年），评论其政治经济学方法时所说的一句话：既不同于黑格尔（"从纯粹思维出发"），它是"从最顽强的事实出发"；又不同于"资产阶级经济学家写他们那些缺乏联系的大部头的著作时采用的方法"（即实证的或彻底经验论的），它抓住了经验材料的"内在联系"和"发展"。人本的和实证的这两个东西虽然都是片面的，即这"两条逻辑"虽然是直接的不能用，但是给人以启示，就是怎么理解现实？即现实并不等于现有，也就是我以前说的"固有"与"应有"转变为一个新的"合题"，我还不能清晰地论述这一点，但我说的就是这个意思。这一点在《评李斯特》那里基本上有这点意思，我在《马克思主义哲学史》（八卷本）里面将它定位为新世界观的前夜。在那里人本主义拐杖基本不用，已经迈出了决定性的一步。原先按照人本主义的逻辑是这样：人应该是自由自觉的活动，但现在是异化的劳动，因此扬弃了异化回归到人的本来的活动。但马克思此时实际上往前走了一步了，尽管是异化，但是异化本身也是人的本质的一种实现（在异化形式上的实现），它不是人的先验本性、应有本质在异化中的实现，而恰恰与异化同时生成，就是从异化的先验中应有的东西再往前走一步，即这两者都是现实关系所产生的两个不同方面。在《评李斯特》中基本上就建立了这样一种观点。不再把工业中的力量"生产力"看成是人的应有本质的实现，而是看成在工厂制度下生成、发展来的，或者说在有了工厂制度以后，才会有这种现实的生产力。"工业力量"和"工厂制度"两者同时产生，是一个生成过程。如果是在一个先验的应有观念之下再去讨论现有，这种思路就有问题了，但现在是同一个生产过程所产生的它本身的物质内容和社会形式，而不是人的活动的应有本质在现实活动、现有形式当中被异化。关键就在于此！

张：我觉得你现在讲糊涂了，孙老师讲的时候是否按你刚才说的思路讲的？这里你讲的对象化和异化问题，这的确是从《1844年手稿》的第一、二手稿开始的一个很重要的观点。但是按照我的理解，手稿并不是从对象化出发引出那条客观的现实逻辑的，好像不是？

姚：这不是"引出",而是把它当作是"由事实出发,引出新的逻辑"的一种成果体现,一种结晶。这种结晶就体现在马克思区分了异化和对象化,马克思从现实出发从而得出了对象化与异化相区别的观点。孙老师认为对象化和异化的区分恰是马克思的重要贡献。

(胡大平老师同意此观点)

张：那倒是我对孙老师的观点理解错了,我其实不是特别关注他那个对象化与异化的区分。要是按你的观点,孙老师论证两条逻辑的整个思路是按照思辨的逻辑走的?

姚：不是。孙老师是把对象化和异化这两种逻辑看作手稿的阶段性成果的体现,认为这是马克思来源于现实的成果的体现。

张：青年马克思批评黑格尔中没有区分二者对象化和异化,这是对的。在我的印象中,马克思在《1844年手稿》中有几处提到了对象化:异化劳动的手稿中谈到过,是在关于共产主义的那一节,以及最后批评黑格尔的辩证法部分,在那里他批评黑格尔把对象化与异化等同起来,不曾区分这二者。但是在我的印象中,我倒不曾特别记得,孙先生①的这两条逻辑是不是根据对象化与异化的划分而确定的。当然了,第一条逻辑即异化史观的思路是非常明确的。但你这里就有一个问题:如果说孙先生那里对象化和异化的矛盾是引出青年马克思的两条逻辑的基本点的话,那么,我可以作一个判断,这两条逻辑并不来自经济学,因为在黑格尔那里就已经解决了。

姚：不是,要按照你这样说,那孙老师的两条逻辑就纯粹来自一种逻辑的演绎了。

张：对啊。

姚：孙老师不是从对象化和异化的矛盾中引出青年马克思的两条逻辑的,而是把对象化与异化看成是马克思两条逻辑在《1844年手稿》中所取得的最重要阶段性成果的体现。对象化与异化的区分就是马克思那条来自客观现实逻辑的成果的体现。他是这样讲的。

---

① 文中的"孙先生",在本卷中均指孙伯鍨教授。——编者注

张：那看样子是我理解孙老师这一观点时理解错了。

张亮博士（以下简称"张亮"）：姚老师，我觉得你对孙老师的理解和我们对孙老师的理解存在着很大的差别，是不是20世纪80年代和90年代的表述不一样呢？我觉得孙老师那里的两条逻辑似乎并不是存在着这一方面与另一方面的问题，而是一种比较方向性的思维方式。姚老师说孙老师认为对象化与异化是马克思两条逻辑重要成果的结晶。按我理解，首先应肯定对象化与异化并非马克思的原创，在黑格尔那就已经存在了，但是他这一对概念的使用包容了对现实问题的关注。

姚：关注不错，但是马克思对对象化的理解跟黑格尔不同，黑格尔是从精神本质出发的，所以对象化本身就是异化。

张：我们可以再翻一下孙老师那本书，看看对象化是否联系着第二条逻辑？当然我有我自己的理解，其实孙老师也没有说第二条逻辑在马克思那里是明确表述出来的。我认为，在整个《1844年手稿》当中，居统治地位的仍然是人本主义逻辑。

（同学去资料室取书并在现场查对孙伯鍨教授的《探索者道路的探索》一书的相关内容。）

张亮：我觉得孙老师这本书中许多表述都比较含蓄，关键要看怎么解读，我觉得姚老师您从孙老师的表述中解读出这样一种观点，即孙老师受到了20世纪50年代唯心主义与唯物主义思维方式的影响，有一定的合理性。但是在某种意义上来说，孙老师的用词的确是很含蓄的，比如一方面、另一方面、萌芽等，试图与苏联的进化论和目的论划清界限，但他的许多用词确实又有和它保持一致的地方。借用大平老师的一句话来说："当时孙老师确实是很'暧昧'的。"

张：实际上这所谓的"两条逻辑"的提法，就是比较明晰地把隐匿在青年马克思这一文本中相互矛盾的两种思路提了出来。关键就是有没有必要进一步来提炼？

姚：当然我觉得即使后来孙老师把文字修改了，我现在仍然坚持我自己的理解是符合孙老师的本意的。

胡大平教授（以下简称"胡"）：在这里我还想补充一点，孙老师在很大程度上是站在《资本论》中马克思对劳动的理解来判断《1844年手稿》的，为什么我曾经说过我不记得当年的那句话了，实际上当时孙老师对《1844年手稿》的评价是很高的；但我们还有一个证据，当然了我还没有整理出来，就是讲课的一个录音，其中有一段对《1844年手稿》的一段很长的评论，我回去再拿出来听一下。为什么这样说呢？我们从根本上作一个判断，关于劳动的二重性的这个问题在《1844年手稿》中已经作为一个很明显的萌芽出现了。

姚：这一点我认为孙老师可能受卢森贝影响。卢森贝讲《1844年手稿》中的对象化劳动与异化劳动实际上就是后来劳动二重性的萌芽。孙老师可能是自我提炼出来的。但我当时看了卢森贝的书后，我觉得孙老师是受了他的影响。

（同学查书结果证明姚老师的理解符合孙老师原意。）

张：我现在是这样想的，如果说你的理解跟孙先生的理解一样的话，那就是我后来的理解与孙先生不一致了。我的书里并未提到对象化劳动，我认为这整个对象化劳动在《1844年手稿》中与异化劳动同属于人本学逻辑，它们之间是一种互补的关系。我的意思是，客观逻辑是随着他对经济学的接触，作为一种不自觉的逻辑出发的，比如他说工业是打开人的本质力量的书，还包括第三手稿中对不动产与动产的理解等等，都是非常具体的从现实出发的分析。我以为，这可能都是青年马克思在经济学研究中隐性发生的无意识逻辑。但是，思辨中的对象化并不导致这种从现实历史出发的第二条逻辑。实际上，在《回到马克思》那本书里，我在第一、第二手稿，包括在对黑格尔的批判的文稿中，都没有找到由对象化引出来的第二条逻辑。我的观点实际上是，马克思越接近经济学，就越不自觉地从一种客观逻辑出发，这种客观逻辑不是从对象化逻辑生发出来的。

姚：我与你还有一点区别：你说从经济学得出一条不自觉地从客观出发的逻辑，但是我认为经济学逻辑不能直接引出客观的逻辑，引出的恰恰是经验论，甚至是拜物教观点。

张：这实际上是你的第二个重要观点。当然，你刚才所说的这个观点实际上是批评我《回到马克思》书中的一个观点。因为你的这一个观点，是整个传统中国马克思主义学术界，甚至是整个前苏东学界对马克思视域中的古典经济学的一个基础性判断，而判断的根据就是马克思晚年经济学研究中关于古典经济学的判断。但是，我认为这并不代表他当年在不懂经济学的时候，就已经站在人本主义哲学立场上对经济学展开了基本评估。第二，更为根本的问题是，到底是什么东西影响了马克思历史唯物主义方法论的诞生？按照你这个思路的话，就把整个历史唯物主义的诞生中古典经济学所起的作用仅仅看成是一种消极的作用了。

姚：不是，古典经济学对历史唯物主义的诞生起着双重作用。虽然古典经济学提供的只是一个与人本逻辑既相互对立又互为补充的另一个方面，但这促使马克思考虑"第三条道路"，当然说"第三条道路"是不准确的，应该说是促使马克思超越这两者。直接拒斥不行，但直接拿过来也不行。

张：这里问题的关键在于，马克思是不是受了古典经济学的影响？当然，此处含着两个问题：第一个问题，你所断定的古典经济学的方法论是英国经验论，是直观的，只看到感性事情；第二个问题，古典经济学的本质是拜物教。那么，此时青年马克思的思想发展与古典经济学的链接在什么地方？难道你眼里这个链接是从英国经验论的拜物教中引出了马克思所谓的第二条的对象化逻辑？

姚：对对对！其实这是作为相互补充的英国的经验论方式与德国的思辨方式，两个互补的思维方式。

张：但是这种链接到底是孙老师的，还是你的？比如说，对象化问题导致了经济学中的经验拜物教，这个观点是你的，不是孙老师的，这是第一；第二，在孙老师那里，他讲经济学问题，讲斯密劳动二重性问题等这些观点都是比较老的，是从经济学和历史唯物主义联系的角度来解释的，如交往关系和生产力等等，这些似乎并不是直接与对象化劳动相联结的。因此，得不出你所讲的第二条逻辑是从对象化缘起这一事实，仿佛在孙老师那里，第二条逻辑和经济学没有任何关系。我觉得，这种链接实际上是在你的想象中发生的。

姚：对于孙老师的观点，我的印象是这样的，研究经验事实和英国经验主义经济学家的著作带来一种从事实出发的客观逻辑,这一逻辑体现在《1844年手稿》中的成果就是与"异化劳动"范畴对立的"对象化劳动"。

张:我可以再概括一下自己的观点。在《回到马克思》一书关于《1844年手稿》的讨论中,我曾经指认道,在第一手稿中存在三种完全异质的话语:第一手稿里面有两个部分,第一笔记前半部分的摘录性笔记,青年马克思分三栏(工资、地租、资本等)同步进行摘录,这些内容大多是复述性的,即斯密等人的资产阶级经济学如何言说,这是第一种话语。同时,我发现此处青年马克思在文本中还交织了另一种观点,即把古典经济学的这些东西颠倒过来,用无产阶级观点来批判地说明问题。我以为,这种话语是赫斯和恩格斯的,而不是青年马克思自己的独立言说。第二种话语,其实是马克思所了解到的赫斯和恩格斯共同批评和研读古典政治经济学后的批判性话语。我们知道,在前面的大部分《巴黎笔记》中,从第一本书开始到对李嘉图部分的阅读,青年马克思几乎一直处于某种无语状态之中,他对自己完全不了解的经济学没有可以发表的意见,但是随着阅读的深入,青年马克思逐渐开始发表一些观点。不过,马克思起初对古典经济学的批注,实际上是对蒲鲁东、西斯蒙第、赫斯和青年恩格斯等人的模仿。当然,后两者是隐隐约约出现的。对此,马克思自己后来曾经作了个描述,该描述正是对他此处曾经复述的观点的评论,应该是在《神圣家族》还是在哪儿写道:蒲鲁东在政治经济学的范围内反对古典经济学。

我觉得在马克思的第一手稿中,前半部分实际上是完全按照赫斯、恩格斯的话语言说的,即仍然是在经济学中颠倒经济学。但是到了第一手稿的第二部分开头的时候,马克思突然说,现在让我们来重新看一下事实吧。此时,他把费尔巴哈人本主义的异化逻辑凸显出来,这次变化是在经济学之外,用哲学逻辑来否定经济学的结果,整个异化手稿的第二部分并没有经济学部分的真实含量,既不是按照经济学的术语来做的,也不是按照经济学的实证方式来做的,并且不是按照经济学的立场来颠倒的,而完全是按照哲学逻辑来重新构架的。马克思实际上意图说明,赫斯和青年恩格斯那种在实证经济学之中的批判是没有出路的,因为后者的《国民经济学批判大纲》实际上也是在经济学的范围之内来反对政治经济学。所以，用《神圣家族》里面的话来批评恩格斯的"大纲"，也是适用的。在恩格斯那里，人本学的东西很少，可见在这个过程中马克思所能得出的一系列理论结论并不是从经济学来的，而是从哲学人本主义中得来的。此时，马克思头脑中经济学的东西实际上仍然是一片空白，经济学还不是他现在方法论的一个重要的支撑点。而我以为，在整个三个手稿中，真正属于马克思的方法论或者说他的权力话语，是异化劳动或异化史观，属于哲学范畴，而不属于他所面对的经济学范畴。那时他与青年恩格斯一样，根本就是否定劳动价值论的。他根本看不透这些东西。在研究《巴黎笔记》的时候，我曾经特地给汤在新教授写了一封信，他是专门研究马克思经济学手稿的，其中也包括《巴黎笔记》，他说他对《巴黎笔记》不作评价，根据他的意思，在手稿里，马克思还不具备经济学家的一般素质，而主要是哲学话语。后来，我又请教过中央编译局的张钟朴和周亮勋先生，他们都是翻译《马克思恩格斯全集》第四十六、四十七卷的，结果也得出了同样的结论。

在《巴黎笔记》后面的《穆勒笔记》中，青年马克思开始对经济学发表比较系统的意见，并逐步形成了自己十分特殊的哲学价值批判。到《1844年手稿》时，我以为马克思已经能够用自己的人本主义逻辑构架对付经济学了。当然，一方面是占统治地位的人本主义劳动异化史观；另一方面，随着青年马克思对经济学研究的深入，他开始不自觉地受到经济学那种现实社会经济过程和规律的隐性影响。依我的理解，后者才是青年马克思第二条逻辑的真正思想基础。所谓"两条逻辑"的悖论性共在，恰恰说明青年马克思那种从抽象的价值悬设出发的唯心史观的构架的丧钟已经不断敲响，当然这是一个不自觉的无意识的过程。正如你说的，在《评李斯特》一文中，他很少讲对象化。可是，在《神圣家族》和《提纲》之间还有两个文本：一个是《黑格尔精神现象学的结构》，那里面就讲了对象化，并且是很长的一段；到了3月，还加了《评李斯特》一文。我们能看到，从《评李斯特》开始，青年马克思原有的哲学话语开始消解，我后来写文章说《评李斯特》实际上是马克思人本逻辑的消解，就在这里，他把异化劳动全部拿掉了，劳动是加引号的"劳动"。

还有一点，就是像生产力、生产关系、交往形式，这些概念都不是马克思原创的，都是借用古典经济学的，他并未发明新的概念。阿尔都塞就讲马克思使用的概念基本上都是古典经济学的，他没有发明什么新概念，马克思后来使用的大多数概念基本上都能在古典经济学那里找到。关于这一点，我在《回到马克思》一书的第一章里全部都已标出来了，谁使用了什么概念，比如生产方式、交往关系以及后来李斯特的生产力概念等等。

姚：一两句术语并不等于概念。术语是旧的，概念不能说是旧的，马克思赋予术语以自己的理解。

张：这个对。我在书里讨论过一个问题：过去的研究常常否定那些与马克思同时代的人们的重要性，包括贬低古典经济学在马克思哲学变革中的作用。我的想法与你不同之处在于，在一般判断中，说古典经济学的方法论是经验论是对的，但是，古典经济学中影响马克思历史唯物主义的到底是什么？还有一个问题，影响黑格尔的是什么？我在你对书稿的批评意见中看到一句话，似乎是对经济学之于黑格尔的影响的怀疑。其实，这一点不是我的发明，我是受到卢卡奇《青年黑格尔》的启发。黑格尔在耶拿时期，也就是在他形成自己哲学思想最关键的时刻，受到的最重要的影响是古典经济学，从斯密到李嘉图。我还认为，包括马克思后来在《1857—1858年经济学手稿》中之所以突然悟到"抽象成为统治"的秘密，实际上是想到今天的资本主义的现实恰好是黑格尔那种本体论上的观念决定论。黑格尔哲学的道理在于，他的整个观念是倒过来的市场经济，从价值等价物到资本一般，到客观的关系抽象成为统治，而马克思突然悟到了这个道理。卢卡奇给我的启发是，黑格尔的重要思想来源除了法国大革命之外，在其现实性上其实还包括古典经济学。在《法哲学》中，黑格尔专门讲到过这一点。

我在此处有两个问题：一个黑格尔早期哲学思想的形成受到了古典经济学的影响，这一点在后来发表的黑格尔早期文稿中已得到证明，黑格尔自己也曾对此作了指认，具体用词我记不清了，应该是经济学是一种什么什么科学。第二点，关于马克思历史唯物主义的形成，包括后来他所讲的科学抽象，这个科学抽象在李嘉图那里用经验论能不能概括？

姚：问题就在这里。一般都认为，甚至马克思自己也认为，李嘉图的抽象法是有科学性的，而他本人也从中有所继承。但实际情况是李嘉图的抽象法与马克思不同。李嘉图抽象法实际上是经验论本身固有的抽象普遍性，马克思是自身继承的黑格尔强调的具体的普遍性，马克思后来变成实践的之后根本不再是那种抽象。李嘉图的抽象就是抽象同一性，就是多中之一，再发展下去，就像西方逻辑原子主义所说的那种东西，成了一种纯粹的符号。人不过是一个集合，集合的符号，并不比集合中的经验元素多出任何东西，这是一种纯粹的经验论。当然李嘉图还没有发展到这一步，李嘉图讲的是一种人的抽象一般规定。马克思讲的不是总体符号，也不是李嘉图那样的共有的抽象人性，完全不是一种经验论的东西，而是一种个体之间的相互关系，相互的社会关系。

张：我与你的理解不同之处在于，我关注的不是概念的抽象，而是对马克思影响最深的工业文明、市场经济当中的客观抽象，这个客观抽象不是概念，而是交换过程中客观关系的抽象，比如价值的形成。

姚：对，这种抽象不是抽象的普遍性、共同性、同一性的一种规定，而是关系统治。

张：我的意思并不是说，这种东西在马克思那里是自觉的，我想说的是，它这种客观抽象可能才是真正形成马克思新世界观基础的东西。

姚：对。但这绝不是李嘉图。

张：对。不是李嘉图。但这种东西最早在什么地方表现的？马克思怎么接触到这些东西的？还是从经济学研究当中。马克思不是资本家，他不像恩格斯，看不到客观经济过程，只能从经济学说里来理解。我觉得，真正对他哲学新视域形成影响最大的，恰恰是这种经济学学说中反映出来的工业性的客观抽象。生产力的概念是抽象，价值的概念是抽象，生产一般是抽象，劳动也是抽象，这是经济关系本身的抽象，而不是概念的抽象。我讲的第二条客观逻辑的形成是从这开始的，而不是你或者孙老师所讲的仅仅由对象性劳动引出的客观逻辑，我觉得这一逻辑根本导致不了马克思后来历史观的形成及其深刻变革。

姚：问题在于资产阶级古典经济学，到底在马克思那里起了什么作用？经验性的研究方法、唯物论的倾向、对抽象的那种理解，对马克思形成一种启发作用、酵母作用呢，还是直接构成马克思某些思想的源头？或者说是胚胎？我不赞成后者。问题就在这里，《德意志意识形态》中还好，但是如果说，马克思在《神圣家族》中以"水果"为例对黑格尔的批判，就成为后来思想的雏形，那是很难接受的。

张：马克思的历史唯物主义的源头到底是否包括我刚才讲的一点？

姚：到底如何理解？我不赞成的是古典经济学那里包含着马克思可以从中直接吸收过来的历史观的萌芽。这其中是预成论在起作用。

张：好吧，先争论到这里，请其他老师和同学提问题。

刘怀玉教授（以下简称"刘"）：李嘉图理解的抽象与德国黑格尔的理解之差别？

姚：李嘉图的抽象是英国式的，黑格尔的是德国式的；马克思的理解与二者都不相同，李嘉图的抽象是多中之一，感性的个别的东西之中的抽象同一性；黑格尔是整体之外的精神实体，第三者，存在于整体之外或之上，但又赋予整体之中各个组成部分以整体性质的一种精神性的东西；马克思的抽象则是这个整体本身的联系、关系的抽象表现，是"多"向"一"运动中的相互关系以及后来所建构的能够变化的结构。

抽象统治实际上反映的是一种关系统治。

刘：骨子里有历史、生产的含义。

姚：所以黑格尔才把它误解为绝对观念，后来转化为世界精神以及各个民族的民族精神。可以说是一种精神实体，第三者。其实它是一个民族的生活方式、社会关系。

张：我在《回到马克思》中引过马克思在《德意志意识形态》里的一句话，大概是这么说的，在政治经济学中已经提出了一种思想：主要的剥削关系不以个人意志为转移，是由生产关系决定的，社会中的任何个人都面临这种关系。我觉得马克思这个时候已经意识到，古典经济学中有他后来在历史唯物主义中面对工业现实的基础。

姚：这句话是对的，但是马克思所谈的经济学是他所理解的经济学，而经济学本身不是这样。

张：对，问题是很多东西在古典经济学中是非自觉的。

姚：不是自觉、非自觉的问题，而是马克思与古典经济学根本不是一回事！

刘：对！这是姚老师和张老师今天差别的根本所在。

姚：不是马克思的一种无意识，意识不到已经存在，或是潜在的，而是马克思作为一个在巴黎的德国人对经济学的一种"误读"。马克思自己的有些理解是对的，但这根本不是古典经济学本身所具有的。古典经济学是形而上学到实证科学转化的过渡阶段，马克思所贬斥的"庸俗经济学"恰恰是实证意义上的科学经济学，西方现代经济学正是开始于这种实证经济学，古典经济学只是一个过渡，还带有旧的形而上学的遗迹，抽象普遍性的东西仍然存在。先验的规定还在，后来就不讲了。所以马尔萨斯和萨伊是第一波；第二波是门格尔和庞巴维克，所谓的边际革命；第三波到了马歇尔，这是一个综合，这就是微观经济学产生的一个过程。我们不应该完全按照马克思的看法来评价"庸俗经济学"，我不赞成，实际上它是经济学实证化的开始。

刘：听了半天，我的判断，姚老师与张老师的差异、分歧在于古典经济学在历史唯物主义形成中，姚老师认为它并不像张老师所说的那么重要。

姚：这个不是重要不重要，问题在于古典经济学是否为马克思提供直接的某种范式、范式的胚胎、直接要素。我不赞成这一点，但也是某种继承。马克思是批判地继承和超越，而不是直接继承，即使他本人认为是直接继承也是一种误读。唐正东老师比张老师走得还远，反映了其实证倾向，从德国式的思维完全转到英国式的思维。

张：唐正东认为在《提纲》的时候，由于马克思经济学功底不够，所以他的抽象程度不够。有些问题我们下一次讨论再说。今天争论到现在，我觉得姚老师刚才的判断比较武断。

姚：这不是武断，而是依据我过去形成的印象而得出的结论。

张：我还是不理解，难道像斯密"看不见的手"也是一种直观吗？

姚：古典经济学不完全是直观，"庸俗经济学"才是完全的直观，因为古典经济学并不彻底。还是属于唯物主义经验论的影响，基本上是从洛克、边沁，还没有达到休谟的程度，尽管李嘉图和休谟是朋友，但他也还没有达到彻底的经验论，是近代形而上学旧抽象的尾巴。马克思自认为在李嘉图那里可以找到好的抽象，其实不过是一种从马克思自身角度进行的误读。

张：其实，过去我们常常当作马克思原创的东西，往往是古典经济学中学者们不自觉地已经从工业现实中感觉到的东西。如后来历史唯物主义中那个作为原理的经济基础决定上层建筑的观点，其实好像就是洛贝尔图斯曾经说过的。

姚：这应该是在第二十六卷《剩余价值学说史》中讲到的吧，他是马克思《剩余价值理论》第二卷批判的主要对象。

张：我提到这个问题，原因是洛贝尔图斯曾经指责马克思抄袭他，二人曾经进行争论。

姚：那是在80年代初①。

张：并且有人把洛贝尔图斯称为科学社会主义的真正创始人。他是作为德国经济学家，不是英国的经验论？没写完。

姚：对洛贝尔图斯的评价是这样的，由于他仍然具有传统的德国容克地主的思维方式，所以往往具有历史性的特点。而资本主义的思维方式恰恰缺乏历史性。

张：请看他的原话，说："国家生活的上层建筑是同经济生活密切相关的，生产力越高，国家的精神生活、艺术生活也就越丰富"。还有："在劳动者有了新的技能时，就会展现出新的财富源泉，及新的生产方式。"这不需要误读吧？

姚：不是，洛贝尔图斯许多观点看起来同马克思极为相似，但需要注意的是这相当于中国传统哲学的许多东西同后现代的许多东西很接近一样。在否定之否定阶段同肯定阶段的东西往往表现出相似性。虽然洛贝尔

---

① 指19世纪80年代初。——编者注

图斯与资本主义的思维并不一致，但他是低于私有制的水平来讨论问题。就像重农学派可以看到整个社会再生产的图式，而资本主义却往往看不到一样。可以得到启发，但绝不是一回事。

张：其实，在我自己读古典经济学的过程中，发现很多人的经济学文本中大量存在后来我们指认为历史唯物主义的东西。你说马克思面对经济学时恰恰是误读，但马克思是不是误读？我以为这根本不需要误读。这还包括赫斯、青年恩格斯、蒲鲁东在接触到经济学时所阐发的不少观点，都很接近于后来教科书里的历史唯物主义。我想讲的是，这些看似历史唯物主义观点的东西，在古典经济学中用不着误读就能够直接在文本当中看到。这些东西，对于有社会主义立场的人都可以看到并拿走。可是，为什么只有马克思才创立了科学世界观？马克思看到赫斯、青年恩格斯、蒲鲁东等人一旦接触经济学，对社会的理解就变得深刻起来，他比这些人聪明得多，他们的经验对他难道没有影响吗？

姚：问题是马克思在转变过程中并没有读到洛贝尔图斯。洛贝尔图斯的东西主要出现在他给友人的信中，并未公开发表。马克思是后来才看到的。二十六卷已经很晚了，主要是绝对地租部分。

张：这是对的。可是马克思的那段历史唯物主义的经典表述，并不是在1845—1846年，而是1858年以后的《政治经济学批判》序言。不过，我们现在要讨论的是古典经济学对马克思的影响，是不是仅仅在经验论和拜物教立场上误读后产生的影响？是不是仅此而已？

姚：我认为至多如此，马克思并不是从经济学中直接拿过来的。那样就把问题简单化，直接从德国人转到英国人的思维方式，这倒是恩格斯。而且实际上把费尔巴哈式的感觉论与英国的经验论相结合，最典型的是以"英国状况"为总标题的一系列文章中。在此之前，恩格斯认为英国人看不到本质；后来他反过来认同英国人的实证思维方式。恩格斯的转变过程有你讲的这个意思。

张：我们可以再小结一下，原来的两种观点现在出了四种观点：孙老师的观点；姚老师的观点（直接试图继承和推进孙老师）；我的观点；最后还有唐正东的观点。唐正东的观点是很激进的，他竟然认为，马克思在

1846年前后的思想仍然停留在经验主义的水平上，在他那里，理解李嘉图是马克思达到历史唯物主义的最重要的基础，李嘉图成了历史唯物主义的最重要尺度。我得承认，我的《回到马克思》一书中的一些观点受到了他的影响。

姚：人在读书，最后书就读人。当一个问题钻进去之后，往往被对象所俘获，我发现好多人就是这样。所以唐正东值得表扬。

张：这里还有两个问题：第一个问题是：从哪一种观点可以过渡到《提纲》？姚老师把古典经济学在历史唯物主义形成中的地位全部否定，路断掉了。从我的观点可以自然过渡到《评李斯特》，在那里，青年马克思从德国的经济学观念中不自觉地强化了《1844年手稿》里的来自经济学的社会现实内容。这里涉及下一次讨论的实践概念。先预告一下，从他在我们手稿上的批注来看，姚老师的实践观念是抽象的。而我在《回到马克思》一书中已经在用经济学的视域来历史地、现实地解释马克思《提纲》中的实践观念了，那就是李斯特的生产力与马克思的实践概念的关系。我的这个观点肯定与你不一样。

姚：不，你最后的这一观点倒可以接受。问题是马克思是从生产中来，但绝不能停留在生产中。可以接受生产力与实践观念的这种关联。

张：第二个问题是，我们的四条路哪一条走到实践最符合马克思的文本基础？

姚：我认为自己的是。从《1844年手稿》往前走在于：从人的先验的理想本质之在异化现实中实现、"工业是一本打开了人的本质力量的书"，转到了"批判黑格尔"部分里强调人的生成，这不仅仅是潜在的实现（"潜在的实现"带有预成论色彩），再转到这个形式中本质本身的生成（《评李斯特》），转到现实的两种关系（两个方面：内容与形式）。这是三个自然过渡，只有到第三点才是质变的发生。

张：嘿，你原来的观点发生变化了！按照你原来的逻辑，马克思"两条逻辑"继续向后走，走到1845年春天突然爆炸，原有的东西彻底消失了，而突现了一种全新的东西。可我认为，到了《评李斯特》时，马克思思想中已经不是很强的"两条逻辑"了，或是按照我的想法，这"两条逻辑"的地位已经发生了颠倒。人本主义逻辑已经败于下风了,从社会现实出发的逻辑成了主导性话语。

姚:基本上只剩下属于和外壳。原来的所谓"两条逻辑"到这里已变成同一个历史过程的两个方面。一个是内容,一个是它的社会形式。而不是以前的一个潜在的本质与现实的异化实现。弗洛姆也承认创造是一个过程,但他把"创造本性"(潜在的本质)与"创造内容"(现实的过程)分开,只承认创造的内容是逐渐生成的,他的创造本性是一个空洞。不是一个原始的创造本性在异化中生成现实的过程,而同时是现实过程的两个方面。

张:你还没回答我的问题。我与孙老师观点一致之处在于马克思思想中存在"两条逻辑",在1844年下半年之后,人本主义逻辑不断弱化,现实逻辑逐渐生长;我与孙老师不同的是,他认为这依赖的是对象化线索,而我认为依赖的是经济学线索,因为大生产以来经济发展规律和社会结构的思想越来越清晰。你要回答的是:"两条逻辑"如果不存在相互转化,都是被抛弃的问题,那这两个东西在哪里突然消灭的?

姚:是这样的,各自、两方面都在扬弃:一方面把应有本质看作是历史生成的现实力量;另一方面把异化的东西看成是同样历史生成的特殊的社会形式,这两个新东西的结合,抛掉了应有本质的先验规定和所谓"反人类"的伦理判断。一方面把"异化"这种所谓"非人的现实"看作现有的特殊社会形式;另一方面,把理想化的本质的实现、自我确证看成是现实的力量的生成,二者都扬弃。我是这个意思,不是一方战胜一方,而是两者都被扬弃、吸收形成新的逻辑。这是对孙老师的推进。两个葫芦娃,打架,各扒掉一层皮,继而形成新东西。

张:还有一种假设,转到其中一条逻辑仍然看成是旧的事物,但实际上不是。孙老师有一点是正确的:马克思后来的哲学仍然是唯物主义。

姚:插一句,应有和现有的矛盾,孙老师认为对象化是客观的逻辑,代表现实;异化是人本逻辑,代表应该。我认为对象化是应有,异化是现有。马克思把应有现实化,把现有历史化。这不是故意把孙老师的观点倒过来理解,"对象化"是"正的应有+非现有",后来变成了历史生成的物质内容;"异化"是"负的应有+现有",后来变成了现有的社会形式。原先的"应有"和"现有",后来合成了类似黑格尔意义上的"现实",它不等于现存(黑格尔)。

张:姚老师这么一说,所有人都不知道往下再说什么了。

张亮:应该请姚老师将自己观点正面系统写出来。

姚:我没有系统论证,需要思考。

张:我们过去的理解在这里恰恰是倒过来的。

姚:即认为对象化是客观的"是",异化代表"应"。

张:你在偷换概念,这是两条路:第一,判断雇佣劳动的"应该"和"是";第二,马克思思想方法思路中的两条线索,一条是人本主义的价值悬设,这是应有,另外是作为客观方法的实有。过去我们是按这一思路理解孙先生的,你现在将二者糅在一起,不谈方法论话语,这只能导致逻辑混乱。你有没有想过,异化劳动是坏的"是"。

姚:所以"坏的'是'"就有"应"在其中了。

张:对象化本身倒过来成为应有,不如我们过去的理解清晰。

姚:这是对孙老师理解的推进,我讲的是我对孙老师的理解。其中有联系的地方:孙老师理解的"对象化"仅仅是"是",我认为其中恰恰包含着"应";孙老师理解的"异化"仅仅是"应",我认为其同时又是"是"(现有)。因而,不是前者取代了后者,而是两者都各自扬弃,"不是的应"(对象化)与"不应的是"之间的两极对立,让位于"是"与"应"的统一。

胡:姚老师的观点确实是对孙老师观点的有趣发挥,但能否成立需要讨论。

张:再小结一下。孙老师对《1844年手稿》的判断中,到底是讨论马克思文本中的两种思考方法,还是对他在同一逻辑两面的判断?

姚:这里你认为没有联系,我认为有联系,就是这样。我认为在孙老师那里,前者是后者的前提,后者是前者的成果体现。在孙老师看来,马克思原来的人本主义逻辑和后来从经济事实中得到的客观逻辑,在《1844年手稿》中正体现为"对象化劳动"与"异化劳动"这两个概念。

张：其他同学还有没有问题？

姚：刚才所说的四种理解中，我与张老师的非常接近，差别在于古典经济学提供了什么东西？酵母还是直接构成要素？去掉这一点，我们基本一致。

胡：我同意姚老师的判断。这是对《资本论》及其手稿的判断造成的，与古典经济学在全部历史唯物主义中的作用和功能一致。这个问题在《探索》并未展开。

张：唐正东沿着我的思路作了不正确的发挥。

胡：张老师对广义和狭义历史唯物主义的划分很关键。

因为从广义过渡到狭义恰恰是不能忽视经济学作用的。

张：下一次讨论更关键，涉及异化问题。而对于《1844年手稿》和《穆勒笔记》关系的判断，姚老师认为后者不谈劳动异化。

姚：已经不使用异化劳动概念。

张：但是在《神圣家族》中又使用了。

姚：两种使用的意义并不相同。

张：这就需要争论，赫斯的思想与《穆勒笔记》很接近。

姚：我倒不是从与赫斯等人对照的意义上来看，而是对照后来《1857—1858年经济学手稿》来看。"谋生劳动"后来一直在用，即使在"异化劳动"不大用的时候。唐正东的观点可以概括为"马克思主义一个来源：亚当·斯密"。马克思即使到《资本论》中，就是劳动价值论，这个价值仍然带有异化劳动的性质，只有异化劳动才会有价值，但这不是单纯价值判断或人本学意义上的。强调价值是一种人与人之间的关系，物的层面上理解的人与人的关系。马克思的贡献在于揭示了表现为物的关系的人与人之间的关系。价值的本质不仅仅是人的关系，恰恰是只有作为物的关系表现出来的人的关系，才是价值的本质。对原来的异化不是抛弃，而是扬弃。不是非人性，而是社会性；不是一般社会性，而是特殊社会性，这里"是"和"应该"统一于"历史"。所以承认劳动价值论并不是马克思完全走到古典经济学立场上。马克思并未完全放弃"劳动有价值"这是对人的污蔑，这个东西实际上还是有的。人被称为有价值，这本身就有问题了。这是后来马克思讲到兰格时说的。

张：唐正东很关键的概念是"经验历史主义"。他发明了很多概念我还不知道呢。唐正东与我不同，他的经济学功底比我好，所以他是从经济学角度来进行思考。我还不是这样，只是说大概了解经济学的内容，但仍是一种哲学言说。

姚：你这是谦虚，其实马克思主义政治经济学并不深奥。恩格斯本身就是经验主义色彩很浓，不足以作为证人出现。

张：今天在座的恩格斯就是唐正东。我再预告一下，下一次我们主要是实践和生产，可能主要来讨论实践。姚老师的观点是，马克思主义哲学在《提纲》里就成熟了。

姚：我怀疑，马克思的《提纲》在有意无意地模仿费尔巴哈《关于哲学改造的提纲》和《未来哲学原理》话语。用一种格言的形式来表述其哲学的基本框架和范式。

刘：《提纲》最后一条与《未来哲学原理》的最后一条相似。

张：好的，今天的讨论到此结束。欢迎大家下一次再参加我们的讨论。谢谢。

法权唯物主义与一般唯物主义
——析马克思哲学思想的"第一次转变"（学术对话）[①]

张一兵　姚顺良

张一兵（以下简称"张"）：这是一次扩大规模的研讨，除去课题组的老师，今天还请了我们马克思主义哲学专业的博士生。讨论的对象是正在修改的书稿《马克思哲学的历史原像》，这实际上是一本新编的马克思哲学思想发展史。这也是我们"基地"[②]的一个重点项目的标志性成果。

在我们修改第四稿的时候，姚顺良教授提出了一系列比较重大的问题。这些问题，直接涉及了孙伯鍨先生原来主编和撰写的《马克思主义哲学的历史与现状》（三卷本）、《探索者道路的探索》[③]、我的《回到马克思》[④]，以及唐正东的《斯密到马克思》[⑤]中的一系列基本观点。因为姚老师是我的师兄，所以在大的观点上我们当然是一致的，可是在一些更深入的细节上，有异质性的认识也是正常的。现在有的时候我们常常讲要创一种学派，所谓学派不是观点上的铁板一块，而恰恰是在共同逻辑方向的非同一性论争结构。我会特别珍视这种内部的异质性。

今天我们主要讨论其中的第一个大问题，即关于青年马克思哲学思想

[①] 原载《南京社会科学》2006年第6期。本文是张一兵课题组对正在修改的书稿《马克思哲学的历史原像》进行的又一次学术讨论，不过，这次的规模更大。
[②] 指教育部哲学社会科学重点研究基地南京大学马克思主义社会理论研究中心。
[③] 孙伯鍨：《探索着道路的探索》，南京大学出版社2002年第二版。
[④] 张一兵：《回到马克思——经济学语境中的哲学话语》，江苏人民出版社1999年版。
[⑤] 唐正东：《斯密到马克思》，南京大学出版社2002年版。

的第一次转变。我们都知道，这是孙先生"两次转变说"的重要的第一个阶段。这个转变，实际上是发生在 1844 年前后，再精确一些说，是在青年马克思的《论犹太人问题》发表以后，主要是呈现于《克罗茨纳赫笔记》之后青年马克思写下的《黑格尔法哲学批判》，特别是它的"导言"之中。过去孙先生提出，在这个第一次转变中，马克思并没有创立历史唯物主义，这与前苏联东欧学界关于马克思主义思想史的传统观点不太一样。在传统的马克思主义哲学史的解读框架中，马克思思想的发展是"一次转变论"，即马克思在 1843 年就创立了历史唯物主义。而孙先生却指认了马克思哲学思想进程中发生过两次重要的转变，这是孙伯鍨先生的"自主创新"。前苏东学术界是不讲这一点的，他们将 1844 年前后青年马克思思想的改变，直接等同于马克思主义的最初形成，在此之后，马克思的思想不过是更加成熟而已。而孙先生在 20 世纪 70 年代就辨识出青年马克思的两次转变问题，他认为青年马克思 1843 年年底的思想转变，在哲学上只是从唯心主义转向了费尔巴哈式的一般唯物主义，而在政治上则是从民主主义转向了无产阶级立场，但这只是一种抽象的共产主义观念。而到了 1845 年，马克思才与恩格斯一起在《关于费尔巴哈的提纲》和《德意志意识形态》等文本中实现了第二次思想转变，即马克思主义哲学的革命。这也是我们学科点上通常接受的观点。

需要说明的是，姚老师同意两次转变的观点，但是在两次转变的具体内容上有他自己独特的见解。重要的是，他的观点与孙先生和后来我们的传统观点不同。先说这个第一次转变，第一次转变有两个方面，一是哲学立场，二是政治立场，对于后者，他没有异议，而在青年马克思第一次转变中的哲学立场的变化上，他认为，这个"第一次转变"中哲学观念的改变不是我们通常接受的孙先生的"一般唯物主义"观念，而是所谓法权唯物主义。这个见解，我原则上是接受姚老师的意见的。我希望他把这个观点要讲得更清楚一点。当然，所谓"第一次转变"问题，这是我们南京大学马克思主义哲学点上才提出的观点，人家并不提什么"第一次转变"。我觉得，第一次转变到底转变为什么？在这个问题上，孙先生原来没有提得很明确，这个"一般唯物主义"似乎有些太空泛，在我的《回到马克思》和唐正东的《斯密到马克思》等书中分析得也很含糊。过去我们的说法通常是说，青年马克思第一次转变是从唯心主义转到了哲学唯物主义，我们有时候也用自然唯物主义，比如费尔巴哈的自然唯物主义，也有的地方说是青年马克思更多地受到后者的人本学唯物主义影响。姚老师的观点是认为，青年马克思第一次转变中的哲学立场上是转到了法权唯物主义，或者说是财产唯物主义。对于这一点，姚老师会作进一步的详细阐述，我也会提点问题。在这里，我们可以围绕这个问题，以姚老师提出批评的命题为中心点进行较为深入的讨论。此外，我们还有一批比较容易引起混乱的概念，包括人本学的唯物主义、自然唯物主义，以及后来我提出来的所谓社会唯物主义，通过讨论，我们也可以把这些概念梳理一下。

姚老师的批评还有一个附带的问题，这主要是批评我的《回到马克思》中的一个观点，即我在此书中所主张的《1844年经济学哲学手稿》（以下简称《1844年手稿》）总体上完成于《穆勒笔记》之后。姚老师是反对这种观点的，他的观点实际上是和前苏联学者的观点基本一致，这也包括了 MEGA[2] 编者的观点。他们共同认为，《穆勒笔记》的写作晚于《1844年手稿》。当然，这不属于大的理论问题。对这个问题的认识，传统马克思主义哲学史研究中并不是特别关注，一般也是《穆勒笔记》在前，《1844年手稿》在后，这种观点也是踩着前苏东学者的脚印走的。问题在于，在前苏东编辑 MEGA[2] 的进程中，他们提了新的观点，即重新颠倒了这两个文本的写作关系，我也详细研究了他们的观点。周嘉昕同学昨天也提到，前苏联学者拉宾已经用了 MEGA[2] 的成果。现在的共识是，马克思写于巴黎的 13 本笔记本是一个同体过程，而《1844年手稿》不过是其中一个相对独立的并且是青年马克思自己独立创作的学术论著的未完成稿。可是，前苏东学者的观点是，《1844年手稿》是分三次写完的。青年马克思先读了斯密，读完斯密以后就开始写第一个手稿，可能还是第一手稿的前半部分。然后又去接着读书，读完书以后又开始去完成第一手稿的后半部分、第二手稿，然后又回去读书，最后，他读完了李嘉图的书才写了第三手稿。这样，在《巴黎笔记》中排在较后的《穆勒笔记》就被认定成是在《1844年手稿》主体部分之后完成的。我在判断的时候，采取了两个做法，第一个做法，还是保持了《1844年手稿》的完整性。因为按照他们的说法，此时青年马克思的文本就变成了一个大的《巴黎笔记》，而不存在独立的《1844年手稿》了。第二是在《穆勒笔记》和《1844年手稿》的关系上，我仍然坚持了《穆勒笔记》在前。我有我自己的一个系统看法，关于这一点，我已经在《回到马克思》一书做过仔细的讨论。

好，下面我们就请姚顺良教授发言。你先把你的第一次转变的财产唯物主义做一次说明。

姚顺良教授（以下简称"姚"）："两次转变"说是孙先生提出来的。在我们20世纪70年代末80年代初学习的时候很赞成这个观点。既不赞成西方的两个马克思，也不赞成苏联传统解释的一个马克思。一个马克思就是一个转变。他们基本上定在1843年，第一次转变就形成了，后边只有量变。这集中体现在1982年出版的巴加图利亚的《马克思的第一个伟大发现》中。此书讲，在《黑格尔法哲学批判》和《克罗茨纳赫笔记》中，马克思就创立了历史唯物主义。这个创立包括两个阶段，这两个阶段是量变。按他的说法，第一个阶段，确立了"国家和法是由经济基础决定的"，认为得出"市民社会决定国家和法"是解决了一半的问题。然后再进一步，到生产、生产力和交往关系，到《德意志意识形态》解决了另一半。这等于说是两个相互联结的连续性的量变的量的积累完成了第一个伟大发现。我个人认为：按照他这个连续量变的说法，怎么会插进去一个人本主义的阶段呢？假如第一次已经转到了历史唯物主义，那怎么又到人本主义呢？然后在生产力和生产关系的角度上要重新来一次质变呢？我认为第二次确实是一次质变。我对这一问题的研究是从上述疑问入手的。在《黑格尔法哲学批判》中，马克思说：第一，不是市民社会决定国家。准确地说，是家庭和市民社会决定国家。这一点既是从黑格尔那里继承来的，又跟当时人们对原始社会的认识的局限性有关，并且也孕育着后来出现的三大社会形态的思想。当时人们认为，氏族和部落是由家庭扩大而来的。马克思当时正是从这里引申出了部落所有制，后来提出亚细亚生产方式再进一步到原始社会。这是马克思"自然形成的共同体"思想中的基础最远处的东西，这等于是从黑格尔那里继承的遗产。社会首先是同自然联系，然后有一种经济联系，然后在这个基础上有上层建筑。当时我形成的这个观点已经基本上写进了《马克思主义哲学史》八卷本（第六卷）中。在三大社会形态提出来之前，马克思已经将资本主义以前的社会关系划化为两类，一类是以原始的自然血缘联系为主的；另一类，"市民社会"这一部分，是以经济关系、生产关系为主的，是后生的。

第二点，关于市民社会这一问题。马克思在这个时候虽然把黑格尔颠倒过来了，但是这种颠倒带着黑格尔和德国人的思维方式所固有的那种局限，把市民社会看作是人从利己主义原子式的个人的那种特性出发所结成的那种关系。这种观点与后来的利己主义的个人之间的关系不是真正的人的关系而是私有财产下的异化关系等观点相接轨。这说明马克思本身有这个思想基础，所以他才会过渡到人本主义，才会在这个基础上接受费尔巴哈的人本学唯物主义的哲学范式，并把这个范式推广到社会、经济领域中去。但上面所讲的"局限性"恰恰就表现在这里。我的想法是：马克思的第一次转变所达到的结果实际上是法权世界观、法权决定论。尽管他讲了市民社会决定法，但对"市民社会"本身的看法还是没有超出法权世界观的范围，还是把财产关系（后来马克思强调，财产关系实际上是经济关系的法律用语。此时的用语本身就反映了思想问题）、把法权关系看作是基本的。正因为如此，后来在《哲学的贫困》当中，他才提出"所有制实际上是整个生产关系的总和"。后来不是曾经有过争论吗？按照斯大林的定义，所有制关系是整个生产关系的前提、基础。所有制关系，究竟是生产关系的一部分，还是生产关系的整体？是实际占有关系，还是法权关系？英国的分析马克思主义者科恩认为生产关系中的所有权是指实际支配权力，是实际领域的权威。是"权力"、力量的"力"，不是法权利益上的"权利"。但马克思当时达到的是后者，强调所有权、所有制、私人利益关系构成了上层建筑和意识形态的基础。这种观点不仅是马克思在这一阶段具有，实际上黑格尔从观念的角度也达到了这一步，这就是他的"市民社会"概念。法国复辟时代的历史学家，马克思强调他们分析了、看到了、考察了阶级斗争在历史中的作用。实际上他们也是这种所有权史观。马克思后来说：蒲鲁东"在政治经济学范围内批判政治经济学"，也是指他没有超出法权世界观的约束、框架和局限。我对第一次转变基本上就是这一观点，马克思达到的程度就相当于带负号的黑格尔——颠倒的黑格尔，加上正面的复辟时代的历史学家，甚至18世纪的唯物主义（"社会环境决定人"），加上蒲鲁东在这个时期的观点。所以他到了巴黎之后，会跟这些观点都很接近。从一定意义上说，这个观点也类似于"以李嘉图学说为依据的无产阶级反对派"，就是英国的霍吉斯金、布雷、格雷等人。他们讲既然劳动创造价值，劳动就应该有所有权，实际上是从商品生产的劳动所有权规律引出的这种法权意识来分析资本主义，用这个法权的形式去指责资本主义无偿占有的实质。后来马克思觉悟到这两个东西实际上是"一个硬币的两面"，所以在《哲学的贫困》中讲，实际上蒲鲁东用来反对资产阶级的东西恰恰是资产阶级本身的东西。在《资本论》的注释中也强调这个。而且在《资本论》手稿当中也提过资产阶级的法权意识是从小商品生产、简单商品生产中产生出来的。到资本主义以后，所有权的实质已经变化了。从商品生产的所有权规律即劳动所有权规律，已经转变为资本主义的无偿占有规律了，这是在《资本论》第一卷"资本积累"那一部分讲的，但"劳动所有权"的法权形式仍然保留了。不管经过多少次的无偿占有，还是保持着"原始的处女性"，这是马克思的话，即好像还是靠自己劳动换来的。

把这些结合起来，我认为，马克思在第一次转变中所达到的实际上是一种经济法权、财产权的决定论。如果称为财产唯物主义也可以，但不一定准确。更准确一点说，是财产异化观。马克思从费尔巴哈的宗教异化到政治异化再到经济异化，其实从政治异化到经济异化实际上包括两步。第一步是财产异化。超出了一般的法进到了经济领域中，相当于民法中的财产法那样，但还没有真正达到生产领域。正是因为他达到了这一点，所以，这一时期他的观点就相当于我们一般讲的马克思主义"三大来源"之间的一些派别的思想水平。他还需要进行艰苦的第二阶段。这个私有财产、这个利己主义的个人是怎么来的？它是不是人的本性？讲异化不是人的本性，这一点是对的，大自然并没有产生一方面是一无所有的人，一方面是占有全部生产资料的人。但关键是怎么去理解这个问题。是简单地把它们作为两极,从应有去反对现有,还是辩证地理解它,从而真正地批判它?我对第一个问题的基本理解就是这样。

马克思的两次转变,我觉得还是按照孙先生的说法,但这是从总体上说的,第一阶段还是黑格尔影响下的。套用列宁的原话,革命民主主义的政治立场,在哲学思想上是唯心主义。这种唯心主义是介于青年黑格尔的主观唯心主义和黑格尔本人的客观唯心主义之间。第一次转变是转变到费尔巴哈式的"哲学共产主义",或者叫"哲学社会主义",也就是后来所谓"真正的社会主义"。"哲学共产主义"是恩格斯用的,他在《大陆上的社会主义》里讲到,"从德国产生哲学共产主义"。马克思用的呢,我查了一下,一个是"哲学社会主义",一个是"真正的社会主义"。在《共产党宣言》的"写作提纲"里有一处讲到的是"哲学社会主义";在《共产党宣言》正式版本和《德意志意识形态》里用的是"真正的社会主义"。在《形态》中讲过,一部分人不愿意前进,实际上就是指"真正的社会主义者",而马克思、恩格斯他们自己则前进了,脱离了"真正的社会主义",这是在政治上;在理论上、思想上、世界观上,当时他们还是费尔巴哈式的人本学唯物主义。但是马克思为什么会接受人本学的唯物主义?那是因为他自己的第一次转变不彻底。达到的那个财产权上的决定论实际上是接近人本学唯物主义的。正因为如此,他才能接受。马克思直接达到的是财产唯物主义。然后在这个基础上他就正好接受费尔巴哈的观点。第二阶段总体上还应该定义为"人本学唯物主义",我个人认为不叫"一般唯物主义",也不叫"自然唯物主义",也不叫"半截子唯物主义"。但是马克思第一次转变达到的成果正是"财产或法权唯物主义",这使第二阶段支配他的"人本学唯物主义"成为可以接受的。我认为,财产、所有权的决定论和财产异化论和人的本质异化论正好可以吻合起来,从而他就接受费尔巴哈的人本主义唯物论。马克思转到费尔巴哈式的立场,并不像恩格斯在晚年的《费尔巴哈论》里说得那么简单。虽然他在那里讲马克思、恩格斯,但更多的实际上是恩格斯自己。说"费尔巴哈的《基督教的本质》一出来,我们一下子解放了,一下变成了费尔巴哈派"。这是说他自己还差不多。我个人认为,真正对马克思起作用的不是《基督教的本质》，也不是《宗教的本质》，而是关于《关于哲学改造的临时提纲》和《未来哲学原理》。而这两个恰恰都是人本学的。人本学中的有几个东西对马克思有触动，一个是"人本论"，人本的出发点跟他此时的观点相接近。第二是"关系论"，这个对他的思想向"社会"概念过渡很有作用。

张：姚老师把他关于"第一次转变"的观点比较细地说明了一下。我们一起再给姚老师提一点问题，希望把这个观点理得更加清楚一点。

我觉得姚老师的观点在总体上是能够被接受的。但问题在于，按照姚老师的这种说法，马克思就不是"两次转变"了。因为，我觉得从青年马克思1843年年底的"法权唯物主义"到1844年的"劳动异化史观"之间还是有一个比较大的差距的。

姚：不，这两个实际上是一致的。

张：这等于是第一次转变里面分为若干阶段了。

姚：我个人认为是直接就接上去了。马克思接受费尔巴哈，不是简单地被动地接受。他自己的思想进程已经达到了这个阶段，具备了接受费尔巴哈的素质。

张：你着重讲的是法权世界观，或者是所有权历史观，简单地说，这像是一种所有权决定论。可我想问的问题是，空想社会主义，复辟时期的法国历史学家，蒲鲁东的哲学社会主义，这些东西在社会历史领域中是不是属于唯物主义范畴的东西？

姚：对唯物主义怎么界定？按照普列汉诺夫的说法，当然是历史唯物论。他把"唯物史观"范围划得很大，甚至认为18世纪法国唯物主义的"环境决定人"都是"唯物史观"了。实际上，要从严格的意义上来讲，这些人都是历史唯心论，但是有历史唯物论在历史唯心论内部产生了某些要素。胚胎不能说，只能是某些要素。

张：那你现在到底概括成什么？能不能概括为法权唯物主义？我们的前提是孙先生提出来的在《黑格尔法哲学批判》及其"导言"里，马克思实现了第一次转变，转到了哲学共产主义。问题是转到的这个唯物主义立场到底是一个什么东西？

姚：人本学唯物主义。

张：这是你后来做的说明，我的问题就在这儿。你后来是拐弯拐回来了。我觉得你是拐不回来的。这是一个很大的问题。

姚：但是有一个问题，他们这些人实际上都没有超出人性论。虽然跟费尔巴哈的人本主义不完全相同。但是有相同的一面。欧洲的三个国家他们的思维方式都是有区别的。英国人是讲物质利益，经验和物质利益。法国人讲的是人际关系，人与人之间的关系，人与环境之间的关系，讲平等。到了德国，就是人的自我实现。它是讲主体和自身的关系。这三个不一样，但这三种思维方式在人性论的意义上又是相通的。

张：又绕了。我以为，问题的关键是要从青年马克思的相关文本的具体讨论上来讲。这里的文本语境是马克思在读黑格尔《法哲学》这本书的时候，因为马克思是在读了这本书才写下了《黑格尔法哲学批判》一书的。你讲的第一段，跟黑格尔有一点关系，跟费尔巴哈基本没有关系。我认为，恐怕不能说此时的马克思没有受到费尔巴哈的影响。他怎么受到费尔巴哈影响，我们可以讨论。我在自己的研究中发现，他正是在研究以法国大革命为中心视轴的近代欧洲历史中，明确地看到了你所讲的法权唯物主义。他在那里得到的启发很多。也是从这时候开始，费尔巴哈作为一种思想观念，它才是可以被马克思所接受的哲学立场。

我要问的问题是，你前面讲青年马克思此时的思想至多是法权唯物主义，可是在这个时候，费尔巴哈在里面到底起什么作用。因为你后面又绕回来了："他也是人本唯物主义。"这实际上又到了劳动异化那段了。这就与我们现在讲的第一次转变的内容不太一样。所以我刚才问，你是不是变成"三次转变"了？或者是两次转变，第一次转变又分阶段了？这分阶段里边，有没有质的差别？在前一个阶段里面，费尔巴哈只是起了一个外在的构架的作用，颠倒的作用。蒲鲁东这时候不能够算进来。法权唯物主义可以从《克罗茨纳赫笔记》里得到。我感觉法权世界观这一段当中，费尔巴哈到底起什么作用？费尔巴哈理论中"关系"或"人本"思想在马克思这一阶段就没有什么作用？如果有作用的话，光用法权唯物主义来概括这个阶段是否准确？

姚：我不主张再分两个小阶段，我的观点是：马克思通过自己的批判研究达到的成果正好和费尔巴哈的思想相适应。其实，《黑格尔法哲学批判》中已经用了费尔巴哈的主词宾词颠倒法。然后，所有权问题就涉及私人利益的追求是人的本性，这是后来才有的问题。这就由财产异化直接转入到劳动异化。劳动异化的思路是进一步询问这个根子。按照马克思后来在《提纲》中说到的话，宗教异化，就表明宗教是天国，人世本身有内在矛盾。现实本身的分裂造成了天国从人世中异化出来，那么人世本身为什么会分裂呢？这主要是政治异化，就是私人与公民。私人与公民的关系就是国家和法同市民社会和利己主义者之间的关系。在人本身这里又异化了。"私人"是人本身的异化领域，所以才异化出"公民"在它之上。私人本身就是财产问题。再进一步，私人或财产的根源在生产过程中，在于人的本性的异化即劳动的异化中。一路往下追，追到劳动异化的时候发现此路不通。这才使马克思扔下他要写的《政治和政治经济学批判》。《神圣家族》之后两人曾有分工，马克思继续写他的《政治和政治经济学批判》，恩格斯写作《英国工人阶级状况》，并回国联络志同道合者。恩格斯的两项任务都完成了，但马克思的书就没有写成。马克思的两个逻辑发生冲突矛盾，此路不通。回过头来他又琢磨自己的根本出发点是不是有问题。这才有《提纲》。

张：按照孙先生说的，第一次转变到《1844年手稿》，其中青年马克思的思想变化的确是有不同阶段的，你刚才也讲了。

姚：政治异化到经济异化，然后是把经济异化再划分为两段，一个财产异化，一个劳动异化。这是我的意思。

张：不是，你刚才谈到《黑格尔法哲学批判》时候，主要讲马克思是政治异化。法权是放在政治方面来讲的。

姚：不，政治上的解决，就进入了经济。

张：经济这时候根本不能谈，因为他根本没有读经济学的东西。

姚：对，只是"进入"。

张：只能是在1844年以后，当青年马克思读了经济学的东西以后才能有这个问题。

姚：但是他达到这个点了。就是说他虽然还没有研究经济，但已得出结论，政治的东西是根源于经济的东西，所以开始到市民社会中去找。就是要找物质利益、私人利益是怎么来的。

张：那么劳动异化在你的这种分期逻辑中是什么东西？

姚：劳动异化是从法权的异化、财产的异化进一步追寻财产的异化的根源的时候，才追寻到生产过程和劳动过程本身。这就要用到人本主义逻辑。而人本主义逻辑一遇到困境，就要破产。于是他整个原来的东西就会爆炸。

张：你这里出现两个概念了。你的问题变成这样了：实际上，在《1844年手稿》之前是法权唯物主义。可是，法权唯物主义却不能概括《1844年手稿》中的劳动异化理论。为了对付劳动异化，你又将人本学唯物主义提出来了。

姚：但是，财产异化实际上也是人本学的。不能分成单独的阶段，如果一定分阶段的话，这个时期也是非常短的，只是一个过渡。因为他发现这个财产之后马上去找原因，他发现人家已经抓到了这个结论了。

张：这个我先倒过来说，因为你慢慢又说回来了。总体上，你刚才说了一句，法权唯物主义根子上也是人本学的，这不是回到了孙先生和我们原来的观点上了吗？我们原来讲的意思是，青年马克思1843年已经受到费尔巴哈的影响，因为在此时他已经用了"人的本质"和其他费尔巴哈式的人本学概念，这包括《黑格尔法哲学批判》一书。所以，这时的青年马克思的理论逻辑在总体上是人本学唯物主义，但实际上在第一阶段当中，他没有倾向于用法权、财产权来解释整个上层建筑或者他当时的理论构架。

姚：这里用财产不用法权，就是要分两个东西。马克思讲市民社会决定国家和法。这个法所体现的权利是财产中的那个权利，他以为超出了法但实际上没有超出。

张：这个基本观点实际上否定了什么？黑格尔那里讲的市民社会是德国式的极端利己主义构成的经济关系为基础的部分。传统上，我们一般是把这个市民社会等同于马克思经济基础概念被提出前的一个不成熟的过渡形态。可按照你刚才说的这个思路，市民社会决定国家与法，就不是那个生产的、经济的部分、感性生活的部分决定上层建筑,而市民社会本身也是法权的部分哦?

姚:不。"市民社会"到后来,按照我的理解,到《德意志意识形态》完全是经济基础了。但是在《黑格尔法哲学批判》里,它实际上具有法权色彩。他以为已经深入到经济领域,但实际上还停留在经济生活的法权表面。他像蒲鲁东一样,还是"在法权领域内反对法权的"、"在政治经济学的范围内来反对政治经济学"。他没有跳出这个范围。他这时仍把"市民社会"看成是异化的人的关系,认为这种异化的人的关系决定了异化的人的国家。

刘怀玉教授(以下简称"刘"):姚老师,马克思的基本思路不是实证的而是批判的,这如何体现于"市民社会决定国家和法"的观点中呢?

姚:准确地说,是"不应该的现有"。这就有点像他在《莱茵报》期间讲到的,本来国家应该是一个理性的产物,应该是代表普遍利益的,但是却被等级的私利左右了。实际上往前一步就是这个。市民社会决定国家,实际是私人利益决定国家。实际上它带有从反面的东西向正面的东西过渡这个状态。这个向正面的过渡一直到《提纲》才正过来。异化劳动也是。宗教异化是因为政治异化,政治异化是因为财产异化,财产异化是因为劳动异化,都是不正常的、不应该的"现有"。

张:对了,应该还有一个问题。如果你同意使用人本学的唯物主义来概括青年马克思那时的思想,那又会产生一个新的疑问,因为你明确表示反对用哲学唯物主义和一般唯物主义来指认青年马克思。按照我们过去从孙先生处学来的东西,1843年青年马克思发生第一次转变的时候,在哲学基本立场上是自觉地接受了费尔巴哈式的自然唯物主义原则的前提;可是当此时的青年马克思面对真实社会现实时,他的劳动异化逻辑却是隐性唯心史观的。这里的问题是,同一个青年马克思思想中的哲学前提中的自然唯物主义与作为预设构架的异化劳动的关系到底是什么?我发现,这时虽然青年马克思在观念上认为自己已经是唯物主义的哲学家了,他与费尔巴哈的区别仅在比后者更接近社会和政治。可是,他并没有意识到自己思想中的逻辑矛盾。

姚：第一，"人本学唯物主义"这一概念确实存在内在矛盾，但"人本学的唯物主义"作为一种过渡状态还是可以用的。第二，如果采用"一般唯物主义"、"自然唯物主义"、"历史观唯物主义"，就容易产生两张皮。认为"马克思后来在一般唯物论上跟费尔巴哈没有区别"，这是后来一般的理解，包括普列汉诺夫的理解。实际上，历史观上的唯物主义必然带来整个世界观，包括自然观上的根本变化，它是不能分割的。分割的说法同传统的"推广"、"应用"一样是"两张皮"，变成"两大块"。人本学唯物主义有一个张力，有一个矛盾，因此是一个过渡状态。其实，"哲学共产主义"也是有一定的内在张力的。

唐正东教授（以下简称"唐"）：很有启发。姚老师讲的实际上是对马克思哲学思想从一般唯物主义向人本学唯物主义转化过程的细化。过去孙先生讲一般唯物主义是站在市民社会决定国家这个层面上的。姚老师则非常重要地指出了马克思是到后来才站在市民社会的现实内容即生产过程的内容之基础上的。在1843年秋天的时候，马克思还没有到达这一步，他此时只是从财产权这样一个法律的层面来批判资本主义的。这一点很重要。马克思直到1845年才真正从生产过程的角度来理解市民社会。

姚：我插一句，你这种理解就带有一种连续性和一种进化的观点。实际上，不仅是内容、论域的深入，而且是观点、方法的转变。

唐：我请教一个问题。1843年的《黑格尔法哲学批判》是一个读书笔记，它没有出版。理解它的一个重要的参照系是马克思同时期所写的《克罗茨纳赫笔记》。马克思在这一笔记中自己写得不多，但是有一段文字是写得特别长的，主要涉及封建社会各个集团对于财产的追逐。

姚：围绕土地所有权展开的。

唐：对财产的追逐起了非常重要的作用。《黑格尔法哲学批判》是1843年夏天写的。还有一个参照系是马克思发表在《德法年鉴》上的书信[①]。

姚：这个我没看，你说说。

---

① 《马克思恩格斯全集》第1卷，人民出版社1956年版，第415—418页。

唐：在那个信里面，马克思讲到了"自觉的人的形态"的理论思路，这显然是受到了费尔巴哈的人的类本质观念的影响。我的问题是，对财产权的追逐跟财产的异化这两者之间是不一样的。只有蒲鲁东才从法权出发来论证财产的异化问题。这实际上是法国式的政治理念，即财产应该是平等的。蒲鲁东是从这一层面来理解财产的异化问题的。我个人理解，马克思这个时候实际上是看到了财产的追逐这一点在历史构成中是有很大作用的，所以才导致了市民社会决定国家的思想的出现。但是他在哲学思路上并没有法国式的那种财产应该是平等的观念。他实际上是站在笼统的人的类本质的思路上来思考问题的。孙伯鍨先生之所以说马克思此时还只是一般唯物主义，其原因正在于此。也就是说，在用什么样的理论支点来批判财产的追逐问题时，马克思除了笼统的人的类本质观念外，还没有其他的思路。如果界定为财产唯物主义的话，那么就必须假定马克思这时候跟蒲鲁东差不多，已经具有了财产是平等的这一法哲学的理论支点。

姚：问题就在这里，这就是法国人和德国人思维方式的不一样。法国人是从平等的角度来衡量。德国人从人的类本质来讲。马克思在想对私有财产的追逐是不是人的类本质？

唐：我个人认为，马克思此时对人的类本质的理解还没有和他理解的对财产的追逐的思路有机地统一起来。他当时看到了对财产的追逐在历史中的重要作用。《黑格尔法哲学批判》及其"导言"应该是对市民社会决定国家的理论思路的一种表达。他此时从哲学上批判黑格尔的客观唯心主义已经是绰绰有余了。但是，他在这个时候还没有找到一个平台来把他的两条思路即人的类本质的思路和市民社会决定国家的思路有机地统一起来。孙先生提"一般唯物主义"，是说马克思此时在理论思路上已经踏上了一个现实的土地，即市民社会的现实，但他此时还没有一个成熟的理论支点来批判这种现实。当然，他这个现实在内容上与他后来所理解的那种社会现实是不完全一样的。这一点我完全同意你的观点。他只是从对财产权追逐的这个现实来理解市民社会。我和你的区别在于认为马克思此时还没有形成像财产权应该是平等的这样的理论支点，马克思此时只是一般地说"自觉的人的形态"，而这一理论支点与对追逐财产权的现实的批判之间是不完全对应的。所以说，我不同意用"财产权唯物主义"来界定马克思此时的唯物主义形态。如果这一概念能够成立的话，那就假定他已经在批判理论的支点上搭建起了德国式的法国的平等观念。

姚：不是，是德国式的从人的自我关系出发的观念。他虽然没有直接搭起来，但是他肯定有一个应有的人的观念。这个人应有的本质在德国人看来就是自由自觉、自我实现，是一种应有的普遍性。从黑格尔那儿来，个体和普遍性是连在一起的。所以他反对利己主义的原子般的个人。这个恰恰是私有财产把它分割开的。这个是连在一起的。

唐：问题是德国式的"自由自觉"在黑格尔那里是绝对精神的自由自觉。当马克思转到唯物主义的平台上时，他对类本质这一概念与追逐财产权的现实市民社会之间的关系的理解还不是很清晰的。蒲鲁东是从法哲学这样一个角度切入的。财产权应该是平等的，现实的财产关系不平等，所以现实的财产权是盗窃。马克思当时在用财产关系来思考人的类本质的内涵的问题上还没有清楚的答案。如果认定是财产权唯物主义，就必须假定他关于人的本质的理解是从财产关系出发的。

姚：不是财产平等，而是人在个性上应该是普遍的，而不应该像利己主义的原子那样分裂。这个观念是有的，在犹太人问题等的论述中。这实际上是赫斯已经达到的。

唐：假定就是这样一个普遍的"人"，普遍的人的本性应该是一个类的东西，这是马克思的第一个理论层面；第二个理论层面，就像刚才所讲的，是现实市民社会中对财产权的追逐。这两个理论层面之间碰撞能不能得出财产权的异化这一结论？这是一个关键问题。

姚：可以达成，财产把人类变成为利己主义的原子式的个人。货币财产恰恰取代了人的这种应该有的联系。

唐：照这样说的话，在《黑格尔法哲学批判》中就具有了财产异化的思想了？

姚：他那个时候使用财产关系来解释政治异化。但财产本身的异化是下一步意识到的，并由财产为什么会异化转到劳动异化。劳动异化就试图说明财产为什么会异化。

张：财产和所有权在德文里边就是同一个词。

姚：我这个观点的文本依据还得琢磨，我现在是印象。

唐：譬如说赫斯达到了，马克思是不是当时也达到了？

张：我觉得，青年马克思在前面这个地方没有达到，赫斯是因为接触了经济学才达到了。

姚：但是马克思这里起码达到可以接受财产异化的程度了。再套用一次前面说过的一个不恰当的比喻，工人没有明确的社会主义意识，但是他有社会主义的本能。

张：我发觉，你现在变得比前苏东学界的目的论色彩还要浓。

姚：他为什么后来能接受？我是从结果追溯他的原因，这是因果论，不是目的论。马克思不会轻易接受别人的观点的。

张：我觉得这几个概念，还是有些乱。一般唯物主义、费尔巴哈的自然唯物主义、人本学的唯物主义、法权或者所有权的唯物主义。

姚：费尔巴哈，其实在自然观上也带有人本主义色彩，他的人本学带有自然主义，他的自然主义带有人本学的色彩。

张：我们写文章的时候，当不能判断马克思到底转到了什么唯物主义的时候，通常会认为他达到的就是一般唯物主义。因为青年马克思在1843年的时候，已经接受了费尔巴哈唯物主义的理论前提，但是到1845年《提纲》的时候，他则超越费尔巴哈创立了一种新的唯物主义哲学。难道这一点你也不承认吗？这是倒过来问的一个问题。那他的第一次转变的本质是什么？他不接受费尔巴哈？

姚：我举个例子，《1844年手稿》最后"对黑格尔辩证法和黑格尔哲学的批判"里讲到的一个自然向人的生成。讲到追寻本源的时候说，追寻的同时也否定了它的存在，就带有人本的色彩了。他那个唯物主义在自然观上也和后来的不一样。

张：你的理解还是比较难站住脚。因为《神圣家族》中关于法国唯物主义的很长的一段，我的印象是马克思写的，可以立即查一下，是马克思还是恩格斯写的？

姚：没有印象了。

张：我正好又刚刚重新看完。可以肯定，马克思在这一文本中，对唯物主义基本上是肯定的。并且，可以作为佐证的是，他同时对思辨唯心主义的批评也是相当明确的。他要得出的结论是：一般唯物主义总是走向哲学共产主义的。

姚：不是这样，而是说，法国唯物主义分为两派，一派是从笛卡尔的机械唯物主义出发，走向自然科学。另一派是英国洛克的经验论唯物主义在法国的门徒，这一派走向社会主义。

张：这个分两派问题是不大的。问题是马克思在《神圣家族》中，倾向性是非常明确的：反对唯心主义思辨哲学，他在文本中两次通过具体的分析反对黑格尔式的思辨结构。而且，他对整个唯物主义哲学史的这一节描述得非常具体。我还认为，此时马克思在比较黑格尔和费尔巴哈的时候在哲学立场上明显倾向于后者。这一文本段落如果是恩格斯写的，不奇怪；可经过查实发现这是马克思写的，这就直接支持了我的观点。

姚：《神圣家族》中，马克思还没有把经济关系的决定作用、物质生产过程的决定作用与利益的决定作用区分开来。《神圣家族》对费尔巴哈太崇拜了。

刘：我帮姚老师说一句话，《神圣家族》可能是马克思最接近一般唯物主义的文本。

姚：估计当时马克思受恩格斯影响较大。包括他对水果的分析，实际上是完全把黑格尔的理解简单化了，是用英国人的方式去理解那个抽象，是一种抽象普遍性，它已经不是黑格尔理解的那个具体普遍性。

胡大平教授（以下简称"胡"）：我提个建议：下回可以专门做个专题，讨论"唯物主义"这个术语。现在也确实有一定的混乱，当我们再用自然唯物主义、社会唯物主义的时候，往往给人造成一个误解，唯物主义在面对不同对象的时候产生了不同的形态。而在所有形态中又贯穿着一个基本的唯物主义的立场，就是一般唯物主义。问题是马克思在用唯物主义历史观定义自己的哲学的时候，产生了问题，历史唯物主义包不包含自然唯物主义、社会唯物主义？如果是包含而且更高，那么又高在什么地方？唯物主义的"物"并没有讨论到位。姚老师用法权来定义的话，或者用其他的东西来定义的话，就把问题推向了一个不可解决的境地。法权完了以后，我可以进一步往下推。这就牵涉到哲学上的一个问题，对唯物主义到底要怎么看的问题。

张：老姚，我和你最大的区别在于，作为马克思主义者的马克思肯定认为一般的唯物主义在根子上是非历史的，但是，他从不把承认外部自然客观规律在人的头脑之外的原则否定掉。譬如在《德意志意识形态》中，他专门讲了自然界永恒的优先性问题，但是，这种自然并不是他新世界观的理论出发点。

姚：出发点有多种含义。一种是非决定性的、仅仅必要的前提。如我要写字，这个笔就是我的前提。还有一种是决定性的前提，逻辑前提，是构成改造其构成要素的属性和功能的那种结构性的前提。第三个是目的、意义的前提。马克思说过"出发点当然是自然规定性"、以"现实"、"实践"、"物质生产"为出发点，最后还有以"人的自由全面发展"为出发点。出发点有多种。我把我的观点总结一下：我觉得不一定再提一个"财产唯物主义阶段"，可以提总体上是人本主义，就是说，第一次转变的结果是达到了这个（财产权唯物主义）水平，然后在这个基础上接受了人本学唯物主义，即进入第二个阶段。可以这么说。

胡：财产权的唯物主义和人本学的唯物主义实际上还是有距离的。

姚：他再深入下去就是人本学的唯物主义。"财产唯物主义"实际是一个过渡，它既是第一阶段的结果，又是第二阶段的起点。

张：好了，因为时间的关系，我们今天的讨论不得不暂时打住了。这个讨论不一定会有什么同一性的共同结论，关键是想让同学们知道，在我们这样一个学术共同体中，虽然有相近的研究方向和思考方式，但我们每一位老师的具体看法都是有一定差异的。讨论，是让这种差异表现出来，从而互动性地启发每一个人。这就是我们讨论的目的。

"存在论转向"与方法论革命
——关于马克思主义哲学本体论研究中的几个问题[①]

孙伯鍨　刘怀玉

关于马克思主义哲学本体论问题的讨论，始于重建教科书体系探索中的"物质本体论"与"实践本体论"之争，近来则有融入现代哲学范式的"存在论转向"和"生存本体论"之说。本文通过分析马克思对传统本体论哲学的批判，侧重剖析马克思的社会存在论与海德格尔的基础存在论之分歧，认为马克思主义哲学的革命意义主要不在于从近代认识论走向现代本体论，也不在于以一种新型的本体论体系取代西方传统的本体论。马克思主义哲学的特质在于：立足于当代社会实践，而对人们的现实生活条件和历史发展进程进行科学考察和反思批判，它是面向现实的批判精神和彻底改造社会的科学方法论。

自20世纪80年代初期开始，国内哲学界围绕教科书体系的改革开展了一场关于马克思主义哲学本体论问题的讨论，争论的焦点是"物质本体论还是实践本体论"。至90年代后期，上述争论渐趋平息，随之而起的是生存本体论或存在论的说法。如果说，80年代关于物质本体论和实践本体论的争论还属于马克思主义哲学内部的对话，那么90年代以后关于生存本体论问题的讨论则已经逾出了对马克思主义哲学的传统解释，属于马克思主义哲学与当代西方哲学之间的对话。一些论者由于片面夸张西方近代哲学向现代哲学转变的"革命性"意义，十分热心于用当代西方哲学的流

---

① 原载《中国社会科学》2002年第5期。本文为第二届"马克思哲学论坛"入选论文。

行观念来诠释马克思主义哲学，以为马克思主义哲学的现代化关键就在于融入当代西方哲学的主流思潮。他们认为，当代西方哲学的历史功绩就在于实现了自笛卡尔以来近代哲学的认识论范式向现代哲学的生存论范式的转变。这个转变是从尼采开始，经过克尔凯郭尔至海德格尔而宣告完成的。如果这里谈到的仅仅是指西方哲学史上的一条发展路线，那丝毫不会让人惊奇；令人惊奇的是，据说这条发展路线也涵盖了马克思主义哲学所实现的革命变革的实质与意义。据说，是马克思和海德格尔一起共同推动了从近代主客二分的认识论哲学向主客融合的生存论哲学的转变。因此，对存在哲学或生存本体论的领悟就成为正确解读马克思主义哲学的深刻意蕴的必由之路。按照这个思路，就必然导致对马克思主义哲学的总体性质及一系列基本观点与方法的根本改观。譬如说，马克思主义哲学不再如马克思和恩格斯所命名的那种"新唯物主义"或"现代唯物主义"，而是超出唯物主义与唯心主义的对立之上，因而也扬弃了主体与客体之对立关系的存在主义或生存本体论；在马克思主义哲学中，根本就不应该有认识论的主体和被认识的客体的二元分割。为了使这种说法获得文本上的支持，他们不得不把马克思的著作和恩格斯、列宁等人的著作区别开来，认为只有马克思才是现代哲学（生存本体论）的创始者，而恩格斯等人由于受到维多利亚时代科学实证主义的熏染，始终未能走出西方近代哲学传统，即知性形而上学的阴影；然而即使是这样，也不能获得马克思全部文本的支持，于是他们或者求助于解释学，认为若拘泥于文本是不可能"读出"马克思的"原始语境"的，只有按照解释学的理解与体悟才能领略到马克思哲学的旨趣，或者干脆把马克思的后期著作置之不理，只是从他1845年以前的早期著作中寻求支持。所有这些都是关系到马克思主义哲学的根本性质与历史使命的大问题，其中的是非曲直有必要加以认真的讨论。

我们迫切地想弄清楚的是，一些论者异口同声地倡导的马克思主义哲学的"当代化"究竟意味着什么？何以从生存本体论这个视角解读马克思主义哲学就会是一种"当代化"的马克思主义哲学，否则，它就无资格跻身于现代哲学的行列而注定要被历史进程所淘汰？我们还想知道的是，作为科学社会主义的理论基础和无产阶级解放运动的思想武器的马克思主义哲学，在经过生存论的解读而实现了"当代化"之后，它是不是还能保持它的阶级和党性特征，继续成为指引无产阶级乃至于人类解放的方法论武器？再者，马克思主义哲学的当代化何以不是继承和发扬马克思主义哲学的革命批判精神，运用由马克思恩格斯所发现的，而为列宁、毛泽东和邓小平所发展的认识和改造世界的科学方法论，来应对当前国际国内所出现的新形势、新矛盾、新问题，而唯一地要通过生存论、解释学以至于解构理论等的重新解读才能实现？诸如此类的疑难和困惑，迫使我们多少要用怀疑的目光来看待这场"当代化"的解读运动。

一、马克思主义哲学革命的实质与西方哲学的"存在论转向"

我们认为，由尼采、克尔凯郭尔、海德格尔等人所开创的存在主义思想运动在西方哲学史上并非异军突起，而是由来已久的，只是它在资本主义工业化进程中的特定历史条件下具有了对抗现代社会工业文明的时代特征。由于这种对抗从来就没有越出高贵的知识精英们的纯粹思想的范围，所以从来就不指望能获得任何一个阶级、阶层或群体的支持与认同，他们的"孤勇"和悲剧情愫使他们在一部分知识分子中博得了理解与同情。但无论如何，他们同无产阶级要求彻底根除资本对劳动的奴役和统治的解放运动是完全不相干涉的。因此，即使是在最一般的意义上，把马克思主义哲学和存在主义相提并论都是不够严肃的。尽管海德格尔的生存本体论与马克思主义哲学的历史唯物主义，都是在一定历史发展阶段的社会条件下，由人们对人类生存境遇（政治经济以及道德文化危机）的理解与把握而引发的哲学理论的反思与重建，然而由于世界观与阶级立场的悬殊，不同的哲学家会得出不同的哲学结论。因此，理解马克思主义哲学的革命意义及其与西方现代本体论哲学的关系，决不能局限于从西方哲学传统的内部裂变，即从其内部的逻辑演变或范式转型看问题，而应该深入到马克思主义哲学由以产生的现实历史基础和它所要实现的变革现存制度的历史使命来思考。否则，单纯形式（范式）的类比会使对问题的讨论偏离历史的真相，把性质完全不同的东西强行放在一个理论框架之中，以便把马克思主义哲学粉饰成当代西方最为流行的哲学。借用解释学的说法，这是脱离文本语境的非法的、"过度的诠释"行为。

所谓"认识论哲学的式微"与"本体论哲学的复兴"，所谓从实体论的知性形而上学的本体论向关系论的感性生存实践的存在论的过渡，这种哲学史的宏大叙事，可能会捕捉到现当代哲学史的某些演变趋势，但肯定过于抽象、简单甚至武断。这种概括不仅无视英美分析哲学的存在与发展，也不可能准确地反映马克思主义哲学的历史与现状，而仅仅是在欧洲大陆一度时兴的存在主义现象学即现代新人本主义哲学思潮自我夸张的说法。在一般意义上否定认识论而肯定本体论或存在论，这种所谓"现代的"甚至是"后现代的"流行观点，其真正的用意并不是要推动哲学研究的前进与发展，相反，它展示的是对现代文明的极端憎恶，彰显的却是一种尚古意识，主张回溯到前认识论阶段的"存在状态"。它要求颠覆和终结柏拉图和亚里士多德以来的传统形而上学和本体论，其目的是恢复和重建更加古老、更加原始的存在本体论。

可见，所谓的"存在论生存论转向"，不可能构成马克思主义哲学当代性解释的关键起点。

马克思主义哲学的革命实质决定了它是反对一切形而上学本体论的。它永远立足于现实历史发展的客观进程和人类赖以生存的自然和社会条件，通过不断地批判和改造现存的社会制度和秩序，为实现无产阶级和人类的彻底解放而进行不懈的努力。马克思主义哲学的当代意义，不可能是"向内转"的形而上学沉思或后现代式的诗性之思，不可能是为现代人提供一种"安身立命"的"终极关怀"式的信仰体系，而是面向现实的批判精神与彻底改造社会的科学方法论。

在所谓"存在论转向"的视野中把握马克思主义哲学的当代意义，其实就是把马克思主义哲学主旨人本主义化，取消其科学认识论，把青年马克思的人本主义逻辑当作马克思主义哲学的原初形态。更成问题的是，它还把青年马克思的费尔巴哈式的类哲学与现代西方个体主义的生存哲学互相置换，这种学术上的强制行为，是无视历史事实的时代错位。

把马克思主义哲学"存在论化"，从思维方法上讲仍然是因袭西方形而上学追求"先验性"、"绝对性"与"永恒性"的哲学传统。只满足于哲学体系内部的瓦解与重建，只限于从某种绝对本真的逻辑起点出发，而不从现实出发来思考与表达问题，只限于对自己借以进行哲学思考的现实条件与对所提问题的合理性边界缺乏深刻认识，便不可能超出他们所反对的传统形而上学，因而也不可能成为真正的具有"当代"意义的哲学。

二、西方哲学史上的存在学说与马克思的社会存在论

在西方哲学史上，本体论作为哲学中的一门学问，至少可以追溯到柏拉图的理念论与亚里士多德的"第一哲学"（形而上学）。但正式地使用这一概念并自觉地使之成为一门学问的，却是17世纪德国哲学家沃尔夫。从黑格尔的《哲学史讲演录》中我们可以读到他的定义：本体论，论述各种关于"存在"（或"是"／"有"）的抽象的、完全普遍的哲学范畴，并认为"存在"（或"是"／"有"）是唯一的、善的；在这个抽象的形而上学中进一步产生出偶然、实体、因果、现象等范畴。① 这个定义表明了本体论是与"存在"问题密不可分的。

在西方哲学史上，本体论一般都被理解为关于存在的学说，然而存在范畴在马克思主义哲学以前大体上有三种不同的理解：

第一种：把"存在"理解为不同于具体事物的普遍的一般本质，是隐匿在现象世界背后的超验的本质。现象是变幻不定的假象或意见，"存在"则是"唯一"与"不变的"。这种作为与现象世界相对立的本体意义上的存在，不属于具体科学，仅属于形而上学的研究对象。作为超验之物，它既不是人的认识活动的结果，也不是人的认识的对象，而是思辨理性的创

---

① 参见［德］黑格尔《哲学史讲演录》第4卷，贺麟、王太庆译，商务印书馆1978年版，第189页；并参看俞宣孟：《本体论研究》，上海人民出版社1999年版，第19—24页。

造物，纯粹是根据理性或心灵的需要而设定出来的，它或者寄托了人类对知识的无限寻求，或者寄托了人类精神的无限追思。古代与近代哲学中如此理解本体意义上的存在的，大有人在。例如康德哲学，一方面通过对人的认识能力的批判否定了传统的理性形而上学，另一方面又设定了上帝、灵魂、自由这类超验之物，把它们当作道德追求的本体论而存在于现象世界的彼岸，其目的是为了重建对这些神圣之物的信仰。在马克思看来，这种先验与经验、本质与现象的僵硬二分与机械对立的本体论哲学，其最大的问题是主观地设定与纯逻辑地演绎出某种脱离历史与现实的彼岸之物。其结果不是导向唯心主义便是导向神秘主义。当然，任何这类抽象神秘的本体论哲学都有其社会历史的前提与内涵，因而都可以通过现实的社会批判而得到合理的理解。

第二种：是对上述的本体论意义上的"存在"概念进行逻辑学的改造，把存在纳入理性的同质逻辑框架之内。"存在"不再是隐藏在现象世界背后、只能被信仰而不能被认识的本质。这种本体论哲学把现象与本质统一起来，认为作为本体的存在既是"实体"又是"主体"，并为此建立了一种从本体世界向现象世界推移转化的逻辑概念的演绎体系。黑格尔哲学对存在范畴就是作这样一种相对"动态"的理解的。黑格尔把原本静止的超验之物的存在（绝对观念），变成了具有无限潜质与生命活力的世界的"始基"，一步步地从贫乏的抽象走向了丰富的具体。他把巴门尼德哲学中神秘的"一"变成了最高的思维抽象，而康德所不能给予理性论证的上帝、灵魂与自由，则由绝对精神、自我意识和纯粹的思维活动等理性范畴所取代。于是，以"存在论"为起点，经过了从"本质论"到"概念论"而推出一个包罗万象的体系。他的"存在"不是指存在着的具体事物，不是某一事物的存在或不存在，甚至也不是抽去了一切特殊规定性的共相或一般，而是作为一切科学开端的逻辑抽象。如果我们将黑格尔的这种存在论仅仅限制在逻辑学与认识论的视野之内，它倒是有其深刻之处的。但问题就出在这种存在论连同其展开状态（绝对知识）竟成了世界万物的本原与本体，犯了泛逻辑神秘主义的错误。换言之，黑格尔哲学一方面赋予了本体论以某种彻底的历史性意义与特征，但另一方面却又将永恒的历史发展过程从属于那个绝对的永恒的逻辑结构,能动的革命的精神被过分茂密的思辨体系所窒息。因此,马克思批评黑格尔哲学作为一种思辨的本体论哲学体系,其神秘性和颠倒性就在于,它在实体、自我意识、绝对精神的名义下把自然界、精神和现实的人以及现实的人类作了形而上学的改装。①

第三种:是把存在界定为"一定的存在物"的实体性的本体论哲学。对于这种本体论来说,"存在"即存在着的存在物或"存在者"。在这里,作为哲学范畴的"存在"即从本体论上加以定位的存在,只能是存在着的存在物,而不能是关于存在物的思维抽象。只有存在着的存在物才是"唯一的"实体与本体。在西方哲学史上,持此观点的人首推亚里士多德。后来的近代唯物主义大都也持这种观点,认为世间唯一的存在着的东西是"有形的实体",以此区别于一切想象与超验之物。费尔巴哈是近代的这种唯物主义本体论的代表。他以"感性的自然"和"对象性存在"取代了黑格尔式的抽象的思想的存在。这是其优越于唯心主义乃至近代自然唯物主义的方面。他的哲学扩大并深化了对"存在"理解的视野,从机械论的自然转向人的感性存在,从自然唯物主义转向人本唯物主义,这预示着近代本体论哲学的研究开始朝着关注"人的存在"方向的转变。但由于他只是把人当作"感性对象"而不是"感性活动",因而他仍然只是把事物、现实、感性当作客体即直观对象性去理解,而不是当作人的感性活动即实践去理解。这就是说,费尔巴哈虽然用感性对象性的存在去取代黑格尔的抽象思辨的存在,但由于这种以自然为基础的人的感性存在缺乏能动的原则,因而人连同其周围的世界便既无发展也无历史,只能作为有别于思维的客体获得直观的形式的规定性。如同物理学家或化学家对于物质客体通常所持的看法那样。这种直观的非实践的认知方法一旦被运用到历史中去,其局限性便会立即暴露出来,正如马克思恩格斯所说的,尽管费尔巴哈不是从"个体"而是用"类"的眼光来考察人,但除了感情的联系之外,他对于人与人之间的社会关系却完全是陌生的,所以当他有时也使用

---

① 参见《马克思恩格斯全集》第2卷,人民出版社1957年版,第177页。

"社会"一词来表达人们是相互需要时,他所说的"社会"并不包括任何现实关系的内容,就像他通常使用的"类意识"、"类存在"来表示人是相互依赖的一样。由此可见,费尔巴哈虽然从一开始就想用感性原则来颠覆黑格尔的抽象存在,但由于他的思维方法的非历史非实践的直观性与形而上学性,因而在最终结果上,并没有真正摆脱黑格尔式的思辨与抽象,他所把握到的人的存在,并不是现实的人与事物,而依然是关于人与事物的抽象词语。

马克思主义哲学原则上不讲本体论,而只是从思维对存在的关系上肯定自然与社会存在的本原性与第一性。马克思主义的唯物主义同以往的唯物主义一样,都认为本体论与认识论是不可分割的,都是从"存在与思维的关系"这个基本的认识论问题入手来界定"存在"的,但在如何解决思维对存在、物质对精神的关系问题上,以及如何描述自然、历史与社会存在的特殊规定性问题上,马克思主义哲学完全不同于近代唯物主义。

作为一切形而上学的反对者,马克思主义不是从抽象的"存在"概念出发来进行思辨的思考,不是从观念出发来解释实践以及人的存在,而是从物质实践出发来解释人的社会存在以及观念的东西。对于什么才是"真正的(本真的)"存在或"真正的人"这样的问题,马克思一概把它们当作思辨哲学的话题而弃置。德国古典哲学的思辨形而上学就表现在把人的现实存在与人的本质(概念)割裂开来,把现实存在的人视为"非人",只有符合"人的概念"的人才是"真正的人"。

在马克思那里,人的存在首先指的是人的个体生命存在,是这些个人的现实的社会存在,即他们的现实生活的生产与再生产过程。无须借助于任何形而上学的烦琐逻辑证明,也无须借助于任何神秘直观的"明证性",就可以通过经验的考察确定,生产活动对于人的存在具有无可辩驳的本原性与奠基性意义。而一旦把人的存在放在生产活动的基础上加以考察,把人的生存问题当作人的现实生活的生产与再生产过程来研究,那么,人与自然以及人与人之间的关系问题就是首先应当加以关注的根本之点。近代哲学的主客体二元论始终未能解决人的存在问题,原因并不在于对"存在的遗忘",不在于用对"存在物"的关注掩盖了对存在物的"存在"的关心，不在于它只凸显了认识论问题而忽略了"人的存在"问题，而在于没有把人的认识活动置于人的社会实践的基础之上来研究。

马克思主义哲学与近代唯物主义的根本区别，不在于它放弃了唯物主义的存在论前提，放弃了自然对社会历史的"优先性"的立场，放弃了认识论的唯物主义基础，而转向一种超越唯物主义与唯心主义的人文哲学或生存哲学。马克思主义哲学的革命变革的意义，不是发现了一种新的哲学本体论，而是发现了任何哲学的"本体论承诺"都有其无意识的社会存在前提。社会存在论是马克思研究与批判一切旧哲学以及宗教、道德等意识形态问题的科学出发点，是反思包括哲学在内的意识形态问题的方法论前提与现实性视野。马克思主义哲学的社会存在论不是与自然本体论或生存本体论相对应与对峙的一种新型本体论。在社会存在论问题上，马克思并不是要创立一种独立于历史科学的哲学，进而去演绎出整个社会生活的"先验结构"。它不是要在每个时代中寻找某种足以解释一切现存之物的形而上学范畴，而是始终站在现实历史基础上。作为一种历史哲学理论的历史唯物主义，唯一能够加以确定的是：承认现实生活的生产与再生产是人类历史中归根到底起决定性作用的东西，除此之外再无别的。[①]

三、"向内转"的生存本体论哲学与面向现实的历史辩证法

由海德格尔所发动的从近代认识论哲学向现代存在论哲学的转型，实现了从传统形而上学的本体论向现代本体论的转变。海德格尔认为，以认识论为主导范式的传统形而上学，以主体与客体的二元论为出发点，客体（存在物）是主体的认知对象，其提问的方式是：存在物归根到底是"什么"？这种提问方式使哲学只关心存在物的自身性质，关注人们关于存在物的客观知识，而这恰恰是实证科学分内的事情。他认为，哲学的任务是

---

① 参见《马克思恩格斯选集》第 4 卷，人民出版社 1995 年版，第 695—696 页。

要把对存在物的追问变成对存在物的"存在"的追问。而"存在"一词的含义并非指"在这儿"。要明白"存在"一词的意义不能通过认识活动来达到，只有通过存在者对自身存在的领悟才能揭示。这种能够领悟到自身存在状态的存在物不可能是别的，只有作为"与自身"的存在有关的"存在者"，即生存着的人本身。而揭示存在奥秘要从分析人的存在方式即"存在结构"来进行。这样，海德格尔的现代本体论就直接演绎成"生存本体论"。

说到这里，我们大体上还可以认同海德格尔的逻辑思维。因为生存问题毕竟要优先于认识问题。无论是对自然界的认识（自然科学），还是对社会历史的认识（社会科学）都要服从于人的生存境遇的改善与生活质量的提高。然而，必须指出的是，海德格尔以及其他一些存在主义哲学家所关注的生存问题，并不是在现代资本主义统治下的个人的生存问题。因为对于工人阶级和广大劳动者来说，生存问题首先是对物质生活资料的需求和满足，因而决不能抛开对存在者的追寻而只询问存在的意义。无论在发达国家或发展中国家，对于工人和其他劳动者来说，满足其基本生活需要的物质资料都不具有现成的"上手性"，他们必须为获得这种资料而忍受资本主义制度和全球性市场秩序的控制、奴役和统治。他们所面临的失业威胁、凌辱和痛苦，是呈现于世人面前的活生生的现实，不需要通过特别的"领悟"、"澄明"或"诗性"之"思"便能够昭然若揭。只有对于那些知识文化精英的个人来说，存在问题才具有完全不同的另一种性质。他们切身感觉的不是失业威胁、生活无着、物质匮乏、告贷无门，而是深感孤独空虚，精神上漂泊无寄，完全迷失了生活的方向与道路。为此，他们便抛开对"存在者"的追问转而去追问"存在"的意义。寻根究底地追问"存在者"是传统形而上学本体论的固有特征，而现代本体论则要求追问作为提问者的存在者的存在，即追问"此在"在世界存在的先验结构和意义。

这种先验结构自然不是凭借科学认识所能揭示的，只有通过神秘的领悟、体验才能显现。这样一条哲学路线，无论从哪个角度去看，都无法和马克思创立的历史唯物主义拉扯到一起，因而根本就谈不上马克思和海德格尔一起推动了从近代认识论哲学到现代生存本体论的转向,且不说马克思创立历史唯物主义比海德格尔的存在哲学要早近一个世纪之久。

首先,海德格尔从分析作为有限的"此在"的人的生存状态出发的基础本体论,与马克思从一定的社会实践、社会关系状况出发来分析人的生存问题的历史唯物主义,这两者反映了"向内转的生存之思"与"面向现实的社会历史科学"之间的基本哲学思路的巨大分歧。

从表面上看,海德格尔对传统形而上学和科学实证主义的批判与马克思对抽象的非历史的自然唯物主义的批判颇有相似之处,并且在存在论上都自觉地将"人的存在"问题上升到理论上的"优先地位"。但这种类似并没有掩盖二者在基本观点与基本方法上的实质性分歧。所说的"人的存在",首先是人的生命活动方式,是人有别于动物的生命活动,即人的现实生活的生产与再生产活动。由此出发,才能进而论述到人的历史、人的社会生活的全部过程及其各个方面的丰富内容,才不至于用某种神秘的、封闭的、狭隘的观点来直观人与事物,而是用总体性的唯物辩证法的观点来理解人与事物。而海德格尔的作为现存在的"此在"所指称的,则是由一种"根本情绪"(烦、畏、死)所支配的人。"海德格尔是把统治着他自己的基本情绪和魏玛危机时期的公众情绪拿来当做基础。"[1]人与世界以及人与人的社会关系都被他给忽略化地处理了。在他所谓的"周围世界"里,那些非"此在"的、非"上手"的现实的"存在者"似乎是可以视而不见的。一切都得通过人对自身根本情绪的领悟、体验融合到他的"在世"存在中。这样一来,无论是作为存在着的人,还是作为存在着的外部世界,就都失去了它们作为存在物的自身规定性。一切事物都融合在那个神秘莫测的"存在"的"意义"之中,"存在"像是"没有发光体的光芒"(阿多诺语),只有通过它,存在物才会被照亮(显现)。海德格尔作为西方传统形而上学特别是近代哲学的革新者,在存在论问题上所做的一切,并没有真正革除传统形而上学思维方法的根本弊端:追求超验和绝对之物,而是徒劳地企图废除概念思维,取消对外部世界的认识,拒斥科学

---

[1] 参见[德]吕迪格尔·萨弗兰斯基:《海德格尔传》,靳希平译,商务印书馆1999年版,第217页。

知识，主张通过非理性的直觉来一劳永逸地阐释人的生存意义的问题。

总之，马克思与海德格尔的哲学存在着根本的区别，集中表现为方法论上的个体的主观存在与客观的社会存在的对立，先验直觉论与社会批判理论的对立，有限的生存历史观与特定社会历史发展阶段论的对立。马克思反对离开唯物辩证的科学认识论来研究人的存在问题，海德格尔则是通过消解主客体差别的崇古思想与还原主义为代价来追求一种前反思的本真统一。马克思的哲学是面向现实面向社会大众的，是旨在把作为革命批判武器的哲学通过群众的理解与掌握变成改造现实的物质力量，而海德格尔所追求的神秘体验与天人合一式的境界，不要说为群众所掌握，甚至与他人沟通都是不可能的。这与马克思哲学显然是不能相提并论的。

其次，海德格尔从分析常人的生存方式出发的基础本体论并非像他自己所宣称的，从根本上瓦解了从柏拉图以来的全部西方形而上学传统，而仅仅是西方近代先验主体哲学与认识论哲学"自我瓦解"的一个环节；并非是本体论哲学的终结或完成，而仅仅是传统本体论的形态转变，在他那里超验本体论以更隐蔽的方式得到了复活与重建。

哈贝马斯在《现代性的哲学话语十二讲》一书中认为，海德格尔哲学的出发点是对青年黑格尔学派哲学"向外转"的实践主义方向与社会理性批判方向的双重颠倒：既是"向内转"的又是"反理性"的。[①] 也就是说，海德格尔的哲学出发点是竭力恢复青年黑格尔学派所废除的黑格尔哲学的权力，把青年黑格尔关于现实与哲学的关系再度进行颠倒，使其回到一种神秘化的状态。从这个意义上讲，马克思无论如何也不是海德格尔的同路人。海德格尔的哲学革命与其说像他自己所认为的那样，是对全部欧洲形而上学史的根本颠覆与终结，不如说仍旧局限于德国先验哲学批判传统之内，是形而上学内部的颠倒与造反。海德格尔哲学的批判前提不可能是两千多年前的柏拉图哲学，而是同时代的新康德主义。他的基础本体论是对德国古典先验主体认识论的一种"本体论化"改造，是把抽象的绝对的主体（自我意识）转变为一种定在的非理性的直观，从而把主客体对置

---

① 参见［德］哈贝马斯：《现代性的哲学话语十二讲》，剑桥，政体出版社 1987 年版，第 131—132 页。

的认识论哲学改造成为一种与现实无关的"向内转"的、自省式的、自我解释的、"自我安慰"的哲学解释学；它通过解释学的语境化将哲学的基础奠定在一种有限生存的先验基础之上。① 这里，绝对的普遍性与终极性不见了，但纯粹意识性与先验性依然如故。阿多诺称：海德格尔的基础本体论是古老的绝对哲学的第二次重演。其第一次重演是后康德主义的唯心主义，也就是新康德主义。② 黑格尔的历史与逻辑的强制性统一，被一种流动的在时间中绵延的生存流与移动的视野所取代。无限的理性追求被一种对有限的生存境遇的反思所取代。逻辑化、线性化的启蒙理性历史观被一种有限个体的当下的面向死亡的生存历史观所取代。马克思的历史决定论及其对泛逻辑主义的颠覆，与海德格尔的此在生存论历史观对形而上学的颠覆，是全然不同的两回事。前者是面向特定社会现实的科学批判与追求人类彻底解放之路的历史主义，而后者则是面向个人的"死亡"这种"永恒的"问题结构与生存状态的诗意化与神秘化的直观。就时代而言，马克思与海德格尔也不是一个时代。但马克思是凭借着科学的革命的方法超越了哲学史上所有形态的形而上学与本体论，包括黑格尔与海德格尔的。

海德格尔的基础本体论或此在本体论哲学，其实是另外一种意义上的"右翼黑格尔派"（哈贝马斯语），它把青年黑格尔所极力贬黜的哲学理性权力"翻转"为一种神秘的非理性的优先性权力，将理性主义哲学所压抑与忽略的前反思的、前判断的非理性神秘体验改造成先验的意识基础，实质上，仍然是古典先验意识哲学的残余。狄尔泰、柏格森等的生命哲学将康德的先验综合逻辑图式从固定的形式变成神秘的生命之流，而海德格尔则又对生命哲学的绵延意识、纯粹的意识内容，重新赋予一种有限的结构而使其形式化、先验化与演绎化。③ 先验主体的认识论哲学似乎被瓦解了，但先验主体却是以先行于自身的基础本体论的形式得到复活。

---

① 参见［德］哈贝马斯：《现代性的哲学话语十二讲》，剑桥，政体出版社1987年版，第146页。
② ［德］阿多诺：《否定辩证法》，张峰译，重庆出版社1993年版，第58页。
③ 参见［德］哈贝马斯：《现代性的哲学话语十二讲》，剑桥，政体出版社1987年版，第139—140页。

海德格尔的基础本体论虽然是背靠现实而转向内心的诗性玄思，但毕竟有其不可超越的时代背景和历史前提。竭力强调要把哲学所研究的"存在"与科学所面对的现实（"存在者"）区分开来的海德格尔，最终不过是达到对这种无所不在的存在者的统治的非批判的神秘直观。把传统本体论"虚无化"的基础本体论，无非是对高度"物化"、无所不在的现代社会制度对人的内心世界最深层控制这一现实的颠倒反映。黑格尔的绝对精神哲学是处于上升时期与自由竞争阶段的资本主义社会的形而上学，海德格尔的有限的生存论哲学则为处于危机状态的高度垄断化的晚期资本主义社会所提供的"本体论保证"。这种本体论是不可能为今天处于更为发达与高度流动状态的网络化、全球化资本主义社会的人们提供精神家园与心灵居所的。

海德格尔所谓"先行于自身"的、总是"在之中"的"存在结构"，其实无非是马克思所讽刺的"不受时间影响的自然规律"，即"应当永远支配社会的永恒规律"！[①] 换言之，这种存在结构，作为"本体论的前理解"，永远处于支配地位，它规定了社会化的个体在世界中的实践范围，很有一种"宿命论的意味"[②]。在存在哲学中，虽然作为僵化之物的实体性本体论不见了，但作为一种先验的结构的存在图式，却在一种空虚幽暗的视野中隐蔽地复活了。有人称这是将传统的"固态化"的实体本体论转变为一种"液态化"的功能本体论。[③] 作为一种诗化的本体论哲学虽然挣脱掉了近代哲学认识论所建立起来的体系哲学的强制统治，但却屈从于内心世界更加隐蔽的直觉演绎体系。对此，哈贝马斯不无中肯地批评说：海德格尔的"所有这些想使理性先验化的努力仍然局限于先验哲学范围之内，都陷入了先验哲学的先天概念之中"[④]。

海德格尔曾不止一次地说，黑格尔的包罗万象的绝对精神哲学是欧洲

---

① 《马克思恩格斯选集》第1卷，人民出版社1995年版，第151页。
② 参见[德]哈贝马斯：《后形而上学思想》，曹卫东、付德根译，译林出版社2000年版，第41页。
③ 参见[德]吕迪格尔·萨弗兰斯基：《海德格尔传》，靳希平译，商务印书馆1999年版，第76页。
④ [德]哈贝马斯：《后形而上学思想》，曹卫东、付德根译，译林出版社2000年版，第41页。

两千多年形而上学历史的完成与终结，而马克思与尼采的哲学则是形而上学的一种颠倒或另外的完成。但从马克思的唯物主义历史观来看，我们不得不说，海德格尔才是颠倒过来的黑格尔，是晚期资本主义社会条件下的"黑格尔"。或如近来一位西方学者所妙喻的，工业化社会或早期资本主义是一种"沉重的"现代性，"沉重的现代性把资本与劳动放在了一个谁都无法逃脱的铁笼之中"。与之相对应的哲学本体论肯定是黑格尔的那种绝对精神体系，那个巨大的抽象的"一"（交换价值）对现实世界的直接的、颠倒的统治；而在后工业化的电子信息社会，资本却能够借着公文包、移动电话与笔记本电脑，四处流动。在这种"液态"的现代性中，劳动仍然被沉重的现代性牢牢地束缚在固定的地域里，而资本却能够脱离囚笼。轻快的、液态的现代性"是一个解除承诺、捉摸不定、熟练地逃避和没有希望的时代。在'流动的'现代性中，是那些最为捉摸不定的人，是那些自由行动而不被注意的人在统治着"①。大概，海德格尔的"液态化"的本体论以神秘的方式，预示了这个液态化的轻松的现代性社会的到来。他的那个能够透视到隐形的功能化的存在结构的"此在"，那些能够窥视到存在的"天命"、"天机"的"此在"，便是今天"存在者"的世界的真正统治者：他们可以逃避任何责任、自由自在地、优先地去存在着！

海德格尔是将黑格尔的无限化绝对化的历史逻辑倒转为一种神秘的有限的流动的直观逻辑，被黑格尔无限地泛化的逻辑体系所压抑的有限的生存在海德格尔这里成为主导力量，但内部仍然存在着无限的逻辑折磨。海德格尔不再通过有限去追求无限，但毕竟是要在有限中体悟无限。

海德格尔的有限性存在论，在理论深层上正是现代性社会的内在要求。人的具体生存状态以及对这种生存状态的领悟恰恰是无限的绝对的抽象体制统治的颠倒反映，海德格尔的此在哲学正是组织化资本主义时代的无意识。虽然海德格尔的存在哲学与黑格尔式的本体论有着明显的差异，但在深层上却是高度一致的。他们都是为了实现一种最后的"大彻大悟"的境界而努力，在流动的现代性之中寻找一种足以告慰人的心灵的立足

---

① 参见［英］齐格蒙特·鲍曼：《流动的现代性》，欧阳景根译，上海三联书店 2002 年版，第 90、188、198 页。

点。黑格尔以一种理性的外推的方式来实现这一点,而海德格尔则是以向内转的内省体验式的直观来实现这一点的。黑格尔以理性为起点,海德格尔则是以理性反思为对象。在黑格尔的思考中,理性是不言自明的,而海德格尔那里,领悟也是不言自明的。他们都把思考与沉思当作生活的本质规定。正如哈贝马斯所说的,他们都把哲学定位于同一性这个主题,存在与思维被认为是一致的。二者的差别在于,处于工业化进程中的黑格尔直接从绝对理性的同一性追求一元论的本体论,而海德格尔则想回到农业时代的"天人合一"境界。这是高级的精神欺骗,是严重的时代错位。如此一种"妙不可言"的境界哲学,一种无法与别人沟通也不屑于与他者进行平等交流的精英哲学、孤思独想,是不可能给一个大众文化称霸、信息方式主导、语言符号翻手为云覆手为雨的后现代社会,构筑起什么可靠的精神家园的。

四、追求终极关怀的存在论哲学与改造现存社会秩序的科学革命的方法论

哲学当然要研究生存问题,但生存论不是马克思主义哲学的理论基础、核心或制高点,生存与日常生活问题仅仅是走向现实批判、现实改造的一个通道。研究生存问题不能离开马克思主义的社会存在论和历史辩证法。马克思主义哲学不是内省反思与自我体悟的哲学,它既不热衷于救赎误入迷途的理性,也不热衷于拯救深陷绝望的灵魂,它和任何追寻终极关怀的准宗教哲学都毫无相似之处。马克思主义反对脱离历史条件和对现实的科学认识,来思考人类的终极关怀与安身立命等本体论问题。对于马克思来说,本体论、认识论与方法论是不可分的,人生观、价值观与历史观也是不可分割的。从马克思主义哲学的社会存在论的批判立场来看,生存哲学是发达的现代社会物化统治条件下人的被动生存状态的一种直观抽象。"本体论和存在哲学是反应的模式……包含着一种命定的辩证法","对存在的信仰……实际上已经退化成一种存在的奴役。"[1] 阿多诺一针见

---

[1] 参见[德]阿多诺:《否定辩证法》,张峰译,重庆出版社1993年版,第64页。

血地说，海德格尔像费希特、谢林那样指责那些拒绝本体论的人是"没有精神祖国、没有存在家园的卑鄙之徒"，但本体论哲学却是在甘愿服从"他治秩序"①。面对后工业社会的"流动性"、"符号化"生存现实，那些寻找"最终的"安身立命之所在的本体论祈求与"承诺"，都将会是缘木求鱼、无济于事的。他还说，海德格尔所掀起的"本体论需要"问题，其实是一种时代精神危机与生存意义贫乏的哲学征候。讲"回归本体"讲得越厉害、越起劲，在一定意义上恰好说明当今社会生存根基的越发虚无缥缈，"本体需要"是现实生活的这种无根性的颠倒反映。本体论哲学是对现实匮乏的一种"补充"的意识形态。一个社会道德讲得越多，往往说明它所面临的道德危机越严重。像法轮功这样的社会祸害，主要原因不是科学与道德教育不够，而是市场经济条件下出现的信仰危机与生活方向迷失。日常生活的"第二自然化"与单调乏味，整个世界的"祛魅性"，导致了人们对生活之外的"神圣性"的追求。哲学本体论问题的讨论，最终必然要回到对现代日常生活意识形态的批判上来。所谓重建形而上学或"存在论转向"，仅仅是感受到现实社会危机而又无力摆脱的人们在思想上的一种反映，并不真正能够提供人类的生存归宿。人的生存问题，始终是一个现实历史的问题，而不是一个抽象的形而上学问题，它只能通过现实的历史发展和革命的社会实践才能得到解决。所以，马克思主义哲学的现代性出路绝不是要回到内心与关爱生存，而是要在批判与积极干预社会历史进程的基础上开拓理解与创造人类得以解放的生存。

　　本体论作为哲学研究的一个问题是必要的，但同样也不能脱离开一定的社会历史条件。本体论的研究与批判不能基于个体之悟，而必须面向对现实的科学认知与整体把握。本体论思想自觉不自觉地都包含着非历史的还原论倾向。这种思维方式很容易导向一种自我幽闭式的"概念拜物教"。它是以某种被思考出来的绝对本质为出发点和归宿而导引出来的一种虚假的无限性，通过这种无限性设定，它把客观世界还原为逻辑命题和抽象同

---

① ［德］阿多诺：《否定辩证法》，张峰译，重庆出版社1993年版，第57页。

一的本质。现代西方关注生存与生活的本体论哲学，虽然改变了过去的实体中心主义，但由于取消了主客体关系以及对外部世界的科学认知与反思，而陷于非历史的神秘直觉之中。

马克思主义哲学的革命性影响正是建立于对本体论哲学思维的批判与扬弃之上，这种批判与扬弃不仅针对黑格尔式的本体论哲学，而且也将颠覆海德格尔式的本体论哲学。马克思主义哲学的变革过程就是对一切形而上学本体论进行批判与颠覆的过程，这一过程体现为两个递升的逻辑：首先将传统的理性形而上学置于社会生活过程的基础上，从而瓦解了西方传统的形而上学的自足性幻觉。第二步是深刻批判现存的社会生活，这是颠覆与瓦解传统理性形而上学的逻辑形式主义的基本途径。第一步是把哲学问题还原为现实问题，揭示它由以产生的现实前提和基础；第二步是对哲学意识形态赖以产生的社会现实前提本身的批判，这是对"原本"的批判。马克思多次讲过，历史唯物论绝不会脱离人对自然的能动关系、人的生活的直接生产过程，以及人的社会生活条件和由此产生的精神观念的直接生产过程，来非批判地研究宗教哲学问题。

他认为，仅仅把宗教幻象还原为世俗生活，这种哲学并不能真正克服宗教，将神秘的思辨的形而上学还原为人的世俗本质或日常生活，也不可能真正克服与超越思辨哲学。问题的关键是要从当时的现实生活关系中引出宗教与哲学这些"天国形式"。这种方法才是"唯一的唯物主义的方法"，因而也是"唯一科学的方法"。①

马克思主义哲学所能提供的只能是正确的世界观与方法论，而世界观与方法论决不等于传统意义上的本体论，马克思主义哲学不是体系哲学，因而不承认有什么最高原因或绝对实体，因而也不认为有作为体系哲学的绝对开端的世界本体。马克思的社会存在论并不是要建立一种区别于自然物质本体论或人本主义的社会存在本体论，而是指出任何哲学本体论归根到底都是一定社会存在条件下的思想投影，都必须要放在一定的社会历史条件下进行批判性反思。马克思主义哲学作为一种新的唯物主义比以往任

---

① 参见马克思：《资本论》第1卷，人民出版社1975年版，第410页注（89）。

何时代的唯物主义都更加彻底地贯彻物质对意识、存在对思维的本原性，或者说在存在与思维、物质与意识的关系问题上承认存在或物质的第一性，意识与精神的派生性。如果说这里的本原或第一性的东西是指"本体"，那所谓马克思主义哲学的"本体论"也只能限于在认识论的范围之内来谈论。诚如列宁所说，物质与精神何者为第一性的问题只有在认识论的范围内才有绝对的意义，超出这个范围就是相对的了。马克思主义哲学从未在终极原因、终极本质的意义上探讨过世界本体，它压根儿就没有提出过世界（自然或社会）的"本原"与"始基"或"本质"是什么这样的形而上学问题，也没有现象世界与本质世界的形而上学划分。马克思主义哲学也不主张从某个绝对之物（被当作本体的某个范畴）出发的概念演绎体系。

在方法论上，马克思主义哲学既不主张还原到不可还原的纯粹之物（无论是意识或物质），也不主张从不可还原的先验之物出发去建构整个世界。它根本就不知道什么是"事情本身"以及如何才能回到"事情本身"，而是始终站在现实的历史的基础上，把自然史与人类史紧紧地联系起来加以考察。它不是从杜撰出来、想象出来的最高的哲学范畴出发来解释甚至建构现实的东西，而是从现实出发，来揭示自然与社会之中的关系并上升为理论的东西。用马克思本人的话说："对现实的描述会使独立的哲学失去生存环境，能够取而代之的充其量不过是从对人类历史发展的考察中抽象出来的最一般的结果的概括。这些抽象本身离开了现实的历史就没有任何价值。它们只能对整理历史资料提供某些方便，指出历史资料的各个层次的顺序。但是这些抽象与哲学不同，它们决不提供可以适用于各个历史时代的药方或公式。"①

马克思主义哲学不是作为独立的体系哲学而显示其思想与文化价值的。作为一种科学的世界观与方法论，它当然有其理论和逻辑的系统，但这种系统决不同于任何体系哲学。其中也不存在任何与其世界观和方法论相独立的传统意义上的本体论，它所强调的仅仅是把现实历史前提作为其

---

① 参见《马克思恩格斯选集》第1卷，人民出版社1995年版，第73—74页。

世界观与方法论的基础。正如马克思指出的："这种考察方法不是没有前提的。它从现实的前提出发，它一刻也不离开这种前提。"① 这是我们在讨论马克思主义哲学与一切本体论哲学的关系问题时必须加以考虑的。

---

① 参见《马克思恩格斯选集》第 1 卷，人民出版社 1995 年版，第 73 页。

自在自然、人化自然与历史自然
——马克思哲学的唯物主义基础概念发生逻辑研究[①]

姚顺良　刘怀玉

对自然与人类历史关系问题的不同回答，体现了各个哲学流派在自然观上的根本区别。承认自然界的客观实在性，是一切唯物主义所共有的基本前提，也是马克思主义自然观的重要理论基础。但是，与一切旧唯物主义自然观不同，马克思主义哲学还认为，通过人类实践这个中介，自在自然必然历史地转化为人化自然，自然的历史也就会变为社会历史的自然。

一、自然、自在自然与人化自然

自然观是一个历史范畴。人们在每个特定历史时期中所形成的自然观，总是与该社会历史时期的实践和认识水平相关联。总体而言，可以把马克思主义哲学产生时历史上出现过的自然观划分为古代的朴素自然观、近代的机械自然观以及现代的辩证自然观等。

古代的朴素自然观是一种自发的唯物主义和朴素的辩证自然观。它使用"本原"的概念来描述自然万物的初始状态和整体联系，并以"矛盾"形态来解释自然万物的运动特征和演化过程。它把一些具体的"始基"物质视为万事万物产生与发展的本原。例如，古希腊哲学家泰勒斯所说的

[①] 原载《河北学刊》2007年第5期。

"水"和赫拉克利特笔下的"火",以及中国古代哲学中的"气"等。由于古代社会中人的认识能力十分有限,尚无法对自然进行精确描述和定义,只能以模糊的整体概括来替代局部分析,以思辨的玄思替代真实的过程,以神化了的人性替代自然的规律,因而具有明显的时代局限性。而在整个中世纪和封建土地之上生成的神学观念中,人对自然的能动认识则以颠倒的形式反映在神创论中。

西方近代机械唯物主义的自然观则是一种主要运用机械力学原理解释自然现象的观念。它以近代实验科学的发展为基础,使用理性分析和定量实验的方法研究与解释自然现象的构造及成因。在这种自然观看来,物质实体是唯一的实在,因此只能从物体本身的运动入手理解自然现象。它以牛顿力学作为理解自然现象的根本原理,认为机械运动是自然界唯一的运动形式。作为自然观发展的一个阶段,机械唯物主义自然观高于古代朴素的自然观,但由于它把自然界的一切运动形式简单归结为机械运动,认为自然界甚至包括人本身,都是一架在力学规律支配下运转的机器,这就导致了一种孤立、静止、片面看问题的形而上学思维方法,最终不可避免地走向了神秘主义。其典型代表就是牛顿所信奉的所谓"神的第一推动力"。

马克思主义自然观的出现是人类思想领域的一次重大变革,对自然科学的进步和哲学的发展都具有划时代意义。马克思主义自然观批判地继承了德国古典哲学中合理的唯心主义辩证法内核,也吸收了19世纪自然科学领域的最新成就,从而实现了对朴素自然观和机械自然观的扬弃。马克思、恩格斯所生活的19世纪是一个自然科学出大成果的年代,诸如星云假说、地质渐变论、细胞学说、生物进化论、原子—分子论、元素周期律、能量守恒与转化定律等这些伟大的新发现在人们面前展示出一幅全新的自然图景。在这幅崭新的世界图景中,自然界并非孤立和静止不变的,而是普遍联系、运动和发展变化着的,这就在机械唯物主义自然观上打开了一个重要的缺口。马克思主义自然观的产生,符合并预见了自然科学的最新发展趋势,充分体现了唯物论和辩证法的有机结合。特别是20世纪中叶以来,以爱因斯坦相对论和量子力学为先导的自然科学革命及其全部成果,进一步验证了马克思主义辩证自然观的科学本质。

马克思主义自然观始终坚持自然界的客观实在性和第一性，认为自然界本身遵循客观的辩证法，自然辩证法则是自然界固有的客观规律性。当然，理解马克思主义自然观的关键，并不是简单地坚持自然的客观性与优先性存在，而在于深刻理解"人对自然的关系首先……是实践的即以活动为基础的关系"①。由此，在历史性实践的基础上，自然界、人类和社会历史第一次被辩证地统一起来。马克思主义的辩证自然观从人与自然的历史性的实践关系出发，将传统自然观中的直观自然区分为自在的自然和人化的自然，这种"人化自然"的思想是人类对自然界认识的重大飞跃。

自在自然是指人类活动尚未作用过的自然界，包括人类世界出现之前的自然界和人类世界产生之后但人类活动尚未涉及的那部分自然界。无论是从广度还是从深度看，自然界都是无限的，永远存在着人类活动尚未达及的存在，这部分自然界仍然属于自在的自然界。人化自然则是指已经被人类社会实践活动改造并打上了人类主体意志烙印的自然界。

人化自然和自在自然的共同点在于，二者都是客观实在。人化自然是人们在自在自然的基础上，通过自身的实践活动建设形成的。人类实践可以改变天然自然的外部形态、内部结构乃至其客观规律起作用的条件和方式，但绝不可能消除自在自然或自在世界的客观实在性。与此相反，自在自然的客观实在性必然会通过人类社会实践，延伸到人化自然和人类世界之中去，构成其客观实在性的自然基础。人化自然的根本要义就在于，人类实践活动加工和改造过的这个人化自然，仍然是自然规律支配下自发的自然过程的一个部分，"人化"程度再高，也不会改变它作为自然的根本性质，内在的客观规律永远会在其中自发地产生作用。既然人化自然和自在自然都是客观实在及客观物质世界的组成部分及表现形式，那么，它们对人类及人类社会而言就具有基础性，这种基础性主要体现为自然界是人类实践活动的客观前提。从这个角度来看，人化自然与人类的关系比自在自然更密切。

人化自然和自在自然之间存在根本区别。自在自然是独立于人类活动

---

① 《马克思恩格斯全集》第19卷，人民出版社1963年版，第415页。

之外或尚未成为人类活动对象的自然界,自在自然中的运动和变化完全是自发的,一切都处在自然物质的盲目的相互作用之中。人化自然则是被人类活动改造过的自然,体现了人的需要、目的、意志和力量,其独特性就在于与人的主体性和人类实践活动密不可分。虽然人化自然并不可能完全脱离自在自然而独立存在,而是以自在自然为存在和发展的前提,但人化自然毕竟不同于自在自然,它是人类实践活动的对象化,是人的对象世界,而不是自在自然自动延伸的当然产物。用马克思的话来说,人化自然作为"在人类历史中即在人类社会的产生过程中形成的自然界是人的现实的自然界"①。

自在自然与人化自然之间的关系,是一种辩证的统一关系,在实践的历史作用下,它们相互区别、相互作用,并在一定的历史条件下相互转化。这种辩证关系也体现着我们认识自然过程中表现出来的无限性与有限性、可能性与现实性之间的关系。西方马克思主义的某些哲学家借口强调实践的作用,错误地否定自然辩证法的客观存在。如卢卡奇主张,要把马克思主义的唯物辩证法的本质解释为主体与客体的辩证法,并将其限定在社会历史领域,因为"恩格斯对辩证法的表述之所以造成误解,主要是因为他错误地跟着黑格尔把这种方法也扩大到对自然界的认识上……然而辩证法的决定性因素……并不存在于我们对自然界的认识中"②。这实际上就割裂了马克思主义的自然观与历史观在实践上的有机统一,在根本问题上动摇了马克思主义哲学的唯物主义前提与基础,因而是完全错误的。

二、从自然的进化到自然的人化

自然界是一个不断变化和发展的历史过程,人类的出现和人类社会的形成是自然历史发展的历史结果。人类社会历史的产生,改变了我们周围

---

① 《马克思恩格斯全集》第42卷,人民出版社1979年版,第128页。
② [匈]卢卡奇:《历史与阶级意识——关于马克思主义辩证法的研究》,杜章智、任立、燕宏远译,商务印书馆1992年版,第51页。

自然进化的本质，使自然的发展从单纯的物质演化过程提升到人化自然的历史发展阶段。

考察自然界的发展史，可以清楚地看到，在自然界漫长的演化和发展进程中，确实存在从无序到有序和从有序到无序这两个截然相反的方向。进化是指自然界中由无序到有序、由低序到高序的演化趋势和过程；退化则是指自然物由有序到无序、由高序到低序的蜕变趋势和过程。总体上看，进化是人们周围自然物质发展的主要进程，而人类和人类社会的出现，就是这一时间进化之矢的结果，是人们周围的自然界从无序到有序、由低序变高序的不可逆的发展过程与趋势的产物。人类社会进步的方向与自然史进化的方向完全一致，或者说，从根本上就是由自然史的时间之矢所规定的。但是，人类社会的历史是一个更加复杂和丰富的全新发展过程，同时，随着人类历史的进步，人们周围的自然存在也在人类社会历史中同步延续和发展下去。

人类社会是自然界长期发展进化的产物。马克思主义哲学在人类社会起源问题上的伟大贡献在于，它提出并确定了劳动实践的观点，揭示出由自然历史向社会历史、由自然的进化向自然的人化转变的基础与机制。劳动生产是人类和人类社会存在与发展的根本基础，人是在劳动生产的过程中产生的；自然的人化与人类社会历史，都是自然界被纳入人的实践活动过程中去之后，在人通过实践活动创造维持自身生存发展所需的物质资料过程中最终形成的。由此可见，自然的人化也是人类历史发展进程一个不可或缺的组成部分。人在实践活动中实现自身力量的对象化，使被人类加工和改造过的自然日益成为属人的自然。人们周围的自然被纳入人类历史进化与历史化中去的过程，也是自然的人化过程，其结果就是"人化的自然"。

自然的人化过程包括以下几个方面：首先，人类通过改造自然物的形态，强化自然物原有的某些符合人类自身需要的属性，甚至通过劳动为自然物创造出新的属性。例如，工业生产所用的原料本身就是采矿业、农业或者其他过程的产品，再经过无数道工序加工成品种繁多的工业品之后，人们从最终产品中往往完全辨认不出自然物原有的形态了，诚可谓"面目全非"！其次，自然的人化还意味着人们在改造自然物的形态，使之成为符合人类需求的各种物质生活资料的同时，也悄然改变了周围的自然环境。例如，人类长期的实践活动往往会显著改变自身生存环境系统中的地形地貌、气候气流、动植物系统等。再次，人类实践活动会改变自然界各个组成部分之间的关系，改变各种自然过程特别是生物圈内的物质与能量流通与变换过程，也改变自然规律作用的范围和结果。这些改变常常是在无意中形成的，有些改变符合人们的主观意图和目的，另外一些则是意料之外的结果。人们的实践活动直接指向自然物和自然环境，但对其中部分的触动必然会影响整体，影响自地球形成以来，历经数十亿年的发展才最终建立起来的物质和能量大循环系统。

因此，自然的人化过程不仅是一个改造自然、造福人类的过程，同时也可能会是破坏自然生态系统，进而殃及后世的过程。人类在让自然为人类服务的同时，反过来也对自然的进化施以深刻影响。当今时代，过度的自然人化已引起了日益严重的资源枯竭与环境恶化问题，追求人与自然的协调发展正在成为人类共同面对的重要问题。

人与自然的双重性关系是永不停歇的冲突与协调。所以，我们不能将人类社会的发展进程简单描述成从协调走向冲突或者从冲突趋于协调的单一过程。人类社会始终是在协调与冲突交织的矛盾中前进和发展的，只是因为生产力发展水平、社会制度以及特定阶段的政治、经济、文化背景和社会组织形式的不同，使人与自然的冲突和协调具有鲜明的时代特征。

实现人与自然的和谐发展，是马克思主义的一贯思想。马克思早就说过："人靠自然界生活。这就是说，自然界是人为了不致死亡而必须与之不断交往的、人的身体。所谓人的肉体生活和精神生活同自然界相联系，也就等于说自然界同自身相联系，因为人是自然界的一部分。"① 恩格斯更明确地指出："我们必须时时记住：我们统治自然界，决不像征服者统治异民族一样，决不像站在自然界以外的人一样，——相反地，我们连同我们的肉、血和头脑都是属于自然界，存在于自然界的；我们对自然界的整

---

① 《马克思恩格斯全集》第42卷，人民出版社1979年版，第95页。

个统治,是在于我们比其他一切动物强,能够认识和正确运用自然规律。"①"事实上,我们一天天地学会更加正确地理解自然规律,学会认识我们对自然界的惯常行程的干涉所引起的比较近或比较远的影响。特别是从本世纪自然科学大踏步前进以来,我们就愈来愈能够认识到,因而也学会支配至少是我们最普通的生产行为所引起的比较远的自然影响。但是这种事情发生得愈多,人们愈会重新地不仅感觉到,而且也认识到自身和自然界的一致,而那种把精神与物质、人类和自然、灵魂和肉体对立起来的荒谬的、反自然的观点,也就愈不可能存在了。"②可见,自然界及其规律系统是经济发展乃至社会整体进步的基础,自然是人类社会发展的活动空间,它规定了人类活动特别是人类经济活动的范围和边界,因而既为人类社会发展提供了必要前提,也带来了一定约束。其实,各种自然资源从来就是制约经济社会发展的基本因素。经济与社会的进步作为一种现实的物质运动,是一个以资源为基础进行的生产和消费过程,因此它必然要受到资源的制约,尤其是要受到自然资源有限性的制约。

中共十六大以来,中国政府在全面深刻地总结世界各国现代化发展的经验教训之后,以辩证唯物主义和历史唯物主义关于人与自然关系的基本观点为指导,创造性地提出了"坚持以人为本,树立全面、协调、可持续的发展观,促进经济社会和人的全面发展"的指导思想,强调"按照统筹城乡发展、统筹区域发展、统筹经济社会发展、统筹人与自然和谐发展、统筹国内发展和对外开放的要求"来推进改革和发展。在如何处理人与自然的关系问题上,科学发展观提出要在全面建设小康社会的进程中,切实改变高投入、高消耗、高污染、低效率的增长方式,努力走出一条科技含量高、经济效益好、资源消耗低、环境污染少、人力资源优势得到充分发挥的新型工业化路子。科学发展观的提出,既是新形势下中国共产党对社会主义现代化建设实践和理论的新发展,更是对马克思主义关于能动地形成人与自然和谐平衡关系思想的直接实践。

---

① 《马克思恩格斯全集》第20卷,人民出版社1971年版,第519页。
② 《马克思恩格斯全集》第20卷,人民出版社1971年版,第519—520页。

三、从自然的历史到历史的自然

从自然的进化到自然的人化，再从自然的历史到历史的自然，这是理解人类社会历史起源和进程秘密的一把钥匙。正如马克思所说，自然的历史与人类社会的历史两个方面密切相连，"只要有人存在，自然史和人类史就彼此相互制约"①。自从人类产生以来，自然与历史就是一个双向互动的过程，由此才出现了"自然的历史"与"历史的自然"交融并存的复杂关系和整体历史格局。

所谓"自然的历史"具有双重含义：其一是指在人类历史出现之前，自然本身的历史发展；其二是指人类社会形成之后，自然的历史开始渗透到新的社会历史进程中。现代复杂性科学研究成果证明，较低层次的系统在时间上先发生，再通过低层次系统的会聚产生较高层次的系统。下层系统是上层系统的元件，上层系统则控制了下层系统某些方向上的行为。这是自然的历史性发展的真正本质，而人们周围的自然界发展史中最重要的一次系统"会聚"发生在由自然史向人类史转化的进程当中，此时，较低层次的自然系统成为较高层次的社会系统的组成部分，而社会系统又反过来对自然系统施加影响。这种所谓"会聚"，也就是自然纳入人类社会历史过程、获得一种新的"历史性/时间性"，即成为自然的历史。

一方面，自然发展进入一定的历史阶段之后，可能经过人类活动转化为从属于人类历史的自然，这就是自然的"历史化"，即自然界纳入人类历史过程的转变，也是在新的进化形式下掀开了新的历史。这个飞跃是由人类实践活动所引发的、新的自然历史过程。正是在这一点上，马克思主义的辩证自然观从根本上超越了旧唯物主义的自然观。"把马克思的自然概念从一开始同其他种种自然观区别开来的东西，是马克思自然概念的社

---

① 《马克思恩格斯选集》第 1 卷，人民出版社 1995 年版，第 66 页。

会—历史性质。"① 正如马克思在批判费尔巴哈的直观唯物主义没有正确理解人类周围自然世界的社会历史性时所指出的那样:"他没有看到,他周围的感性世界决不是某种开天辟地以来就已经存在的、始终如一的东西,而是工业和社会状况的产物,是历史的产物,是世世代代活动的结果……甚至连最简单的'可靠的感性'的对象也只是由于社会发展、由于工业和商业往来才提供给他的。"② 马克思试图借此来说明,人们周围的感性世界和自然界是在人类历史的过程中,在人的实践活动作用下,不断发展变化的。人的实践与人类社会活动是自然界被纳入人类历史过程之后继续发展和变化的深刻基础。尽管自然界的运动仍然遵循其固有的客观规律,这种规律永远不可能被人类完全控制,但它还是不可避免地日益从属于由人类实践所引起的自然界的变化发展过程,自然界的历史化也就成为人类历史的一个不可或缺的组成部分,自然界在新的进化形式下开始了新的历史篇章,人类历史反过来也同样成为自然历史的一部分。

另一方面,"自然的历史"还指社会历史的发展仍然以自然为中介和载体,人类通过实践将自然纳入人类历史之中,并以其为自身存在和发展的前提与条件。人类社会是在人与自然的物质变换中形成并发展起来的,因此它也无非是一个"自然界对人的生成过程"。在人类世界中,作为客体的自然本身固有的内在规律绝不可能完全消融到社会历史中;自然并不外在于社会,而是作为人类社会存在和发展的物质条件在社会历史舞台上出现的。社会的目的和需要只有通过自然过程的中介才能实现,人与自然之间的物质变换构成了社会存在和发展赖以实现的"永恒的自然必然性"。从这个意义上看,社会历史也是一部自然化的社会历史,社会发展既不是纯粹自然的过程,也不是脱离自然的超自然过程。

如果把自然和人与自然的理论与实践关系从社会历史中排除出去的话,那么,社会历史就完全建立在幻想和虚无之上了。

所谓"历史的自然",则是指在人类实践过程中被打上了人类社会的

---

① [联邦德国] A. 施米特:《马克思的自然概念》,欧力同、吴仲昉译,商务印书馆1988年版,第2页。
② 《马克思恩格斯选集》第1卷,人民出版社1995年版,第76页。

烙印，转变成为人类社会系统和人类历史一部分的自然过程。从理论上说，自然存在的属性——除客观实在性之外——都可能被人类实践所改变；但从现实性上看，任何一种人化或历史化的自然都只能部分地改变实践对象的自然属性。由于任何对象的规定性都是无限的，其组成部分也是无限的，被人类改造过的属性与部分都只能是其中极小的部分。例如，一块石头被人们磨成石斧，形状发生了改变，石头的质地和硬度等根本并没有发生变化；矿石被冶炼成金属，分子水平起了变化，原子水平上却没有改变。因此，潜藏于人化的、历史的自然中的那部分自在自然，将继续受到自发的、不以人的意志为转移的自然规律的支配。同时，任何一种历史的自然都必须加入整个大自然系统的相互流通和作用之中，成为自在的自然向前进化的一个组成部分。

自然界在资本主义与前资本主义两种生产方式中存在的样态具有本质的区别。在前资本主义社会中，虽然也有人类实践，但在总体上未能从根本上改变自然的性质，或者说，自然还被对象化为历史存在，仍然进行着一部"自然自己"的发展历史，一部"自然的联系与统治"依然占据主导地位的自然性历史。工业生产与资本主义经济体制发生之后，人们周围的自然日益成为人类直接操控的对象，成为由社会规定的历史存在，人类社会也才真正有了自己的独立历史。正如马克思所揭示的那样，只有在资本所创造出来的资产阶级社会中，社会成员对自然界和社会联系本身的普遍占有才能出现。与这个社会阶段相比，以往的一切社会阶段都只表现为"人类的地方性发展和对自然的崇拜"；"只有在资本主义制度下自然界才不过是人的对象，不过是有用物。它不再是自为的力量；工业使人类从对自然的崇拜转向对自然的利用"①。

但是，资本主义生产方式的性质却又使人类置身于一个被自身创造出来的物质力量盲目地统治着的历史阶段之中。人类刚刚从外部自然必然性的枷锁中挣脱出来，又颓然落入人类自己所创造的经济必然性的窠臼之中，使人类社会历史表现出与自然界盲目运动相似的性质。具体表现在：

---

① 《马克思恩格斯全集》第46卷上册，人民出版社1979年版，第393页。

首先，在资本主义社会的早期历史进程中，社会经济活动变成了一个由"看不见的手"所支配的人之外的"无主体"、"自然"过程，社会发展中的这种无主体现象的本质，其实就是人的创造物颠倒过来，成为控制人的外部强制力量。例如，作为整个资本主义生产发展杠杆的"自由竞争，会把资本主义生产的内在规律，当作外部的强制规律，而对每一个资本家个人发生作用"。对此，马克思在早期曾经将其指认之为"异化"现象，后来则通过经济拜物教批判对此进行了深刻的揭露[①]。其次，在资本主义条件下，由人类主体活动构成的社会历史进程表现出强烈的盲目性。"资产阶级的社会的症结正是在于，对生产自始就不存在有意识的社会调节。合理的东西和自然必需的东西都只是作为盲目起作用的平均数而实现的。"[②] 当然，在当代世界资本主义的发展和体制调整中，通过国家干预和一定的计划控制，这种盲目状态有所改变。再者，资本主义生产方式的存在与发展导致了人类社会对自身进程的破坏性。工业使人类从崇拜自然转向利用自然，但生产力已经发展到了一个特殊的阶段，高度发达的生产力和交往手段也给人类带来了巨大的灾难，这种生产力已经不再是"生产的"力量，而是形同一种"破坏的"力量了。在资本的统治之下，自然界遭到了人类有史以来最为严重的毁灭性破坏和过度掠夺。生态危机是当代资本主义生产方式过度奴役与支配自然所产生的重大生存危机，对它的反思，是呼唤一种人与自然、人与自己的创造物能在其中和谐共处的新的社会形态的出现。

四、结论

综上所述，马克思哲学因坚持自在自然存在的客观性、第一性，而与一切哲学唯物主义相联系（同时也与一切唯心主义所区别），这是马克思哲学不可动摇的唯物主义前提；马克思哲学因批判地继承了近代唯心主义

[①] 《马克思恩格斯全集》第23卷，人民出版社1972年版，第300页。
[②] 《马克思恩格斯全集》第32卷，人民出版社1975年版，第542页。

辩证法所蕴涵的能动的批判精神，形成了以实践为中介的人化自然概念，从而超越了旧唯物主义直观而静止的自然物质本体论，所以是人类对自然界认识的重大飞跃；马克思哲学因提出并阐述了"历史自然"的概念而超越了近代人类中心论和全部资产阶级的自然主义意识形态，并具有高度的当代性意义。马克思哲学的自然概念的鲜明特征就在于，它并非笼统地坚持其客观性，而是指出它的被扬弃的、被实践中介化了的客观性与历史性唯物主义内涵。马克思哲学革命的"经典原象"表现为，它是以"历史的差异化"（而非"本真统一"的生存体验或"世界统一于物质"的静态本体论诉求）为终极视野的、"多维透视"的辩证法，是一个不断自我扬弃而形成的多层次的历史—逻辑提升与展开过程：

第一个层次与视野是绝对的永恒的"自然先在性"。这是一个未分化的、前历史的、前反思的、非对象性世界。在马克思哲学视野中，自然本身（或自在自然）固然是人类生存发展的永恒前提，但它并不能因此就非历史地、无中介地直接构成哲学的起点与基础，更不是哲学直接研究的对象。马克思哲学不是物质本体论。第二个层次是在扬弃"自在—自然先在性"基础上所实现的对自然必然性王国的历史性突破。作为人与自然间相互构成的关系和历史过程始基的实践，是马克思哲学理论逻辑体系的起点，总体性认识论的历史逻辑起点。但马克思哲学并不是抽象的实践本体论。第三个层次是从一般实践概念中提升出来的物质生产和再生产的历史过程与历史关系，它是全部人类历史的真实起点，也是马克思哲学整个理论体系的原发逻辑形态、初始视野。第四个层次是在扬弃社会生产一般概念基础上所显现出的特定社会生产关系和社会形态的总体性生产与再生产，即社会历史发展特定阶段的支配力量，它是马克思哲学理论体系的研究核心与方法论上的主导逻辑框架。第五个层次是实现对经济必然性王国的历史扬弃的自由王国，即实现人的历史主体性与自我解放，这是人类历史的最终目标，也是马克思主义哲学的"终极关怀"。

复言之，这种多维透视的历史辩证法展示出一种层次分明、方向明确的递进上升关系，一个历史与逻辑相统一的、辩证扬弃与上升的过程：绝对的永恒的历史前提（自在自然与人化自然）—具体总体的历史起点与基础（实践）—深层历史的逻辑构架（物质生产）—特定的主导的历史逻辑结构与社会现实现象（社会关系的生产与再生产总体）—指向未来的批判的历史目标（自由王国）。但无论如何，自在自然的先在性、人化自然的实践性与历史自然的规律性，是整个马克思主义哲学不可动摇、不可消解、不可还原的唯物主义前提与基础。

"两次转变论"的文本依据及其方法论意义
——兼答王东教授等[①]

姚顺良　汤建龙

对马克思早期思想发展转变过程的研究,是国内外马克思主义学术界的一个重点和热点问题,也形成了几种不同的解读模式。我们在这个问题上的基本观点是:青年马克思是经过两次思想转变,即从黑格尔特别是青年黑格尔式的唯心主义转向费尔巴哈式的人本学的唯物主义,再转向实践(辩证—历史)的唯物主义,才最终实现了自己的哲学革命。这一基本观点,源于已故孙伯鍨教授的学术创见,也为学术界许多前辈和同仁所基本认同[②]。最近,有学者针对这一观点提出了异议。[③] 因此,我们认为有必要对这一观点的形成和深化过程、它同普列汉诺夫的有关论断和苏联哲学界的传统解读模式以及其他各种解读模式的根本区别及其文本依据作一说明,并联系如何看待经典作家对马克思思想转变过程的有关论述问题,谈谈我们这一解读模式对于文本解读的方法论意义。

一、"两次转变论"这一解读模式的形成、完善和深化过程

青年马克思是经过两次思想转变才实现哲学革命、创立了历史唯物主

[①] 原载《学术月刊》2007年第4期。
[②] 参见陈先达:《走向历史深处》,中国人民大学出版社2006年版。
[③] 王东、林锋:《马克思哲学存在一个"费尔巴哈阶段"吗!——"两次转变论"质疑》,载《学术月刊》2007年第4期。

义，这一观点首先是由南京大学孙伯鍨教授提出的。孙教授的这一观点不仅为解读马克思的早期文本提供了一个新模式和新方法，也是中国马克思主义哲学史研究的一个重大进展。这一观点本身有一个提出和完善的过程，并且，在孙伯鍨思想的基础上，后来又得到了进一步的深化、丰富和发展。概括起来，可以粗略地划分为三个阶段：

第一阶段，从20世纪70年代末到80年代初，是孙伯鍨形成并提出这一观点的时期。"文革"结束后，在南京大学编写的《马克思主义哲学史》的校内教材中，孙伯鍨首次提出并阐发了"两次转变论"的基本观点，并在应邀去安徽大学的讲学中，发挥了自己的这一观点。在教材的基础上，孙伯鍨与当时安徽大学的金隆德等合作，于1982年出版了国内第一部多卷本《马克思主义哲学史》的第一卷①，"两次转变论"观点在该书中公之于世。在该书"绪论"中，孙伯鍨认为，马克思主义哲学的创立时期"虽然是从1837到1848年，但主要是从1842年到1846年，即从马克思在《莱茵报》工作到完成《德意志意识形态》（以下简称《形态》）的写作。在这一时期内，马克思和恩格斯的思想发展经历了两次转变和三个阶段。第一次转变发生在《莱茵报》和《德法年鉴》时期，马克思和恩格斯从革命民主主义立场转变到共产主义立场，从青年黑格尔主义转变为唯物主义（具有浓厚的费尔巴哈人本主义色彩）。第二次转变完成于1845年到1846年，通过这次转变，他们同时达到了历史唯物主义和科学共产主义"②。这一观点具体体现在该书的"第二章"和"第三章"中。③

由于篇幅和性质所限，孙伯鍨教授的许多观点在该书中没有展开详细的理论论证。后来在另一本专著《探索者道路的探索——青年马克思恩格斯哲学思想研究》④ 中，"两次转变"、"三个阶段"以及相关的问题得到了进一步的研究和解读，分析论证也更加充分、透彻。如《1844年经济

---

① 该书后来因故只出到第2卷。
② 孙伯鍨等：《马克思主义哲学史》第1卷，山西人民出版社1982年版，第13—14页。
③ 参见孙伯鍨等：《马克思主义哲学史》第1卷，山西人民出版社1982年版，绪论、第一章、第二章、第三章内容。
④ 该书第一版由安徽人民出版社于1985年出版发行，南京大学出版社于2002年出版了该书的第二版，并增加了一些相关的内容作为附录。

学哲学手稿》(以下简称《手稿》)中的两条逻辑以及它们之间的相互消长关系等一系列新的观点和思想也得到了阐发。从该书的整个理论体系和解读方法来看,孙伯鍨的"两次转变论"的观点和所运用的——我们后来称之为"深层历史解读法"的——文本研究方法已经趋于成熟。

第二阶段是"两次转变论"的完善时期,大致在20世纪80—90年代。80年代以后,马克思大量经济学手稿的公开发表和《马克思恩格斯全集》补卷的陆续出版,促使孙伯鍨重新开始对马克思的经济学文本进行系统阅读。这一时期研究的重心是通过对马克思经济学文本进行哲学解读,来充实和完善"两次转变论"的基本观点。其成果主要有两个方面:一是确认了马克思一生的经济学研究有前科学时期和科学时期两大时期,《资本论》的广义创作史可划分为"史前期"(巴黎时期)、"准备期"(布鲁塞尔时期)和"写作期"(伦敦时期)三个阶段,从经济学和哲学的互动、马克思"两大发现"之间的相互影响的视角进一步完善了"两次转变论"。二是在阐发《资本论》中的科技社会学思想时,对马克思主义新自然观的形成过程进一步作了系统梳理和深入发掘,提出马克思、恩格斯从"非自觉的理性"与"定在中的自由"的唯心主义自然观出发,经过"人类学的自然界"的人本主义自然观,最后才达到自己的"以社会历史实践为中介的自然观"。[①] 这又进一步从自然观与历史观的结合、辩证唯物主义与历史唯物主义的内在统一的视角完善了"两次转变论"。上述成果主要体现在孙伯鍨和庄福龄主编的《马克思主义哲学史》(八卷本)第二卷,以及张一兵的《回到马克思——经济学语境中的哲学话语》之中。

第三阶段是最近一个时期对"两次转变论"的进一步深化。以孙伯鍨的思想和方法为依托,我们南京大学马克思主义哲学学科点对马克思早期思想转变问题的研究有了进一步的深化和发展,主要表现在三个方面:一是在青年马克思思想的第一次转变,即由黑格尔特别是青年黑格尔的唯心主义转变为一般唯物主义这个问题上,我们认为,马克思通过自身批判和

---

① 庄福龄、孙伯鍨:《马克思主义哲学史》第2卷,北京出版社1991年版,第109—122、464—483页。并参见姚顺良、张一兵:《试论实践唯物主义的自然观》,载《南京大学学报》1987年第5期。

研究所达到的唯物主义,更准确地讲,应该是一种"法权的或财产的唯物主义"。当然,这种"法权的或财产的唯物主义"在大范围内、总体上还是属于费尔巴哈式的人本学的唯物主义。二是对如何理解《手稿》中人本主义和现实主义"两种逻辑"的关系,特别是关于"异化劳动"和"对象化劳动"是一个否定和取代另一个,还是两者本身都有一个双向扬弃和辩证综合这一问题,我们进行了一定的探讨。三是在马克思新世界观形成的最后划界问题上,到底是《关于费尔巴哈的提纲》、《形态》,还是《1857—1858年经济学手稿》,我们也进行了更为深入的探讨。① 尽管目前我们除了在第一方面基本达成了共识外,在其余两个方面仍存在不同观点,但这种深入探讨甚至分歧本身,都充分表明了孙伯鍨教授首创的"两次转变论"及其研究方法的生命力。

二、"两次转变论"与普列汉诺夫论断的区别

张一兵教授曾将早期马克思思想转变问题的解读模式概括为五种②,并对各种解读模式的本质和特点以及其他四种解读模式与我们的解读模式之间的区别问题作过相关的说明。但是他没有提到普列汉诺夫的"解读模式",也没有谈到这一"解读模式"同列宁以及苏联传统解读模式的关系。那么,这是否是一种遗漏,甚或是一种故意隐匿普列汉诺夫与苏联传统解读模式以及孙伯鍨教授"两次转变论"亲缘关系的做法呢!答案是否

---

① 关于马克思早期思想转变问题,南京大学马克思主义哲学学科点在2006年上半年曾经进行过三次相关问题的研讨。关于三次讨论的具体情况及相关的观点,可参见张一兵、姚顺良:《法权唯物主义与一般唯物主义——析马克思哲学思想的"第一次转变"(学术对话)》,载《南京社会科学》2006年第6期;张一兵、姚顺良:《两条逻辑的相互消长还是共同消解——析青年马克思〈1844年经济学哲学手稿〉的内在结构(学术对话)》,载《理论探讨》2006年第3期;张一兵、姚顺良、唐正东:《实践与物质生产——析马克思主义新世界观的本质(学术对话)》,载《学术月刊》2006年第7期。
② 张一兵:《回到马克思》,江苏人民出版社1999年版,第2—13页;张一兵:《五大解读模式:从青年马克思到马克思主义》,见《探索者道路的探索》,南京大学出版社2002年版,第455—462页。

定的。应该承认，普列汉诺夫确实提出过马克思、恩格斯哲学思想发展的"三阶段说"。他认为，马克思、恩格斯的"整个道路是由三个阶段构成的：第一阶段是黑格尔的抽象的自我意识，第二阶段是费尔巴哈的具体又抽象的人，第三阶段即最后阶段是现实的人，生活在特定社会经济环境下的现实阶级社会中的人"，"他们的思想逐步的加深和扩大，从抽象发展为具体，从历史上没有内容的东西发展到历史上确定的东西，从心理上的个人主义和主观的道德主义发展到历史的客观主义和唯物主义"。① 但是，仅仅援引其结论来作评判是远远不够的，只要我们对普列汉诺夫的这一断语作一些具体分析，就会发现两者之间存在质的区别。第一，普列汉诺夫的"三阶段说"只是一种断语，根本谈不上是一种"解读模式"。他的这一断语是在《马克思哲学的进化》② 一文中提出的，其理论意图主要是为了证明马克思、恩格斯有自己的哲学，以驳斥第二国际认为马克思没有哲学，企图把马克思主义实证主义化和用新康德主义的伦理社会主义来歪曲马克思主义的错误观点。普列汉诺夫认为，马克思、恩格斯的哲学不是旧哲学（"'已故的'科学"）意义上的"哲学"，而主要是一种新的意义上的哲学，"我们必须给这一哲学下一个合理的定义：哲学是把特定时代智力发展和社会发展所达到的阶段上人类经验的总和统一起来的综合思想体系。简言之：哲学是特定时代所认识的存在的综合"。并且他指出，"我们往后会看到，马克思和恩格斯所得出的各种结论完全符合我们的定义"③。很明显，此处普列汉诺夫的论断并不基于专门、认真的马克思、恩格斯哲学思想发展变化的思想史研究，其理论价值本身是值得质疑的。

同时，普列汉诺夫的这一论断还存在文本依据不足这一严重缺陷。普列汉诺夫当时所能看到的马克思、恩格斯较早时期的作品只有马克思的《博士

---

① ［俄］普列汉诺夫：《普列汉诺夫机会主义文选》（下），生活·读书·新知三联书店1965年版，第416页。
② 这一篇文章写在1900年之后，具体年月不详，最初发表在1924年莫斯科出版社出版的《"劳动解放社"文集》第2卷上。译文标题中的"进化"一词（俄文为эволюция），应译为"演变"或"演化"。
③ ［俄］普列汉诺夫：《普列汉诺夫机会主义文选》（下），生活·读书·新知三联书店1965年版，第405—406页。

论文》和作为恩格斯《路德维希·费尔巴哈和德国古典哲学的终结》一书附录的"提纲",以及《神圣家族》和《〈黑格尔法哲学批判〉导言》等极少量的文本。一些对于解读马克思、恩格斯早期思想发展极为重要的文本,如《黑格尔法哲学批判》、《手稿》、《巴黎笔记》、《克罗茨纳赫笔记》、《形态》等,普列汉诺夫都没有看到。因而,从某种意义上来说,普列汉诺夫的论断带有主观臆想的性质,从而在很大程度上是虚构的。

从这两个方面来看,普列汉诺夫"三阶段说"的提出,和后来专门的马克思、恩格斯早期思想史的解读有着质的区别。至多只能构成马克思、恩格斯早期思想史研究的"史前时期"的一种思想资源。

诚然,普列汉诺夫的哲学思想在1900—1912年间对列宁有极大影响,而且其"三阶段说"也似乎与斯大林时期流行的关于马克思主义哲学是黑格尔辩证法的"合理内核"与费尔巴哈唯物主义的"基本内核"的综合的说法极为合拍。但是,由于后来列宁在《哲学笔记》时期对普列汉诺夫的哲学思想持激烈的批判态度,更由于苏联的传统解读模式形成于后斯大林时期,再加上西方马克思主义和"马克思学"的兴起,苏联的传统解读模式主要以列宁关于"马克思早在1843年……成为……现代唯物主义的创始人"的观点[①]为核心,形成了一种量变、渐进的模式。这种模式的代表作便是维戈茨基的《马克思的一个伟大发现的历史》和巴加图利亚的《马克思的第一个伟大发现》,普列汉诺夫的"三阶段说"事实上并不构成苏联传统解读模式的思想来源。

第二,普列汉诺夫的"三阶段说"更不是孙伯鍨教授"两次转变论"的思想渊源。且不说两者的研究旨趣和文本依据差距甚远(如第一点所述),就其内容来说,两者也大相径庭。普列汉诺夫的"三阶段"之间是绝对对立的,这和孙伯鍨的解读完全不同。这种绝对对立在他对前两个阶段的表述中表现得特别明显(第三个阶段普列汉诺夫没有进行论述)。普列汉诺夫认为,在第一阶段上,马克思是完全的黑格尔主义者,第二阶段马克思又完全否定和否弃了黑格尔,相信和接受了费尔巴哈。

---

① 《列宁全集》第2卷,人民出版社1995年版,第228页。

就第一个阶段而言，普列汉诺夫说，"在青年时期，马克思是黑格尔哲学的绝对崇拜者。这是三十年代后半期的马克思"①。这一论断主要是依据了马克思的《博士论文》。他说，"在马克思的这个第一部理论著作中，黑格尔 Selbstbewusstsein——即自我意识——起着指导的作用"②。他还引用了马克思的一段话作为论据："普罗米修斯的箴言：'我痛恨所有的神灵'，也是哲学的箴言，是哲学对所有不承认人的自我意识具有最高的神性的、天上和地下的神灵的判词。除了自我意识以外，没有别的神灵。"③普列汉诺夫说，"这就是黑格尔的风格"，"黑格尔认为自我意识的精神是绝对的存在物"。④事实上，在这一阶段，马克思接受黑格尔哲学是经过青年黑格尔派影响的。"自我意识"是青年黑格尔派的中心范畴，他们通过赋予这一范畴以强烈的主观唯心主义色彩，来颠覆黑格尔"绝对精神"的客观唯心主义。黑格尔并不"认为自我意识的精神是绝对的存在物"，在他看来，"自我意识"只不过是绝对精神扬弃发展自身的一个产物和阶段而已。因此，马克思在《博士论文》中强调"自我意识"的作用和地位，这本身就表明他当时不是"完全的黑格尔主义者"。普列汉诺夫似乎下意识地察觉到自己提法的不当，在前引文的最后一句又将第一阶段说成是"心理上的个人主义"阶段。其实，马克思当时对青年黑格尔派也有所保留，并不完全赞同他们的主观唯心主义立场。所以，在这一阶段，马克思既不是一个完全的黑格尔主义者，也不是一个彻底的青年黑格尔主义者，他同时处在两者的影响之下，不过后者的影响更大一些罢了。普列汉诺夫的这一论断，不仅明显存在着把黑格尔主义影响绝对化的失误，而且陷入了"完全的黑格尔主义＝心理上的个人主义"的悖论。

就第二个阶段而言，普列汉诺夫也存在同样的绝对化的失误。普列汉

---

① ［俄］普列汉诺夫：《普列汉诺夫机会主义文选》（下），生活·读书·新知三联书店1965年版，第407页。
② ［俄］普列汉诺夫：《普列汉诺夫机会主义文选》（下），生活·读书·新知三联书店1965年版，第407页。
③ ［俄］普列汉诺夫：《普列汉诺夫机会主义文选》（下），生活·读书·新知三联书店1965年版，第407页。
④ ［俄］普列汉诺夫：《普列汉诺夫机会主义文选》（下），生活·读书·新知三联书店1965年版，第407页。

诺夫认为，他所谓的第二阶段，是马克思处于费尔巴哈的具体又抽象的人的阶段，是马克思"同传统的黑格尔主义作坚决斗争的时期，这是四十年代的时期"。普列汉诺夫的文本依据主要是《神圣家族》，他认为马克思在《神圣家族》中最无情地嘲笑了黑格尔哲学。他说，"马克思在其哲学发展的第二时期认为黑格尔哲学是两个虚构的虚构的统一"，是"零加零还是零"①；"在《神圣家族》的二十多页篇幅中，我们一次也没有遇到对黑格尔哲学的这个积极意义的评价"②；"马克思对黑格尔采取了绝对否定的态度，当时没有想到把谷粒同莠草分别开来，把辩证法同绝对精神分别开来"。他还指出，如果马克思和恩格斯像第三阶段那样认识到了黑格尔辩证法的意义的话，"就不会如此极端尖刻地和毫无保留地批评它了"③。用普列汉诺夫自己的话说，第二个时期为"反黑格尔时期"。这一观点同孙伯鍨教授有着根本的区别。我们认为，尽管马克思在这一时期对黑格尔的批判比较严厉，但是绝对没有完全拒绝黑格尔的辩证法；虽然马克思对黑格尔一些思想的积极因素没有像第三阶段那样看得多，但也绝不像普列汉诺夫所说的那样是完全的否定。马克思在《神圣家族》中对黑格尔的批判主要是揭露黑格尔思辨方法的秘密和批判黑格尔的唯心主义历史观，而不是完全抛弃黑格尔的辩证法。

第三，普列汉诺夫的论断同孙伯鍨教授开创的解读模式之间还有一个更为重大的区别。普列汉诺夫对马克思、恩格斯早期思想转变的划分完全是从纯理论层面进行的，把马克思思想的变化划分为三个绝对的阶段：黑格尔的抽象的自我意识；费尔巴哈的具体又抽象的人；现实的人，生活在特定社会经济环境下的现实阶级社会中的人。这完全忽视了马克思政治立场的转变过程。列宁曾经指出，普列汉诺夫的最大缺陷也是他后来在政治上陷于机会主义的根源，在于只注重唯物主义和唯心主义学理上的差别，

---

① ［俄］普列汉诺夫:《普列汉诺夫机会主义文选》（下），生活·读书·新知三联书店1965年版，第411页。"两个虚构"指"虚构的自然界"和"虚构的自我意识"。
② ［俄］普列汉诺夫:《普列汉诺夫机会主义文选》（下），生活·读书·新知三联书店1965年版，第414页。
③ ［俄］普列汉诺夫:《普列汉诺夫机会主义文选》（下），生活·读书·新知三联书店1965年版，第414页。

"忽略了自由主义者和民主主义者的政治实践的和阶级的差别"①。我们认为，列宁的这一批评也同样适用于普列汉诺夫的"三阶段说"。与之相反，我们认为青年马克思在理论立场上经历的"黑格尔特别是青年黑格尔式的唯心主义→费尔巴哈式的人本学唯物主义→实践的（辩证—历史的）唯物主义"的转变过程，是与其政治立场的转变过程，即由"革命民主主义→哲学共产主义→科学共产主义"的转变过程是相对应的。这两个转变过程相辅相成，忽略了任何一个都是不完整的、非法的。唯其如此，才能真正从理论与实践的统一视角完整地把握马克思早期思想的演化过程。

最后，附带说明一点，即普列汉诺夫的"三阶段说"从思想渊源上来看，并不是他的独创，而主要是受到恩格斯的《路德维希·费尔巴哈和德国古典哲学的终结》一书特别是第一章的影响。在该书出版之前，马克思、恩格斯的很多早期著作都没有发表，马克思主义哲学和费尔巴哈哲学的关系暴露得不多，所以恩格斯在"序言"中讲还一笔信誉债："就是要完全承认，在我们那个狂风暴雨时期，费尔巴哈给我们的影响比黑格尔以后任何其他哲学家都大。"② 在该书正文第一部分中，恩格斯分析了黑格尔哲学的解体过程，指出了他们在这一过程中的矛盾彷徨。恩格斯讲，正在这种彷徨中的时候，"费尔巴哈的《基督教的本质》出版了。它一下子就消除了这个矛盾，它直截了当地使唯物主义重新登上王座"；"这部书的解放作用，只有亲身体验过的人才能想象得到。那时大家都很兴奋：我们一时都成为费尔巴哈派了。马克思曾经怎样热烈地欢迎这种新观点，而这种新的观点又是如何强烈地影响了他（尽管还有批判性的保留意见），这可以从《神圣家族》中看出来"③。很明显，普列汉诺夫是根据恩格斯的这一论说，才带着先入为主的观念到《神圣家族》中去寻找马克思有一个完全反黑格尔的绝对的费尔巴哈阶段的论据的。

综上所述，我们认为，孙伯鍨教授关于马克思早期思想演化的"两次转变论"解读模式，毫无疑问地具有学术上的原创性，它不是其他现有解

---

① 《列宁全集》第38卷，人民出版社1959年版，第611页。
② 《马克思恩格斯全集》第21卷，人民出版社1965年版，第412页。
③ 《马克思恩格斯全集》第21卷，人民出版社1965年版，第313页。

读模式的翻版,更不是向传统的普列汉诺夫"解读模式"的倒退。

三、马克思早期思想在两次转变过程中一些关键问题的文本解读

马克思早期思想的转变是一个极为复杂的过程,其中也涉及一些重要的理论问题。对这些问题的不同理解,不仅关系到对马克思主义思想史的合理解读,而且直接影响到对马克思主义哲学根本性质的判定。我们认为,这里有三个关键问题:一是马克思1843年年底的思想转变所达到的唯物主义是一种什么样的唯物主义;二是如何理解马克思思想转变过程中的"费尔巴哈式的阶段";三是马克思在费尔巴哈式的阶段上对待黑格尔的辩证法的态度问题。

首先,解决如何看待马克思1843年年底思想转变所达到的唯物主义的性质问题,是提出"两次转变论"的前提。因为如果马克思通过这一转变已经达到实践的(辩证—历史的)唯物主义,那么就根本不存在"第二次转变"了。就像苏联学者巴加图利亚所说,此时马克思得出的结论"不是国家和法决定市民社会,而是市民社会决定国家和法",就已经是后来历史唯物主义的"经济基础决定上层建筑"这一基本原理,以后再进一步揭示了"生产力决定生产关系"的基本原理。① 这里存在的便是一个量变、渐进的过程,至多只是已经形成的新世界观同残存的"费尔巴哈术语"或"表述方式"的矛盾。实际上,马克思此时尽管得出了"市民社会决定国家和法"的结论,但他同时认为"市民社会"并不是人类社会的"真正形态",它只是被"私有财产"扭曲、异化了的"利己主义个人"之间的关系,即"财产关系"。因而马克思进一步讲这实质上是"私有财产决定国家和法"。这表明马克思当时的思想转变具有二重性:一方面,在"市民社会"同"国家和法"的关系上,他直接应用了费尔巴哈的

---

① 参见[苏]巴加图利亚:《马克思的第一个伟大发现的历史》,陆忍译,中国人民大学出版社1981年版。

"主宾词颠倒法",得出了"不是国家和法决定市民社会,而是市民社会决定国家和法"的新结论,但对"市民社会"本身的理解仍然停留在"财产关系"、"法权关系"的旧层面。说这是"旧层面",是因为依据李嘉图学说的无产阶级反对派,即克雷、布雷、霍吉金斯等人,法国复辟时代的历史学家基佐、米涅、梯叶里等人,以及蒲鲁东、赫斯等人在马克思之前都已经达到了这一认识层次。因而,马克思在1843年年底所完成的思想转变是不彻底的,他所达到的不是历史唯物主义,而是历史观上的"财产的或法权的唯物主义",从更深层或更广泛的世界观来说,仍然处于人本主义的大框架之内。因为作为"财产关系"的"市民社会"在马克思看来仍然是不符合人性的东西,根底上仍然是抽象的人性论。

其次,在如何理解马克思的这个费尔巴哈式的阶段问题上,我们说马克思这一时期在哲学思维方式上是费尔巴哈式的,这是从理论思维的范式和方法层面上来说的,而不是说,马克思此时和费尔巴哈没有任何区别,没有超出费尔巴哈的地方。实际上,正像马克思从来不是一个完全的黑格尔主义者一样,他也从来不是一个完全的费尔巴哈主义者。马克思在接受费尔巴哈的同时就在批判费尔巴哈,甚至有很多地方已经超出了费尔巴哈。这主要表现在两个方面,一是把费尔巴哈的宗教异化推进到了政治异化,从而在论域上超出了费尔巴哈的自然和宗教的范围,扩大到了对政治和法的批判。二是马克思对人的本质的规定超出了费尔巴哈。费尔巴哈对人的本质的界定偏重于自然和直观的方面,而马克思则偏重于社会和活动的层面;费尔巴哈的人的本质是自然固有的本质,马克思的则是理想的应有的本质。同时,马克思此时在历史观和存在观上也都超出了费尔巴哈的静态直观的纯自然、本体论的历史观和存在观。马克思认为,"费尔巴哈不能找到从他自己所极端憎恶的抽象王国通向活生生的现实世界的道路"[1],"历史对他来说是一个不愉快的可怕的领域"[2],费尔巴哈的人不是"在历史中行动的人"[3]。但问题的实质在于,尽管有上述区别,马克思这

---

[1] 《马克思恩格斯选集》第4卷,人民出版社1995年版,第240页。
[2] 《马克思恩格斯选集》第4卷,人民出版社1995年版,第237页。
[3] 《马克思恩格斯选集》第4卷,人民出版社1995年版,第241页。

个时期哲学的根本范式还是费尔巴哈式的。马克思和费尔巴哈一样，都为"人"设定了一个先验的本质，并用这个先验的本质来批判现有的现实，而得出一个"应有"和"现有"的关系：即应有的不存在，现有的不应有；真正的人不是现实的人，现实的人不是真正的人。这明显是一种费尔巴哈式的思维方式。

有学者对此提出了三点质疑：一是马克思在《手稿》中"不是用抽象的、先验的'人的本质'来解释劳动实践，而是用后者来解释和定义'人的本质'"；二是《手稿》中的"自由自觉的劳动"、"是就人类劳动和动物生命活动的根本区别而言的"，也是"人类原先存在"的"一个劳动尚未异化的原始状态"，因而不是抽象的、理想化的劳动；三是《手稿》既然充分肯定了在私有财产和异化劳动下为"正在生成的社会"提供"这种形成所需的全部材料"，就是"分别肯定了"、"异化劳动的各种历史形态"相对于私有制社会的"历史必然性和存在的合理性"，因而就不能说"马克思用所谓的'自由自觉劳动'对现实劳动进行简单的道德谴责，用劳动的'应有形式'来强制性地要求现实形式与之相适应"①。

第一个问题的实质不在于字面上用何者解释和定义何者，而在于"劳动实践"本身的内涵。实际上，不仅在"劳动"、"实践"的同一词语下，甚至在"生产"这一词语下都可以隐藏着不同的甚至于根本对立的哲学路线。因此，第一个问题可以归并到第二个问题。就第二个问题来说，马克思确实没有提出"理想化的应有形式的劳动"，他看作"人的本质"的是"自由自觉的劳动"；而且"就人类劳动和动物生命活动的根本区别而言"，确实任何人类劳动包括"原始状态"下的劳动都总是具有某种"自由自觉的特性"。但是问题在于，任何现实的劳动即使是未来社会下的劳动同样具有客观制约性，它总是合规律性与合目的性的统一；从历史视角来看，现实的人类劳动又是一个从自然必然性、经济必然性向"自由王国"的上升过程。因此，如果割裂了劳动的这种内在统一关系和历史发展过程，把"自由自觉特性"绝对化，脱离了其客观基础和历史前提，这种

---

① 王东、林锋：《马克思哲学存在一个"费尔巴哈阶段"吗！——"两次转变论"质疑》，载《学术月刊》2007 年第 4 期。

"劳动"就只能变成人本主义的、抽象的、理想化的、应有形态的"自由自觉劳动"。马克思在《手稿》中关于"人的生产"的一段话最明显不过地证明了这一点:"人甚至不受肉体需要的影响也进行生产,并且只有不受这种需要的影响才进行真正的生产","……人懂得按照任何一个种的尺度来进行生产,并且懂得处处把内在的尺度运用于对象"。① 除此之外,要特别指出的一点是,在写作《手稿》的时候,马克思根本还不知道有一个原始社会存在,因而,马克思所说的"人类原先存在"的"一个劳动尚未异化的原始状态",这根本上只能是一种异化史观的理论悬设。至于第三个质疑,本身恰恰是在为孙伯鍨教授关于《手稿》中存在"人本逻辑"和"现实逻辑"这样"两种逻辑"提供佐证。《手稿》充分肯定了在私有财产和异化劳动下为"正在生成的社会"提供"这种形成所需的全部材料",强调"工业的历史和工业的已经生成的对象性的存在,是一本打开了的关于人的本质力量的书"②,这正表明,马克思此时思想中不同于"人本逻辑"的另一种"现实逻辑"在孕育。我们这里用"孕育"而不是"形成",是因为即使在这里,马克思也仍然"把工业看成人的本质力量的公开的展示",把"生成"看作是一种"〔潜在的〕实现",因而仍然带有"预成论"、"目的论"的性质,这表明马克思此时仍然尚未完全超出人本主义伦理批判的框架。《手稿》中,这种新逻辑在孕育、旧逻辑仍占主导地位的过渡性质,决定了马克思此时既开始超出"用所谓的'自由自觉劳动'对现实劳动进行简单的道德谴责,用劳动的'应有形式'来强制性地要求现实形式与之相适应"的阶段,但又尚未达到肯定"异化劳动的各种历史形态"的"历史必然性和存在的合理性"的阶段,被肯定的仍然是"前异化—异化—异化的扬弃"或"人—非人—人的复归"的思辨必然性和伦理的合理性。

确认马克思思想发展存在一个"费尔巴哈式的阶段",也不表明马克思此时仅受费尔巴哈思想的影响,而没有其他的思想来源,只是说马克思是在费尔巴哈式的人本主义框架下接受其他影响的。实际上,在这一阶段

---

① 马克思:《1844年经济学哲学手稿》,人民出版社2000年版,第58页。
② 马克思:《1844年经济学哲学手稿》,人民出版社2000年版,第88页。

马克思除了受费尔巴哈的影响之外，还受英、法、德等国多种思潮和学说的影响，其中以恩格斯、赫斯、蒲鲁东等人的影响尤为重大。但有一点必须明确，这些人的思想和费尔巴哈的理论思维框架在本质上具有同构性，只是他们因其所属的国家不同而带有各自的思维特点。马克思当时是用德国人的思维方式即在哲学思维上用人本主义来概括的。正是费尔巴哈式的人本主义哲学框架，以及这一框架与当时各种思潮在深层范式上的同质性，为青年马克思批判地吸收多种思想资源提供了可能性和途径。

再次，在如何理解费尔巴哈式的阶段中马克思对黑格尔辩证法的态度问题上，我们承认马克思在哲学上有一个费尔巴哈式的阶段，并不表示马克思在这一阶段上对黑格尔就必然持完全的否定态度。马克思在这一阶段中并没有像费尔巴哈一样完全拒斥黑格尔的辩证法。马克思对黑格尔的辩证法是批判的居多，但也有肯定的成分，对黑格尔辩证法的批判不是绝对的"非黑格尔化"和"去黑格尔化"。

尽管马克思不同意费尔巴哈过分否定和抛弃黑格尔的辩证法，但马克思对黑格尔辩证法的批判继承总体上并没有超出费尔巴哈式的人本主义立场和框架。更准确地讲，马克思是用自己带有规范目的论色彩的人本主义对黑格尔辩证法进行批判和继承的。对于费尔巴哈来说，只有直接的存在才是真正的存在，黑格尔的否定之否定不是真正的肯定；而对于黑格尔来说，事物只有经过否定之否定才能获得真正的存在，即只有通过中介，事物才能获得肯定的形式。对于黑格尔的辩证法，马克思认为，"费尔巴哈是唯一对黑格尔辩证法采取严肃的、批判的态度的人，只有他在这个领域内作出了真正的发展，总之，他真正克服了旧哲学"[①]。马克思说，费尔巴哈的功绩在于"创立了真正的唯物主义和实在的科学"，"他扬弃了无限的东西，设定了现实的、感性的、实在的、有限的、特殊的东西（哲学，对宗教和神学的扬弃）"[②] 总的来说这是在张扬费尔巴哈。但接下来的一大段话中，马克思对黑格尔的否定之否定的辩证法的批判作用持肯定态度："黑格尔根据否定之否定所包含的肯定方面把否定的否定看成真正的

---

① 马克思：《1844年经济学哲学手稿》，人民出版社2000年版，第96页。
② 马克思：《1844年经济学哲学手稿》，人民出版社2000年版，第96页。

和唯一的肯定的东西，而根据它所包含的否定方面把它看成一切存在的唯一真正的活动和自我实现的活动，所以他只是为历史的运动找到抽象的、逻辑的、思辨的表达，这种历史还不是作为一个当作前提的主体的人的现实历史，而只是人的产生的活动、人的形成的历史。——我们既要说明这一运动在黑格尔那里同现代的批判即同费尔巴哈的《基督教的本质》一书所描述的同一过程的区别；或者更正确些说，要说明这一在黑格尔那里还是非批判的运动所具有的批判的形式。"①

  但是我们必须注意，马克思的这一肯定态度恰恰是由费尔巴哈式的人本学的异化史观所决定，并以此为前提的。因为在马克思看来，是因为现实的人是异化的人、还没有成为真正的人，所以才需要通过否定的否定来实现真正的人，完成人的产生和形成的历史。这一观点本身就是人本学异化逻辑的三段论的一个体现。在马克思看来，一旦人形成了，那就是直接的了，不再需要否定之否定这一中介环节。马克思认为，未来合理社会不需要中介，就像无神论是对有神论的否定，"社会主义社会作为社会主义已经不再需要这样的中介"，"社会主义是人的不再以宗教的扬弃为中介的积极的自我意识，正像现实社会的人的不再以私有财产的扬弃即共产主义为中介的积极现实一样。共产主义是作为否定的否定的肯定，因此，它是人的解放和复原的一个现实的、对下一阶段历史发展来说是必然的环节"。② 很明显，这里马克思在人本主义的范围内，在肯定费尔巴哈的直接性的前提下，来吸收黑格尔作为生成过程的否定之否定的合理意义，把黑格尔的"否定之否定"当作费尔巴哈的"感性的、直接的确定性"的形成前提而吸收进来。

  马克思在费尔巴哈式的阶段上，对黑格尔的辩证法虽然批判否定的比较多，但并不是完全的彻底的否定，而其肯定部分还是在费尔巴哈式的思维范式的统摄下作出的。这和他后来对黑格尔辩证法的态度有明显区别。

---

① 马克思：《1844年经济学哲学手稿》，人民出版社2000年版，第97页。
② 马克思：《1844年经济学哲学手稿》，人民出版社2000年版，第92—93页。

四、如何看待马克思本人和其他经典作家的评价以及文本解释的方法论问题

对于具体的马克思、恩格斯早期哲学思想的发展问题,马克思、恩格斯在后来的文本中曾有一些回忆性的论述,而且列宁等在这些问题上也有过相关论述。如何正确对待这些论述是我们所必须面对的一个问题。

列宁的相关论述主要体现在《卡尔·马克思(传略和马克思主义概述)》(1914年11月)和《唯物主义和经验批判主义》(1908年)这两个文本中。在第一个文本中,列宁认为马克思的《〈黑格尔法哲学批判〉导言》和《论犹太人问题》都是"马克思的特别出色的文章"[①]。在后一文本中,列宁明确指出,马克思早在1843年就成为科学社会主义的创始人,成为比以往一切形式的唯物主义无比丰富和彻底的现代唯物主义的创始人。[②]

就列宁的上述论述,有几点我们必须要指明。一是当时列宁的论断和普列汉诺夫有一个共同的问题,即缺少必要的文本依据。当时,马克思、恩格斯的许多早期著作都没有发表,列宁也没有看到过相应的文本,因而在这种情况下的论述的可信度是值得怀疑的。另外,这两个文本都不是列宁对马克思、恩格斯早期思想转变问题的专门研究:第一个文本是列宁为《格拉纳特百科辞典》所写的词条;第二个文本则主要是批判俄国马赫主义者,探索"那些在马克思主义的幌子下发表一种非常混乱、含糊而又反动的言论的人们是在什么地方失足的"[③]。两个文本都完成得比较仓促。同时,正如列宁自己所说的,自己"也是哲学上的一个'探索者'"[④]。因此,我们对列宁在特定阶段上的有关论述不能绝对化,原则上只能作为参

---

① 《列宁全集》第26卷,人民出版社1988年版,第83页。
② 《列宁全集》第2卷,人民出版社1995年版,第228页。
③ 《列宁选集》第2卷,人民出版社1960年版,第14页。
④ 《列宁选集》第2卷,人民出版社1960年版,第14页。

考，而不能作为神圣不可侵犯的标准。

马克思、恩格斯后来的回忆性论述，对于我们的研究具有更大的价值。但是也应看到，回忆总是对历史的一种重构，它可能产生误差。我们必须将它们与马克思、恩格斯在思想转变过程中的思想状态和理论观点等区别开来。我们的观点是：思想史的研究后来（人）的评价自然不可或缺，但主要应依据第一手的文本作为解读和立论的依据。我们认为，比后来的追述更值得重视的，是马克思和恩格斯在转变过程中、与其思想转变过程同步的自我评价和立场表白。这里我们就转变的关键之处举出几例，从中将发现，马克思、恩格斯实际上是承认自己早期思想发展经历了"两次转变"的：

首先，马克思、恩格斯承认，他们在最终创立实践唯物主义以前，经历过一个与费尔巴哈式的人本学唯物主义相对应的"哲学共产主义"阶段。恩格斯曾经在《大陆上的社会改革运动的进展》一文中把马克思和赫斯等都称为"德国的共产主义者"，并认为"德国的共产主义者"是从德国哲学中产生的，而马克思是其"首领"。① 事实上，恩格斯在这里讲的"共产主义"，其实就是后来恩格斯称为"哲学共产主义"、马克思称为"哲学社会主义"、后来都叫"真正的社会主义"的非科学的社会主义形态。对此，马克思、恩格斯自己在《形态》中作了说明："许多曾以哲学为出发点的德国共产主义者，正是通过这样的转变过程走向了并且继续走向共产主义，而其他那些不能摆脱意识形态的羁绊的人，将终生宣传这种'真正的社会主义'。"② 马克思、恩格斯就是从这里走出来的人，而赫斯他们则是没有走出来的"真正的社会主义者"。"真正的社会主义者"实际上是以费尔巴哈的人本学唯物主义为自己的哲学基础的。

其次，马克思从《手稿》中对劳动价值论的否定到《评李斯特》中转变为肯定立场的表白，也证实其思想存在"第二次转变"。马克思在《手稿》中明确站在人本主义立场上，指责劳动价值论把"人不是作为人而是

---

① 《马克思恩格斯全集》第1卷，人民出版社1956年版，第591页。
② 《马克思恩格斯全集》第3卷，人民出版社1956年版，第537页。

作为工人"来看待，把劳动（力）①作物，看作商品②，认为李嘉图说"经济规律盲目地支配着世界"，是对人的忽视③。而到了这一阶段末期的《评李斯特》中，马克思对劳动价值论的态度发生了180°转折。在这一文本中马克思批评李斯特，说他仅仅把经济学看作是研究室中编造出来的体系，"像经济学这样一门科学的发展，是同社会的现实运动联系在一起的，或者仅仅是这种运动在理论上的表现。这当然是李斯特先生觉察不到的"④，"他永远也想不到，国民经济学家只是给这一社会制度提供相应的理论表现。否则，他就应该把矛头指向现在的社会组织，而不是指向国民经济学家"⑤。事实上，在这时的马克思看来，以前攻击李嘉图把人不当人是错了，应该攻击的不是李嘉图，而是英国的现实，李嘉图只不过是说出了真相而已。我们知道，经济学批判和哲学变革在马克思思想形成过程中是相互促进、内在统一的。正是在《评李斯特》中，马克思宣布与《手稿》中的人本主义立场决裂，第一次公开申明："谈论自由的、人的、社会的劳动，谈论没有私有财产的劳动，是一种最大的误解。"⑥而不久以后，他就写下了著名的《关于费尔巴哈的提纲》，完成了第二次即最终的转变。

再次，马克思对异化问题的不同态度也表明其思想转变过程中存在一个"费尔巴哈式的人本主义阶段"。自1843年年底脱离唯心主义和革命民主主义以后，马克思在异化问题上经历了一个从政治异化理论到经济（财产）异化理论，再到劳动异化理论的发展过程。"劳动异化"理论是马克思这一阶段的典型成果，集中体现在《手稿》中。马克思此时正是基于这种人本主义的异化史观来展开对资本主义的批判和对自由自觉的人的复归的憧憬的。当然，我们讲《手稿》中也存在着另一条从实践出发的逻辑，这两条逻辑是相互消长的。马克思正是通过进一步的经济学研究才逐步摆

---

① 括号中的"力"为本文作者所加。马克思此时还未正确区分"劳动"和"劳动力"。
② 马克思：《1844年经济学哲学手稿》，人民出版社2000年版，第12、18页。
③ 马克思：《1844年经济学哲学手稿》，人民出版社2000年版，第32页。
④ 《马克思恩格斯全集》第42卷，人民出版社1979年版，第242页。
⑤ 《马克思恩格斯全集》第42卷，人民出版社1979年版，第252页。
⑥ 《马克思恩格斯全集》第42卷，人民出版社1979年版，第254页。

脱人本主义的异化逻辑，而最终达及历史唯物主义的。《手稿》等文本在总体上是费尔巴哈式的，但是从《关于费尔巴哈的提纲》开始，马克思已经不再援引"异化理论"进行论证，到了《形态》中，他不仅很少使用"异化"一词，甚至在使用时还专门加上注解"用哲学家易懂的话来说"。当然，到马克思后期，在《1857—1858年经济学手稿》和《资本论》等著作中重新起用"异化"概念时，这已经完全不同于《手稿》时期的作为中心范畴和基本理论的"异化"了。从这样一个由异化史观占主导地位到放弃异化史观的转变，我们也能发现，马克思思想转变的过程中存在一个以"异化"为中心范畴和基本范式的"费尔巴哈式的人本主义阶段"。

另外，从马克思对待费尔巴哈的态度由原来在《手稿》和《神圣家族》中的评价很高，到后来《关于费尔巴哈的提纲》和《形态》中的批判和否定，我们也能看到马克思第一次思想转变后所达到的绝对不是成熟形态的理论观点，而只是其思想发展过程中的一个十分重要的过渡阶段。

最后必须强调的是，在对思想史的研究特别是对马克思、恩格斯哲学发展转变过程的研究，以及对马克思、恩格斯和列宁等经典作家的文本解读中，必须要注意避免研究中的教条主义和经验主义等倾向，用科学的方法来研究问题。具体而言，要特别注意避免以下一些倾向：把猴体颠倒为人体的倾向；目的论、烛引式的倾向；用权威来解释权威的倾向；用文本来解释文本的倾向；绝对化、简单化的倾向；理论和实践、理论立场和政治立场相割裂的倾向等。

市民社会：资本主义发展的自我认识
——来自于马克思主义的一种谱系学分析[①]

张一兵　周嘉昕

"市民社会"理论是资本主义发展过程中资产阶级意识形态的自我理解与认同，对这一理论的关注奠定了马克思资本主义批判理论的起点，即从资产阶级社会的物质生活关系出发，在批判资产阶级政治经济学的过程中揭示资本主义生产方式的内在矛盾。在本文中，我们从概念源流、内在逻辑进展和马克思恩格斯的理论推进三个方面梳理出一条"市民社会"概念的谱系学研究思路：首先，同一个"市民社会"概念背后具有多种思想渊源和理论含义，如"市民社会"、"公民社会"、"资产阶级社会"等等；其次，随着资产阶级的兴起，作为其观念上的自觉反映，"市民社会"概念开始形成，并通过洛克、孟德斯鸠和苏格兰启蒙思想家，到黑格尔那里表现为一种包含双重对立的特定范畴；再次，马克思从对黑格尔"市民社会"的颠倒性批判入手，深入到政治经济学中去寻找资产阶级社会的内在结构和规律，最终完成了对资本主义生产方式的批判。

一、"市民社会"、"公民社会"还是"资产阶级社会"？

古典政治经济学的形成和确立是资本主义生产方式在思想观念上的深

[①] 原载《南京大学学报（哲学·人文科学·社会科学）》2009年第2期。

刻反映，而资产阶级的兴起则反映了同一历史进程所引发的社会结构变迁；无论是古典政治经济学的讨论还是资产阶级自身利益的诉求，都离不开一个核心范畴——"市民社会"。对此，大卫·库尔珀这样评论道，催生现代事件的事情有很多，所有这一切都将个人主观性从以往的束缚下解放了出来，但是，只有在黑格尔所说的"市民社会"中，个人的自由才发现自身在社会制度与政策中得到了考虑。① 可是，库尔珀没有注意到，黑格尔对市民社会恰好是持批评态度的。在特定的意义上，我们可以将"公民社会"看作是资本主义生产发展在政治法权上的自我理解；并且较之资本主义在经济学上的自我认识——即古典政治经济学，前者更加直接地反映了资产阶级意识形态的要求和愿望，这是当前市民社会研究中还没有被注意到的问题。最近十多年来，从马克思的早期文本入手探讨马克思的市民社会理论已经成为学界的一个热点话题，并且形成了一批重要研究成果。但令人遗憾的是，多数学者忽视了一个基础性的问题：马克思对"市民社会"术语使用的谱系学维度。由此派生出两个关键的理论问题，简单说来，一是"市民社会"在德国和英国不同语境中概念的差异，即"市民社会"（bürgerliche Gesellschaft，音译"布尔乔亚"社会）和"公民社会"（civil society）的差异；二是中文语境中"市民社会"与"资产阶级社会"的内在关联与区分。如果我们回到原初的思想史语境，环绕在"市民社会"概念上的外在迷雾必自然散尽。"市民社会"这一范畴的形成一方面是从古希腊和中世纪自然法传统中汲取了营养，另一方面则直接依托于16世纪以来资产阶级的兴起。市民社会在其早期发展过程中存在着两种不同的理论路向：一是"公共领域"含义的洛克传统，二是权力制衡意义上的孟德斯鸠传统，二者最终反映在市民社会与国家的界分之中，并且由黑格尔在其《法哲学原理》中作出了最为精当的论述。在马克思恩格斯的德语文献中，"市民社会"和"资产阶级社会"是同一个术语，这不是什么"误译"，但在他们的真实思想进程中，这一概念的内涵却有着极为复杂的历史改变和深化。

---

① ［美］大卫·库尔珀：《纯粹现代性批判——黑格尔、海德格尔及其以后》，臧佩洪译，商务印书馆2004年版，第51页。

1. "市民社会"内涵的形成：两种不同理论路向的会合

众所周知，在马克思的著作中，"市民社会"与"资产阶级社会"是同一个术语，即 bürgerliche Gesellschaft；这一术语是青年马克思最先从黑格尔《法哲学原理》那里沿袭来的，并进行了理论改造。在后来的《政治经济学批判。第一分册》序言中，马克思在面对资本主义现实经济生活的复杂关系时这样写道："这种物质的生活关系的总和，黑格尔按照18世纪的英国人和法国人的先例，概括为'市民社会'，而对市民社会的解剖应该到政治经济学中去寻求。"① 这段话至少给我们提供了以下三个方面的启示：第一，市民社会就是物质的生活关系的总和，但是结合上下文语境，这里的物质生产关系实际上专指资产阶级社会的经济关系；第二，对马克思影响最大的"市民社会"概念来源于黑格尔，主要是其《法哲学原理》一书，进一步说，黑格尔的理解又是受到了18世纪英法思想家特别是斯密经济学的影响；第三，马克思对资本主义的研究与批判是因接触"市民社会"，在这个意义上，解剖市民社会是马克思恩格斯资本主义理论探索的一个重要方面，或者说就是其全部内容。马克思这段表述的历史语境并不是他1840年初直接接触黑格尔《法哲学原理》时的最初想法，而是在他与恩格斯在1845年共同创立历史唯物主义和科学社会主义并在经济学研究中取得重要进展之后的历史性反思，这是目前对马克思的市民社会概念理解存在语义混乱的历史原因。然而，要准确理解马克思关于市民社会概念的科学语境，就必须回到一种具体的历史谱系研究中去。而将马克思在不同时期、不同历史语境中的市民社会概念同质性地混在一起使用，或者将其建构成一种共时性的理论逻辑系统，都是极其有害的做法。

我们不难发现，马克思关于市民社会的理解不能简单等同于英语语境中的 civil society，其实，英语中的"市民社会"（准确地说，应该译作"公民社会"）概念只有很短的历史，它是从法语翻译过来的，其内涵更具有法权意义上的平等主义而不是经济的商业性的意味，"它指涉的是从

---

① 《马克思恩格斯全集》第31卷，人民出版社1998年版，第412页。

建立在'神权'基础上的基督教社会秩序中分离出来的那种公民秩序中的成员与市民"①。20世纪80年代以来，从西方到中国学术界兴起的"市民社会"讨论主要是在这一学理层面上展开的。然而，我们也不能据此把上述两种理解截然对立起来，就后者的术语思想史渊源而言，最早可以追溯到亚里士多德的"政治共同体"（poltike kornonia），并由西塞罗翻译为拉丁文的 civilis societas，主要是指作为自由和平等的公民在一个合法界定的法律体系下结成的伦理政治共同体。② 经过中世纪，随着近代资本主义的发展，人们对社会本身的理解开始发生变化。对于这种变化，泰勒将其概括为：（1）社会不等同于其政治组织；（2）基督教世界世俗社会和精神社会的二分；（3）主体性权利观念的提出；（4）存在相对独立的自治市；（5）君主与贵族的两头政治导致的俗世二元论。③ 之后，人们对新的社会生活逐步形成了近代"公民社会"理解的两种不同路向：一是孟德斯鸠传统，即根据政治界定社会，通过权力制衡的思想为市民社会和国家相分离的观念奠定了基础；二是洛克传统，其主要特征是强烈主张一种更为丰富的、视社会为一种外在于政治的综合性实体的观点。这两种传统本身是有一定的逻辑差异的。孟德鸠斯的观念晚于洛克，而后者的观点更多地受到古典经济学的影响。尽管黑格尔所使用的"市民社会"即 bürgerliche Gesellschaft 并不是直接源于希腊—罗马法传统，而是从康德、费希特开始并受法国启蒙运动的深刻影响；但是黑格尔从上述两种讨论特别是洛克传统中吸取了很多内容，并将"公民社会"理解为家庭领域的超越者，而国家作为一种非最低限度的政治领域又超越于市民社会之上。④ 我们认为，bürgerliche Gesellschaf 在黑格尔这里具有一种重要的转义，这一术语在黑格尔这里是从斯密经济学意义上的互为经济活动个体的"市民"（Burger）

---

① ［英］特瑞尔·卡弗：《资本主义：一种哲学的探寻》，载《南京大学学报》2007年第1期。
② Jean L. Cohen, Andrew Artato, *Civil Society and Political Theory*, Cambridge: M. I. T. Press, 1992, p. 84.
③ 邓正来等编：《国家与市民社会：一种社会理论的研究路径》，中央编译出版社2002年版，第11—12页。
④ ［美］大卫·库尔珀：《纯粹现代性批判——黑格尔、海德格尔及其以后》，臧佩洪译，商务印书馆2004年版，第51—52页。

入手的,在这里,他看到了公民社会中那种公共自由政治关系的真正现实基础,这就是自发的商品—市场的自由生产和交换结构,这恰恰是自由主义精神中"自然秩序"的本质。在这里,真正起关键性决定作用的不是个人,而是个人之间的相互作用的总体性结果,即斯密所说的"看不见的手"。这是黑格尔对新兴资产阶级社会本质最深刻的认识。但黑格尔没有满足于经济学意义上的市民社会中的那种无意识建构的客观关系结构,他要用看得见的手,即自觉的国家和法的观念意志扬弃"看不见的手"。因此我们可以说,"市民社会"概念在黑格尔那里出现了一种重要的改变,而这种改变将会直接影响到后来的马克思。

2. "市民社会"实际上就是"资产阶级社会"

如上所述,"市民社会"和"公民社会"(civil society)在词源上颇有不同,并且广义的"市民社会"范畴讨论又存在英法两种不同理论路向;但这并不意味着诸种"市民社会"的不同理解之间绝对不可通约,因为世界性的资本主义的发展和资产阶级的兴起将这些看似异质的理解内在地贯通起来了。我们有理由认为:近代"公民社会"实际上就是代表了资本主义逐步发展起来的"资产阶级社会"。虽然中世纪已经出现了"市民社会"范畴的萌芽,但这并不是完全意义上的"市民社会",或者说仅仅是一种思想资源。只是随着资本主义生产方式的出现和发展,在"市民"阶级形成并在社会政治经济领域全面提出自身要求的过程中,"市民社会"才作为一种系统的理论体系得以确立。德文语境中的"市民社会"(bürgerliche Gesellschaft)就其原本的含义而言就是一种资本主义式的"市民"相互交往形成的社会联合体;拉丁文语境中的"公民社会"也正是由于资产阶级的兴起而获得了与最初"政治共同体"不同的新的含义。无论是洛克自然权利基础上的外在于政治的社会概念还是孟德斯鸠权力制衡关系中决定国家的思想,都反映了18世纪以来资产阶级政治和社会地位的稳步提升,并直接体现着资产阶级的现实要求和伦理想象:由于共同的敌人(贵族、专制主义和教会)使各种不同的资产者达成了一定程度的团结,在斗争中产生了一个包含不同行业的广泛的资产阶级,与此同时,在他们当中也产生了自由平等的乌托邦式"市民社会"的理想。① 不过，洛克传统的"市民社会"理解经过苏格兰启蒙运动（包括古典政治经济学）的中介，已经开始将"市民社会"更深地纳入到来自于对资本主义经济关系的认识和体认。

孟德斯鸠传统则经由卢梭和康德以一种曲折的方式对黑格尔产生了一定的影响，而洛克的传统则通过古典经济学更加直接和深刻地成为黑格尔"市民社会"理论的重要思想基础。在"市民社会"理论的集大成者黑格尔那里，"市民社会"实际上就是"资产阶级社会"："各个成员作为独立的单个人的联合，因而也就是在形式普遍性中的联合，这种联合是通过成员的需要，通过保障人身和财产的法律制度，和通过维护它们特殊利益和公共利益的外部秩序而建立起来的。"② 这正是资产阶级的想象共同体。

3. 马克思恩格斯著作中的"市民社会"

近代"市民社会"实质上就是"资产阶级社会"，马克思恩格斯对资本主义的理解首先就是从这一范畴的分析入手的。在《黑格尔法哲学批判》这部手稿中，通过将费尔巴哈的唯物主义运用于政治，青年马克思颠倒了黑格尔的结论：不是国家决定市民社会，而是市民社会决定国家。这里，看起来是进行了唯物主义的颠倒，可是，青年马克思正好也颠倒了黑格尔的更重要的逻辑企图，即用国家超越市民社会的自然性和盲目性。这是一个更深层次的问题。这是马克思著作中有关"市民社会"概念最常被人谈及的一处，但实际上正如许多学者已经提到的那样，"市民社会"（bürgerliche Gesellschaft）这一术语并非局限于马克思的早期文本，而是贯穿其一生理论创作的始终。在《资本论》第一卷中，我们仍能看到多处"资产阶级社会"用法。当然，这并不是说马克思恩格斯对于"bürgerliche Gesellschaft"的理解自始至终没有变化，但是，我们必须指出，在马克思的成熟著作中它已经不再是一个对资本主义社会的关键性理论指认，而是转喻为一种掩盖了更基本的剥削性生产关系的商品交换关系

---

① ［德］于尔根·科卡:《社会史——理论与实践》，景德祥译，上海人民出版社2006年版，第113页。
② ［德］黑格尔:《法哲学原理》，范扬、张企泰译，商务印书馆1961年版，第174页。

的意识形态指认。① 同一术语的不同含义恰恰提示我们需要对马克思恩格斯资本主义理解模式的发展进行历史性考察。尽管"市民社会"概念在马克思恩格斯理论探索的不同阶段所负载的理论意义和内涵有所差别，但对于马克思理解和批判资本主义来说，它始终都是一个关键的范畴，正是经由市民社会的批判，青年马克思才得以进入政治经济学研究领域并最终确立资本主义生产方式批判理论范式，所以对市民社会理论重要的思想史意义怎么强调也不为过。还需要特别指出的是，对于"市民社会"概念，恩格斯曾就该术语的英译与马克思在通信中进行过专门讨论，这对于我们理解马克思恩格斯著作中该术语的含义及其流变具有特别重要的意义。然而令人遗憾的是，这一通信迄今尚未得到学界的高度关注。恩格斯于1852年9月23日致信马克思，讨论《路易·波拿巴的雾月十八日》英译问题时专门提道："'资产阶级社会'（bürgerliche Gesellschaft）被译成'中等阶级社会'，这从语法和逻辑的角度严格说来是不对的，应当说'资产阶级社会'（bourgeois society）或者根据情况说'商业和工业社会'（commercial and industrial society）并且可以加一个注：我们理解的'资产阶级社会'是指资产阶级、中等阶级、工业和商业资本家阶级在社会和政治方面是统治阶级的社会发展阶段。"② 据此，我们可以清楚地看到：（1）"bürgerliche Gesellschaft"在马克思恩格斯的理解中可以等同于资产阶级占统治地位的社会，即资产阶级社会（bourgeois society）；（2）这一概念是同现代商业和工业，即特定的资本主义生产结合在一起的。恩格斯为什么会这样指认这一概念？为此，我们需要具体地回到这一概念生成的思想史过程中来认识。

二、洛克、孟德斯鸠、黑格尔：
作为资产阶级自我认识的"市民社会"

在上文中，我们已经提到，近代"市民社会"概念实际上具有"资产

---

① ［英］杰·亨特：《西方学者杰·亨特谈马克思的市民社会概念发展的三个阶段》，载《国外理论动态》1996年第24期。
② 《马克思恩格斯全集》第28卷，人民出版社1973年版，第139页。

阶级社会"的含义，显然，这一判断包含了两个理论层面的含义：第一，近代"市民社会"范畴是资本主义生产方式，特别是资产阶级兴起的直接产物；第二，"市民社会"这一概念本身包含着资产阶级的理论认知和价值诉求，同样，它所遭遇的理论和现实困境也以一种曲折的方式将资本主义的内在矛盾显现出来。面对资产阶级兴起的历史，亚当·塞利格曼是这样评论的：17世纪发生了普遍性危机（土地、劳动力和资本的商品化；市场经济的发展；大量新发现的提出；英国及后来北美与欧洲大陆的革命），所有这一切使得既有的社会秩序和权威模式成了问题；到了17世纪末，传统的关于社会基础外在于社会世界的秩序原则开始受到越来越多的质疑；18世纪时，人们开始越来越把视角转向内部，从社会自身的运作来解释社会秩序的存在。① 随着视角的转换，启蒙思想家们从中世纪的自然法社会观中汲取了不同的理论资源，形成了英国以洛克为代表的和法国以孟德斯鸠为代表的两种相互关联的"市民社会"观念。我们发现，英国以洛克为代表和法国以孟德斯鸠为代表的两种相互关联的"市民社会"观念在黑格尔那里得到了最重要的逻辑融合。从思想史的背景来看，这一融合过程是与古典政治经济学的发展密切结合在一起的，并且在黑格尔那里获得了一种解决市民社会内在矛盾的方案，即通过伦理意义上的国家作为绝对自为的理性反过来纠正市民社会在道德上的不足，因此国家高于自在的市民社会。显然，黑格尔的这一论断，实际上是想通过外在的伦理力量克服资本主义市场经济的内在矛盾，这是黑格尔唯心主义历史观背后的深刻逻辑。当然，这种虚伪的内在伦理批判自然无力戳穿资产阶级社会的"异化"现实。后面我们将看到，只有生产方式的分析才能对资产阶级社会的悖谬进行科学的揭示，这个任务是马克思恩格斯完成的。有意思的是，青年马克思在一开始遭遇黑格尔的国家与法决定和操控市民社会观念的时候，并没有意识到这一唯心主义命题背后的深刻含义，即对资产阶级（市民）社会的自觉超越。

---

① 邓正来等编：《国家与市民社会：一种社会理论的研究路径》，中央编译出版社2002年版，第51页。

1. 从霍布斯、洛克到苏格兰启蒙运动：自然权利基础上的市民社会

把市民社会设想为一种社会秩序运作模式的观点，出现在17—18世纪欧洲社会思想的激进转向之中。就政治理论而言，这突出表现为把"社会契约"观念理论化为政治权威和社会秩序的基础。[①] 市民社会观念的发展从以格劳修斯和普芬道夫为代表的自然法理论中获得了重要的思想基础，并且自托马斯·霍布斯开始发生了不同于传统契约论的转变。霍布斯从一种所谓的自然状态和社会契约出发，把自然状态设想为一种持续不断的一切人反对一切人的战争状态；个人出于自我保护的本能相互联合起来使单个人的主体权力转化为一个唯一的主权。[②] 不同于霍布斯所描绘的"荒芜场面"，洛克的自然状态乃是一种自由状态而非一种特权状态，即人受自然法约束，大体上有能力认知并尊重他人的自然权利。[③] 对于洛克而言，人们脱离自然状态，进入共同体时，所构成的政治结社领域便是市民社会，因此市民社会实现了自然法统治下人所应享有的"完全自由"和"权利与特权"。相比之下，洛克的观点更接近已经在近代西方经济生活中出现的早期资本主义商品—市场交换过程的规律和追求自由主义的精神。

作为资本主义经济发展的理论逻辑自觉，重农主义从自然秩序中引申出了经济的自由主义，而斯密则明确并发展了这种经济的自由观，即以个人主义为其"天赋自由经济制度"的基础。这意味着这样一种全新的观念：作为资本主义经济领域的市民社会是一个由诸多相互关联的生产、交易和消费行为构成的自发总和，拥有自身的内在动力和不受外界影响的客观规律，从而独立于政治或国家。这正是后来黑格尔进行思考的理论起点。在同时期苏格兰启蒙运动中，面临这样一个选择：市民价值要么是彻底调整以适应新的社会伦理，要么是找到新的证据说明它与现代国家的关联。休谟，更确切地说是斯密，选择了前者，而亚当·弗格森则选择了后者，即在肯定工商业文明"进步"的同时，弗格森立足于古典社会政治理

[①] 邓正来等编：《国家与市民社会：一种社会理论的研究路径》，中央编译出版社2002年版，第52页。

[②] ［德］亨利希·库诺：《马克思的历史、社会和国家学说》，袁志英译，上海译文出版社2006年版，第73页。

[③] ［美］约翰·麦克里兰：《西方政治思想史》，彭淮栋译，海南出版社2003年版，第265页。

论对现代道德危机进行了深入的批判①，首当其冲的便是人的"自然状态"假设。尽管在《市民社会史论》(An Essay on the History of Civil Society) 中，弗格森把国家、社会、政治社会、市民社会、人民、民族混为一谈，基本上把这些概念理解为同一种东西，即宪法国家②，因此他所理解的"公民社会"(civil society) 同黑格尔的"bürgerliche Gesellschaft"之间存在着关键性的差别；但思想史上一个具有反讽意味的事实是：恰恰是黑格尔阅读并借鉴了弗格森的著作，正是该书的德译本使得"bürgerliche Gesellschaft"在日耳曼学术界流行起来。简言之，在苏格兰启蒙运动中，一方面是自然权利基础上的资产阶级"市民社会"理想大行其道，另一方面也出现了对现代工业主义的最初批判。特别是在弗格森那里，已经形成了对现代"市民社会"导致堕落(corruption) 的批判和有限的历史性观念的指认。

2. 孟德斯鸠：政治权力制衡基础上的市民社会

与扎根于现实社会经济生活的洛克不同，后起的孟德斯鸠的观念更加具有历史敏感性且立足于政治维度：他将18世纪的两种契约论观念（社会和政府）同区分了私法和公法的罗马法结合起来；他的反专制主义策略针对的是等级制传统所构成的社会；且与启蒙运动相关，这为市民社会和国家分离的观念奠定了基础。③ 对此，泰勒认为孟德斯鸠的贡献在于他提出了自己的社会图景，即社会是根据其政治组织来界定的，但是这种界定依照国家架构则是多种多样的，因此需要在各个独立的力量之间分配权力。④ 此后，这种启蒙思潮中的"社会"（与国家相对）概念迅速超出了其源头即洛克和孟德斯鸠的理解；但矛盾的是，新的观念经常与有关市民或政治社会同国家关系更加传统的界定结合在一起，最典型的例子是卢

---

① ［英］弗格森：《文明社会史论》，林本椿、王绍祥译，辽宁教育出版社1999年版，中译本序，第1页。
② ［德］亨利希·库诺：《马克思的历史、社会和国家学说》，袁志英译，上海译文出版社2006年版，第103页。
③ Jean L. Cohen, Andrew Arato, *Civil Society and Political Theory*, p. 88.
④ 邓正来等编：《国家与市民社会：一种社会理论的研究路径》，中央编译出版社2002年版，第27页。

梭。① 卢梭的这种更加"传统"的界定就是他的社会契约论和"共同意志"观念。卢梭通过从假想的伦理法的理性原则出发,把社会的形成看作人类自然状态的丧失,因此需要通过"共同意志"解决正义与自利分裂的问题;在形成这种追求整体至善的"共同意志"过程中,订立社会契约乃是唯一合理的基础,而国家也产生于这种所有公民的共同意志。在某种程度上说,卢梭对"市民社会"的理解更接近于洛克传统,并且在法国大革命中开出现实之花。可是面对法国大革命中释放出来的暴力和恐怖,以爱德蒙·伯克和托克维尔的理论反思为代表的保守主义思潮驱动那些对洛克的市民社会概念不满的人转向孟德斯鸠的理论,黑格尔便是其中的代表。

3. 黑格尔:国家高于市民社会

19世纪初,所有市民社会概念的历史线索都汇集到了黑格尔的《法哲学原理》中。由于其著作的综合性特征,他成为市民社会理论的代表性思想家,这是因为他第一个且最成功地将这一概念拓展为关于社会秩序的复杂理论。② 如上所述,黑格尔所使用的"市民社会"(bürgerliche Gesellschaft)概念并不完全等同或异质于传统的"公民社会"(civil society),而是在中世纪末期市民(资产者)兴起的背景下,在康德、费希特开创的德国"市民社会"分析语境中,吸收洛克、孟德斯鸠关于国家和市民社会的研究成果,在此基础上形成的一种学理综合。在康德那里,自为的市民社会已经被抽象地表述为一种社会历史发展的自然意识。

在黑格尔那里,市民社会中的个人把彼此确认为这样一些自我,即有能力将其自由置于他们所拥有的客体之中去的人,即作为自由存在者并有能力获取财产的个人,同时,这些个人能够通过自发的相互作用,无意识地、客观地形成一个整体的社会。因此,自在的交互性确认是市民社会的重要特征。对于黑格尔来说,市民社会本质上是一种新事物,而且它所创造的这种个体性以前也从未存在过,它同时体现了自由的否定性和肯定性

---

① JeanL. Cohen, Andrew Arato, *Civil Society and Political Theory*, p. 89.
② Jean L. Cohen, Andrew Arato, *Civil Society and Political Theory*, p. 91.

的方面。① 因为，人的特点先是不将人的需要包含于自身，在这里需要满足的可能性被置于社会联系之中，这种社会联系就是使需要得以满足的普遍的能力；社会满足需要的手段是劳动，需要的特殊性又导致分工，也导致更为"抽象的劳动"。② 这显然是斯密那个"看不见的手"的另一种观念再现。然而，与斯密将市场—市民社会确认为永恒的自然状态不同，也与所有资产阶级思想家对市民社会的肯定立场不同，黑格尔深刻地看到，市民社会作为需要满足的体系也会产生自身的危机：一方面社会成为追逐私利的个人之间的角斗场，另一方面也导致了财富的分化和等级的差别。用黑格尔特有的哲学逻辑构架来描述便是，绝对理念在市民社会生活形成的第二自然（暗喻布尔乔亚的自然法和自然秩序）中发生了政治法权异化和经济物性异化。所以，市民社会的这种内在分裂和异化需要一种更高的精神"促进普遍的利益"，这就是完善的国家——黑格尔称之为"伦理的整体，自由的实现"。实际上，黑格尔在《法哲学原理》中通过对市民社会的剖析，已经提供了对近代资产阶级社会及其内在矛盾的完整理解，并且提出了自己的解决方案，即高于市民社会的伦理理念现实（国家）。但这种唯心主义的外在伦理式的历史批判，虽然已经接近于正确地提出问题，但却无力作出真正科学的解答。

三、"资产阶级社会"到"资本主义生产方式"：马克思恩格斯的理论推进

我们认为，从生产方式的角度定义资本主义，并提供一种科学的替代性方案，这是马克思主义经典资本主义批判模式的核心所在。在《资本论》中，"资本主义生产方式"是一个中心范畴，而"资产阶级社会"

---

① ［美］大卫·库尔珀：《纯粹现代性批判——黑格尔、海德格尔及其以后》，臧佩洪译，商务印书馆2004年版，第57—58、63页。
② ［德］亨利希·库诺：《马克思的历史、社会和国家学说》，袁志英译，上海译文出版社2006年版，第236页。

（市民社会）的出现往往被归结为那种遮蔽了生产中剥削关系的商品交换关系的意识形态布展。然而，这并不意味着马克思恩格斯的"市民社会"概念自始至终都具有这层围绕"资本主义生产方式"展开的含义，作为一个沿袭来的术语，马克思恩格斯最初运用"bürgerliche Gesellschaft"时，不可避免地带有特定的思想史印记；而在其理论探索的过程中，这一概念的内涵也相应地发生了变化。20世纪90年代中期，对于"市民社会"概念的历史流变及其在马克思恩格斯著作中的不同含义，曾经有国内学者进行过专门的讨论并形成了理论交锋；这些成果对于深化马克思主义政治和经济理论研究具有重大的理论和现实意义，但若不能深入到马克思恩格斯思想发展的内在历程，仅从有限的文本表象出发，往往会得出片面的结论。回到马克思的真实思想史语境之中，在19世纪的时空变迁中追溯马克思恩格斯批判资本主义的学理线索，不难发现，马克思对市民社会的历史性批判经历了三个阶段，并建构出三条不同而又相互关联的理论道路：在1843年之前这个概念是同"国家"和"法"相对立，且基本上是黑格尔式的；19世纪40年代中期，在以《德意志意识形态》（以下简称《形态》）为代表的著作中，"市民社会"意味着总的"社会关系"；在《资本论》及其手稿中，作为一个基本理论概念的"市民社会"便很少出现（中文常译为"资产阶级社会"）。① 在我们看来，准确把握这种术语使用及含义上的变化，离不开对马克思恩格斯批判资本主义的理论探索过程的理解。

1. 颠倒黑格尔：市民社会决定国家

马克思第一次全面接触"市民社会"概念是在黑格尔的《法哲学原理》一书中。经过了《莱茵报》时期政治实践的碰壁（理性主义国家观的幻灭），并且在研读费尔巴哈的唯物主义著作之后，青年马克思打算在费尔巴哈的自然唯物主义基础之上讨论政治社会和国家，于是便有了《黑格尔法哲学批判》一书。

在这部手稿中，马克思颠倒了黑格尔关于国家对市民社会的超越性关

---

① ［英］亨特：《马克思市民社会概念的发展》，载《马恩列斯研究》1996年第2期。

系，得出了"市民社会决定国家"的社会唯物主义思想。这也是他哲学方法论中的第一次重要转变。需要特别指出的问题是，此时青年马克思并没有意识到包含在黑格尔唯心主义思想中国家与法对市民社会的超越性否定关系的更深一层含义。基于《克罗茨那赫笔记》的研究成果，马克思在《论犹太人问题》和《〈黑格尔法哲学批判〉导言》中对"市民社会"进行了集中论述。在这些作品中，马克思笔下的"市民社会"还主要是从黑格尔对这一概念理解的表层意义出发，因为青年马克思此时并没有真正理解黑格尔市民社会思想背后的古典经济学内涵。但是，马克思的理解也已经开始获得了新的理论特质：它是"私人"活动的领域，"个人自由和对这种自由的应用构成了市民社会的基础"①，这种自由是基于私有财产的利己主义的自由，因此"任何一种所谓的人权都没有超出利己的人，没有超出作为市民社会成员的人"②。但是，在马克思看来，政治国家的建立和市民社会分解为独立的个人是通过同一种行为实现的，所以"政治国家与市民社会也处于同样的对立之中，它用以克服后者的方式也同宗教克服尘世局限性的方式相同，即它不得不重新承认市民社会，恢复市民社会，服从市民社会的统治"③。在这里，黑格尔那种作为观念和主体意志的国家是与作为现实社会生活的市民社会对立的，如同中世纪上帝之城与世俗生活的对立，所以，国家不过是幻想的共同体，不过是形式的普遍，因此在现实的"市民"生活中产生的种种矛盾靠国家的力量是不能得到解决的："只有当现实的个人把抽象的公民复归于自身，并且作为个人，在自己的经验生活、自己的个体劳动、自己的个体关系中间，成为类存在物的时候，只有当人认识到自身'固有的力量'是社会力量，并把这种力量组织起来因而不再把社会力量以政治力量的形式同自身分离的时候，只有到了那个时候，人的解放才能完成。"④尽管如此，马克思尚未提供任何"进一步阐释"或者找到一种对市民社会的组成部分进行革命和批判的方式。⑤ 但是，

---

① 《马克思恩格斯全集》第3卷，人民出版社2002年版，第184页。
② 《马克思恩格斯全集》第3卷，人民出版社2002年版，第184—185页。
③ 《马克思恩格斯全集》第3卷，人民出版社2002年版，第172页。
④ 《马克思恩格斯全集》第3卷，人民出版社2002年版，第189页。
⑤ [英]亨特：《马克思市民社会概念的发展》，载《马恩列斯研究》1996年第2期。

无论如何，此时的马克思已正确地看到，不是观念性的国家与法决定现实的市民社会，而是市民社会决定国家与法。对于马克思来说，市民社会的进一步理解是在《形态》中达成的。

2. 市民社会的广义和狭义理解

1843年开始的政治经济学研究为马克思恩格斯深入理解"市民社会"提供了全新的基础。

1845—1846年，马克思恩格斯通过《关于费尔巴哈的提纲》和《形态》完成了世界观的革命性转变，创立了以历史唯物主义为基础的新世界观。在《形态》一书中，基于马克思主义立场的"市民社会"概念逐步清晰起来，并且具有了广义和狭义两个不同层面的理解。① 一方面，马克思提出，"在过去一切历史阶段上受生产力制约同时又制约生产力的交往形式，就是市民社会"；"市民社会包括各个人在生产力发展的一定阶段上的一切物质交往活动"。② 很显然，马克思恩格斯在第一种含义上使用的"市民社会"并不是指资产阶级社会，而是在"生产力"与"国家"和其他上层建筑中间获得了新的理论所指，即物质交往形式。这也就是后来马克思在经济学意义上所指认的、以经济交往结构为本质的经济基础概念。另一方面，马克思恩格斯也提出："'市民社会'（bürgerliche Gesellschaft）这一用语是在18世纪产生的，当时的财产关系已经摆脱了古典古代的和中世纪的共同体（Gemeinwesen）；真正的市民社会只是随同资产阶级发展起来的。"③ 这后一个市民社会所指的也就是资产阶级社会了。在这个意义上，我们将前一个市民社会指认为广义的市民社会，它是马克思后来的经济基础概念在前期的不成熟表述；而后一个市民社会概念则是指狭义的市民社会，即资产阶级社会。

我们注意到，《形态》中这种不同层面的市民社会理解并非截然分开的，两种理解的差异与马克思恩格斯建构新理论形态的尝试密切相关。在

---

① 国内有学者将《形态》中的"市民社会"概念界定为经济基础、商品社会和现代资产阶级社会三个层次，参见沈越、韩立新等学者的论述。
② 《马克思恩格斯选集》第1卷，人民出版社1995年版，第87、130页。
③ 《马克思恩格斯选集》第1卷，人民出版社1995年版，第130页。

历史唯物主义的框架下,马克思恩格斯力图对历史的发展作出科学的概括,但他们的很多概念和术语或是来自对自己影响较大的一些西方社会政治理论、哲学和古典经济学的直接借用,如"交往关系"、"分工"等概念;或是被赋予了新的内涵,如"市民社会"概念。可以说,"市民社会"概念的双重含义反映了马克思恩格斯理论探索的过程性,一方面是新的理论范式(历史唯物主义)确立,另一方面是具体历史分析的不足(对于具体历史过程的研究带有推测性质)和术语使用上的欠成熟。然而即便如此,这种关于市民社会的理解已经为科学社会主义的诞生奠定了基础,即深入物质生产过程(《形态》中展现为分工基础上所有制形式的分析)展开对社会历史的分析。但是,马克思恩格斯在《德意志意识形态》一书中,主要是用"现代私有制社会"(第四种对抗性所有制)来指认资本主义社会的。据我们的不完全统计,马克思恩格斯在《德意志意识形态》第一卷第一章中,并没有使用狭义的"bürgerliche Gesellschaft"来指认资本主义社会,而只是在第一卷第三章中才使用了加了"现代的"定语的"bürgerliche Gesellschaft"——"现代资产阶级社会"来特指资本主义社会。

在《致安年柯夫》和《哲学的贫困》中,马克思在方法论研究上取得的新成果为其资本主义理解和认识提供了重要的指导:原来在《形态》中起支配作用的"分工—所有制—现代私有制社会"话语逐步为"生产力—经济关系—生产方式—社会"的分析话语所取代。特别是在马克思所建构的一定的、具体的历史性分析语境中,马克思找到了理解资本主义社会最重要的逻辑线索,即从生产方式去观察和分析这个一定的、有限的现代私有制社会,此时,他将自己的这个新发现指称为资产阶级生产方式。[①] 这是马克思关于资本主义理解和认识中的一个重要进展。并且,马克思指出一定的"资产阶级生产方式"是一种必然被扬弃的历史阶段。《雇佣劳动与资本》则第一次从经济关系之中确立了生产关系这个重要的历史唯物主义概念,马克思在生产关系的历史本性理解基础上对"资本"概念第一次

---

① 《马克思恩格斯全集》第 27 卷,人民出版社 1972 年版,第 485 页。

进行了全面的透彻分析:"资本也是一种社会生产关系。这是资产阶级的生产关系,是资产阶级社会的生产关系。"① 在对雇佣劳动同资本之间交换的分析中,马克思已经初步得出了"剩余价值"的概念。这正是不久前他与恩格斯共同意识到的,作为资本主义社会剥削关系的本质所在。进而,在《共产党宣言》中现代资产阶级社会的历史地位和命运得到了全面的分析。这样,也就印证了我们上文引述的恩格斯的表述:现代资产阶级社会是同商业和工业以及工业中等阶级联系在一起的,真正的市民社会就是近代资本主义所产生的物质生活关系的总和。但由于马克思恩格斯此时关于全部欧洲历史发展的具体研究以及经济学研究实际水平的影响,他们关于市民社会的这些历史性的表述都不是完全准确的。我们认为,不能将这些马克思主义形成过程中的不成熟概念和过渡思想等同于马克思最终关于资本主义社会的科学指认。

3. 资本主义生产方式的内在矛盾与资产阶级社会的物化现实

在1848年革命前后的政论文献以及《1857—1858年经济学手稿》中,狭义的市民社会即"资产阶级社会"还是一个出现频率很高的词汇,但是到了1867年的《资本论》第一卷中却只有区区不到十处提到了该词,这固然与《资本论》专注于政治经济学批判有关,但更重要的一个原因是新的概念框架逐渐确立,对于资本主义现实的指认不再依托于一个容易引起误解的"市民社会",而是直接诉诸更加科学的概念——资本主义生产方式,即资产阶级所固有的生产方式(自马克思以来称为资本主义生产方式)。② 即使是在《资本论》中,也还用"资本主义的社会"(kapitalistische Gesellschaft)作为"资产阶级社会"的同义词。在《资本论》的第一手稿中,由于资本主义生产方式的概念仍处在形成过程中③,所以"资产阶级社会"还扮演了一个重要的角色,即对资本主义社会中商品流通和交换关系总和的概括。对于实现了"两个伟大发现"的马克思来说,"市

---

① 《马克思恩格斯全集》第6卷,人民出版社1961年版,第487页。
② 《马克思恩格斯全集》第20卷,人民出版社1971年版,第292页。
③ 张一兵、王浩斌:《马克思真的没有使用过"资本主义"一词吗?》,载《南京社会科学》1999年第4期。

民社会"概念所具有的不同含义已经被以资本主义生产方式为代表的一套"生产分析话语"所取代;作为"经验层面上的基础"和"基础性的上层建筑"①,资产阶级社会的内在分裂和矛盾可以在资本再生产过程中得到科学的阐释,之前在理论分析中所遗留的经济分析与政治革命思想之间的矛盾也在劳动力商品的分析中随风而逝。在《资本论》及其手稿中,"市民社会"进一步具体化为更加狭义的"资产阶级社会",这是建基于生产方式分析之上的一个理论范畴,即资本主义生产方式条件下呈现出拜物教特征的物质生活关系的总和。

作为资本主义自我认识的"市民社会"经过了多源流多线索的发展,在马克思那里已经终结,换言之,"市民社会"批判和资产阶级社会的分析最终落脚在资本主义生产方式的分析之上;与此同时,马克思的资本主义理解模式也历史地形成。

---

① [英]亨特:《马克思市民社会概念的发展》,载《马恩列斯研究》1996 年第 2 期。

物、实践与历史性的时间

——论历史唯物主义的本质[①]

张一兵　蒙木桂

本体论、认识论和方法论作为体系哲学的整体构架，在哲学史上占据了极其重要的地位。到了黑格尔那里，体系哲学简直可以说是已经登峰造极。而当青年黑格尔派分子麦克斯·施蒂纳率先举起反对概念体系哲学的大旗时，青年马克思深深受到了触动。当他在1845年写下《关于费尔巴哈的提纲》之时，我们发现，哲学的这种古典构架在历史唯物主义面前第一次表示出了对自身的怀疑。哲学家只是在用不同的方式解释世界，而马克思认为，问题在于改变世界。历史唯物主义说到底，是一种革命的批判的哲学，这种革命性和批判性不仅对于古典哲学来说，而且对于古典哲学所解释的世界来说，都是一种崭新的釜底抽薪式的哲学之思。这种哲学之思以历史性的实践穿透了实体式的物相，在有限的历史时间情境之中指认了历史唯物主义独特的人类历史性生存。

一、仅使费尔巴哈成为实践的并不够

我们知道，除了人本主义异化逻辑之外，费尔巴哈还有另一个重要的理论质点：自然感性的唯物主义。这一唯物主义被我们的传统教科书说成

[①] 原载《河北学刊》2003年第1期。

是马克思的历史唯物主义的重要基础,其实这是一个误解。因为马克思正是在清算费尔巴哈的自然唯物主义之后才得以向前迈进的。这才有了《关于费尔巴哈的提纲》。费尔巴哈从头到脚都是与"历史"无缘的。在施蒂纳的炮火之下,马克思十分清楚,有一点他已经被深深地触动了,这就是反对一切形而上学的抽象的本体论,回复到现实的具体的时间性之上。实际上,面对施蒂纳的责难,无论是费尔巴哈、马克思还是赫斯,他们都显得力不从心:无论是"人"、"爱"还是"劳动",无一不带有本体论的企图,这实际上就是在制造一种"撇开历史进程"的抽象的主体本质。施蒂纳入木三分地说:"基督教是没有历史的",而人本主义则不过是"基督教的最后变形"①。如我们所知,高耸在"是"的彼岸的那个"应该",与高耸在尘世彼岸的那个"上帝",实质上正是同一个东西。

在施蒂纳的这一影响之下,马克思从前的那种抽象的不变的本质观慢慢地被消解了。那个历史唯物主义中的"物",是指我们肉眼所看到的俯拾皆是的实体之物,还是指费尔巴哈式的"物质第一性"之上的哲学之物?都不是。尽管费尔巴哈承认感性的物质活动,承认自然物质的存在,但这个自然物质却被设定为是可以直接达及的不变的东西,是某种开天辟地以来就已存在的、始终如一的东西。这种执拗的对历史的视而不见,令马克思有点哭笑不得。他认为,费尔巴哈喜欢直观的感性,但这种直观的感性在资本主义发生之后已经变得越来越不可有自然物质对象第一次成为人类主体全面支配的客体,举目四顾,自然界又还有多少角落没有被人的足迹所踩踏过呢?这种唯物主义真的就只是一种机械的唯物主义了。而物质概念一旦成为至高无上的第一性的概念,它就与唯心主义的"观念"一起堆砌起了本体论的城墙,成为一种概念拜物教。马克思不得不把目光从费尔巴哈的直观感性转向了古典经济学的科学抽象。

相对于费尔巴哈对实体性物相的指认,马克思发现,古典经济学作为一门研究"物"的规律的科学,在对"物"的理解上远远超出了费尔巴哈和其他经验唯物主义者的水平。这就是直观所无法达及的在人与人之间

---

① [德]施蒂纳:《唯一者及其所有物》,金海民译,商务印书馆1997年版,第189页。

的关系中独立出来并制约着人与人的关系的客观规律,也就是物与物的关系。"物"在这里并不是被直接指认为一种实体性的存在,而是被理解为一种关系性的存在。而关系只在反思中存在,只能通过抽象思考才能被发觉。在市场经济中所发生的"行为"和"事实"并不像我们身边实实在在的物质实体一样被我们的肉眼所直接捕捉到。古典经济学对"物"的这种科学抽象的方法,如约翰·斯图亚特·穆勒所说,这是一种在假设其他因素不变的情况之下,对某一种事实的科学研究。① 这也正是马克思的"历史科学"的源发性基础。正是古典经济学而不是费尔巴哈成为马克思历史唯物主义的科学起点。从古典经济学出发,马克思进一步意识到,这种不能直观的"关系"实际上正是由人的实践活动所当下建构着的,它在物化市场中以物的形式表现出来,但它又不是实体性的存在。从费尔巴哈那里回落到古典经济学的全新基础之上,马克思发现,这个全新的基础实际上就是劳动价值论。在现实的市民社会中,单个的人都得面对不以个人的意志为转移的价值规律。古典经济学对社会经济关系的科学抽象,使马克思意识到了一个问题:费尔巴哈把宗教的本质归结为人的本质,但是,人的本质并不是单个人所固有的抽象物,在其现实性上,它是一切社会关系的总和。这是因为,现实中的具体的个人,是处在市民社会里的社会经济关系中的个人,不同的社会经济关系才会彰显出不同的特定的具体个人的生存。施蒂纳意义上的具体个人的当下生存,在这里便被马克思赋予了丰富的历史内涵。人是个体,但在社会生活中与他人发生关系的人才是历史的现实的具体的人,人之所以能确立成为历史主体,恰恰是由于他自身构建着的社会性生产活动。劳动价值论第一次在马克思这里获得了正眼看待。正是社会化大生产劳动,自然界才第一次臣服在人的脚下(生产力其实就是一个具有霸权色彩的语词)。也正是这个社会化大生产劳动,彻底地改变了前资本主义时期的那种人与人、人与自然的原初关系。

由此,我们可以说,马克思的历史唯物主义中的"物",其实指的正是社会关系,一种由物质生产活动所建构出来的社会关系。回想起费尔巴

---

① [美]斯皮格尔:《经济思想的成长》,晏智杰等译,中国社会科学出版社1999年版,第329页。

哈的直观感性的唯物主义，马克思有点怜悯地说：

> 这种活动、这种连续不断的感性劳动和创造、这种生产，正是整个现存的感性世界的基础，哪怕它只中断一年，费尔巴哈就会看到，不仅在自然界将发生巨大的变化，而且整个人类世界以及他自己的直观能力，甚至连他本身的存在，也会很快就没有了①。

也由此，我们才可以说，马克思在《关于费尔巴哈的提纲》第一条中所提到的革命的批判的实践，并不是一种哲学意义上的第一性的抽象的本体论的规定，而是指有着具体的、历史的和现实的社会物质发展基础的现实工业实践。这种实践既改变了现实历史的进程，也改变了哲学史的进程。农业文明被打破了，形而上学的本体论也被砸碎了，历史唯物主义在这里便不是一种本体哲学的建构了。当然，它也不是把费尔巴哈的自然唯物主义换成"历史"唯物主义或者"实践"唯物主义就可以轻而易举地完成。一如泽勒尼所言，仅使费尔巴哈成为实践的并不够。这句话真是说对了。

二、康德问题的解决与实践概念的庸俗化

众所周知，近代的认识论到了休谟那里便产生了严重的危机。每个人对这个世界的第一眼所认识到的东西并不是第一次被观照到的东西。每一个人总是根据前人的认识成果来认识这个世界的，具体的表现就是概念的产生。一种认识，不管它是不是"科学的"认识，总是通过概念这个中介来面对世界的。换句话说，世界是被人们通过概念构造出来并被人们所认识的。唯心主义在这一点上是正确的。人类主体只能通过概念的抽象才能把握这个物质世界的本质和规律。但是，正如同唯物主义用来反对唯心主

---

① 马克思、恩格斯：《费尔巴哈》，人民出版社1988年版，第25页。

义的理论武器——概念并不是世界终极性的东西——一样是有着合理性一样,世界历史不是观念的历史,而是由人类实践能动地建构出来的物质世界的历史。唯物主义与唯心主义的这种致命的对峙,到了现代技术进步的场景里已经变得没有任何意义了。商品世界和人工制品模糊了传统的线性经验认识视域,客观之物是存在的,但它又不会是绝对的客观存在,并且很可能只是一个伪物性(意即非"第一性"意义上的人工制造出来的客观物性),换句话说,客观越来越以主观的形式表达出来。物质与观念都带上了彼此的印迹。因此,康德对休谟的经验怀疑论的解决:理性的认识和概念的主观构架本身是人们认识的先天不可或缺的条件与依据,但它同时又是有界限的,我们只能认识现象界本身。而现象只能以一定的样态历史地呈现出来。人们所看到的一定只能是历史地呈现出来了的东西,也就是当下的历史样态。我们只能历史地认识这个世界。所以,在休谟那里的我们的经验所达不到的世界,在康德这里就成了与现象界对立的"物自体"。可是问题并没有得到最终的解决。概念的彼岸性与客观现实仍然是对立的。

在我们看来,这场认识论危机的缘起,是与工业革命所带来的认识论后果是一致的。当现代工业实践撕裂了旧有的人与自然原初照面的直观感性的线性认识论的基础之时,物相第一次直接是人类实践的世界图景,人们不再是简单直观地面对自然对象,而是深刻地超越感性直观,能动地面对工业实践和交换市场关系的产物,面对周围物质世界越来越丰富的本质和规律。换句话说,康德的"现象"与"物自体"是同时被建构出来的。现象与本质的区别只有相对于认识主体而言才有意义。对于人类实践,尤其是现代工业实践来说,物是前提,但不是决定认识的东西,认识结构与实践结构的同体建构才是历史唯物主义的要旨所在。物质对象本身并没有抽象,而只有人类历史的实践才会有客观的抽象。这也正是古典经济学的劳动价值论产生的现实基础。科学抽象本身不是空穴来风的,概念成为人们认识世界的中介也只是工业文明之后的事情。在实践这个前提之上,概念的彼岸性与客观现实便一起回落到现实的土地上来。我们不得不说,当黑格尔把这个物质实践变成人的认知活动,再把这种认知活动及其结构变成逻辑本质的时候，康德问题便是在逻辑世界被解决的。而当费尔巴哈去掉观念的中介，思维被立基于感性直观的物相之上时，概念的彼岸性被打倒了，但这个感性直观的物相从一开始也就是不存在的了。因此，马克思的这个具有历史向度的实践实际上才真正解决了"现象"与"物自体"的对立问题。

如今，"实践是检验真理的唯一标准"已成为一种共识，但也要注意防止把实践概念庸俗化。在现代工业生产的创造性进程中，的确只有实践才直接决定认识自然对象的性质、方式、方向和程度。社会认识本身正是对实践结构自身的认识。如我们所说，人类是通过实践的棱镜介入自身与周遭世界的关系的。但如果仅仅把实践当作是人的一般感性的活动，并以此作为认识的基础，这仍然是在哲学逻辑中完成的说明。人们可以把个人的行为指认为实践，进一步也可以把现存的社会物质活动、政治斗争作为实践，并以此来确证认识的真伪性。当任何事情都可以套上一个"实践"的名义的时候，实际上已经褫夺了实践的革命性与批判性。正如阿多诺所说，当理论与实践的相统一成为一种教条的时候，它就已经泯灭了理论与实践的距离，实际上也就是泯灭了反思的能力。

马克思在《关于费尔巴哈的提纲》中写道：全部社会生活在本质上是实践的。① 这是精到之语。实践作为历史唯物主义的科学抽象，总是当下在场的。我们以为，这句话其实也就是劳动价值论的重复表述。实践在这里与古典经济学的"劳动"实质上是等同的。环境的改变和人的活动或自我改变的一致，只能被看作是并合理地理解为革命的实践。② 这种实践与劳动一样，只能是资本主义发生之后才能被科学抽象出来。由此，在这个似物似人的工业实践的世界图景里，古典的认识论已经失去了对自己的信心。旧有的唯物主义与唯心主义所提供的一种世界图景已经不存在，它们的世界观哲学也就不再具有任何意义。爱迪·斯泰因准确地评述道："自康德以来的批判哲学拒绝提供一种世界观哲学。它并不是去聚集各门科学

---

① 马克思、恩格斯：《费尔巴哈》，人民出版社1988年版，第84页。
② 马克思、恩格斯：《费尔巴哈》，人民出版社1988年版，第85页。

的成果，而是去检验它们的前提。"① 哲学不再是解释世界的博学游戏，而是改变世界的批判之矛。在这一点上，马克思的确是英勇地接过了康德的旗帜，为一种哥白尼式的哲学革命而战斗不已。

三、历史与时间性

哲学问题新探索令人理解了历史唯物主义中的"物"，我们认为，这仅仅只是问题的一方面。历史唯物主义中的"历史"才是最令人费解的。我们认为，这个"历史"只有从施蒂纳反对一切形而上学的抽象中才能有所悟解。现实的个人是有死者，具体的生存本身是一种时间性的存在。历史正是从这个意义上生发出来的。可以说，历史与时间性是紧密相关的。这种时间性不是过去的死的事件之上的时间性，也不是从过去绵延到现在的一成不变的时间性，而是一种活生生的生存之上的鲜活的时间性。因此，历史也不是过去所发生的事件的总和，更不是从过去延续至今的历史。它是活生生的当下历史。这种历史是由在当下在场的人类主体的实践之上的时间性所意味着的历史。正是由于历史的这种鲜活的时间性，历史唯物主义因此便也获得一种鲜活的特性，这就是人们通常所说的"活的立场、观点和方法"。值得一提的是，当实践的历史活动成为人类周围的自然界和人本身的存在的基础之时，这种历史活动本身同时也就要求一种对现存历史的不断变革。

与一定的、具体的、现实的历史情境相结合，这也正是去除了抽象的特性回复到现实的时间性之上的历史唯物主义的本质规定。它的批判性与革命性也正是从这个时间性中获得了真实的内涵的。因为说到底，时间性总是意味着一种有限性。这种有限性既可以摧毁一切偶像崇拜，又可以使历史扎根于现实的土地之上。真实的人类生存一定只能是由人们的当下物质实践所建构出来的现实生存。马克思所要探讨的也正是处在真实的社会

---

① ［德］爱迪·斯泰因：《世界与人》，弗莱堡1962年版。

关系之中的人的存在，而不是游离在现代工业文明的物化市场之外的人的存在。没有现代工业实践，现代历史是不可思议的。而站在现代历史的制高点上再反思过去，这个过去一定只能是已经被重构了的过去。因为无论你怎样反思，你都处于正在反思的时刻之中。在这一点上，黑格尔说对了：逻辑只能面对历史，而不能面对未来。由此，对历史本质和规律的把握只能是以当下的反思高点为基点才有可能成功。这也正是克罗齐那句"一切历史都是当代史"的精髓所在。也正是在这个意义上，梅林才会说："历史唯物主义只有在人类历史的一定高点之上才能揭穿它的秘密"①。这也正是对马克思那句"人体解剖是猴体解剖的钥匙"②的精确说明。

　　由此，在康德那里的"现象只能历史地呈现出来并为我们历史地认识"的观点在这里也获得了更深一层的理解。人类历史情境中的任何一种自然对象之表象，都是历史的。自然科学本身只是"由于人们的感性活动才达到自己的目的和获得自己的材料的"③，"没有工业和商业，哪里会有自然科学呢"④。在马克思在为批判资本主义而全身心投入的时候，稍后的孔德正在为认识的确定性而全力以赴。实证主义的方法从休谟经康德到孔德这里已渐成气候，既然我们只能认识我们的实践所能达到的现象界，那么，确定这样的认识比反思这样的认识更显时代之需，这是实证主义拒绝形而上学的肇始。科学哲学作为一种方法论的哲学，也经历了与古典经济学相似的遭遇。在古典经济学那里的科学抽象，到了其后的几乎全部的主流经济学，都转而臣服在实证主义的脚下。宣称一种绝对的时空观念的牛顿经典力学几乎是一统科学哲学的天下。

　　但是，建立在相对时空观念的基础之上的爱因斯坦的相对论一举粉碎了对确定性的最后一线希望。牛顿式的绝对观念已经不合时宜。海森堡的"测不准定理"无可辩驳地指明了人类认识的历史性界限，但是，他所宣称的"月亮在我们不看它的时候是不存在的"同时却也僭越了这种与时间

---

① ［德］梅林：《论历史唯物主义》，李康译，生活·读书·新知三联书店1958年版，第1页。
② 《马克思恩格斯全集》第46卷上册，人民出版社1979年版，第43页。
③ 马克思、恩格斯：《费尔巴哈》，人民出版社1988年版，第21页。
④ 马克思、恩格斯：《费尔巴哈》，人民出版社1988年版，第20页。

性紧密相关的历史性界限。这又是另一种极端了。而当自然主义和历史主义在胡塞尔那里都遭到了无情的批判之时，康德的思想之光便在胡塞尔的现象学批判中得到了发扬光大：我们总只是看到各个事物朝着我们的这一面。现象历史地向我们呈现出来，但这不意味着它就淹没在这个历史性的样态之中了。换句话说，宣称一种历史性并不意味着把这种历史性作为一种思想标记永远留在了现象界之中。自然界作为客体第一次臣服在人类实践的大刀之下，但这并不意味着人类自身就可以超越这种自然的界限。所以，月亮在我们不看它的时候还是存在的。哲学上的反思不是从现实的经验关系中超脱出来，而是更深地陷入了经验关系之中。这正是马克思所批判施蒂纳的。回复到了当下的时间性之上，却是一种空洞的时间性，这是施蒂纳的致命弱点。一种真实的历史时间性的反思不可能完完全全无视自然界对人类存在的优先性。马克思的历史哲学之所以是一种历史唯物主义而不是（黑格尔式的）历史唯心主义，其原因也就在这里。

而当历史主义的科学哲学到了费耶阿本德那里演变为"怎样都行"的时候，爱因斯坦的相对的时空观念的革命性和批判性就已经在其中丧失殆尽了。一定的、现实的、具体的历史情境一旦成为相对主义的掌中宝，它就与绝对主义一起成为钳制人们思想的罪魁祸首。正如同现在，一旦历史唯物主义成为无所不能的"辩证法"，它也就失去了自身的批判意味。本雅明曾经形象地描述过这种历史唯物主义：

> 传说有一种能和人对弈的机械装置，对手走一步，它就相应地回一步。这个和你下棋的木偶穿着土耳其式服装，嘴里叼着烟斗，端坐在大桌子上的棋盘前。一圈的镜子制造出一种幻觉，似乎从各个方向看，这张桌子都是透明的。实际上，一个象棋高手，驼背小人坐在木偶里面，用绳子牵着木偶的手。我们可以设想这种装置在哲学上的对应物。这个叫做"历史唯物主义"的木偶每次都赢[1]。

---

[1] ［德］本雅明：《作品与画像》，孙冰编译，文汇出版社1999年版，第135页。

历史与时间已经活生生地被撕裂了。所以，在历史与时间性的内在关联我们可以说，当历史唯物主义试图去把握人类历史发展的本质和规律之时，它一定不是我们传统的教科书所说的那种僵化的绝对规律，也即适合于一切形态的人类社会的生产力与生产关系矛盾运动发展的规律，而这个生产力也一定不是传统教科书所说的那种土地、人口等等的实体性之物，它们都是由人们当下的活生生的实践活动所建构出来，一旦没有这种动态的时间性的当下活动，无论是生产力还是生产关系，都将不复存在，更不用说历史发展的规律了。把黑格尔的历史哲学与费尔巴哈的唯物主义哲学相加似乎就是一个绝对正确的马克思历史唯物主义，这不过是传统教科书对马克思历史唯物主义所出演的一幕活脱脱的木偶戏。

实际上，我们意识到，历史唯物主义的确无法回避这样的一个问题：没有了超越时空的本体论的哲学抽象和逻各斯中心主义，哲学还能做什么？更何况，纯粹哲学上的批判如果没有现实的物质手段，哪怕它的解放再彻底，现实中的人的解放也就不可能有任何进步。物与人都是不能被蔑视的。这也许正是马克思从哲学研究转向经济学研究的真正原因所在。历史唯物主义本身就是一个哲学与经济学的双向建构的思想成果。人们经常疑惑：马克思主义是不是哲学？回答是肯定的，但它并不是自古希腊爱利亚学派始到黑格尔的意义上的古典哲学，实际上，这种哲学从头到脚，散发的都是男性荷尔蒙的芬芳。这种男性中心主义的产物，连同它自身的精英主义色彩，在这个所谓的多元时代，已经像一个远古历史遗弃的珍宝，躲在博物馆里独自垂泪。历史唯物主义从根本来说并不属于古典的时代，它分明是现代文明的产物，而它最终是要超越这个现代文明的，它自身的批判光芒到最后也一定会指向对自身的批判。生态学的马克思主义和女权主义的马克思主义在这个意义上的确是接过了历史唯物主义的批判旗帜，实施了对现存事物的无情批判。而我们也还不得不说，这是现代文明发展到今天的历史性产物。没有这个已经高度发达的现代文明，这种"后马克思"的批判是不可能产生的。跳着独特的经济学—哲学之舞的历史唯物主义就这样以一种幽灵般的深邃之思悄无声息地征服了现时代的哲学心灵。

马克思历史理论中的主体和客体
——对历史唯物主义的一种理解[1]

孙伯鍨　张一兵　杨建平

近年来,随着关于"实践唯物主义"讨论的广泛展开,国内理论界对马克思的历史理论的研究主要集中在主客体关系问题上。在马克思的哲学视域中,什么是历史运动的主体和客体?二者的关系怎样?研究者们众说纷纭。我们认为,为避免目前的历史研究重新走向抽象的理论思辨,暂时远离问题的焦点以及有关各种"体系哲学"之间的争论,首先对马克思哲学视域中的"历史"概念作出准确的理论规定,或许有助于清理出规范整个讨论的坚实的理论基地。只有在此基础上,才能重新理解马克思的历史理论中诸如主客体关系之类的诸多基本问题。

一

根据现有的文本,马克思对历史概念所作的最早的哲学规定出现于《1844年经济学哲学手稿》中,而在此之前的一些文本中,他只是在批判地考察社会政治问题时,作为其批判思考的既定前提,直接沿袭了黑格尔和费尔巴哈关于历史的一般规定。

作为德国古典哲学的集大成者,黑格尔把抽象的精神活动即思维看成

---

[1] 原载《马克思主义研究》1998年第1期。

是人的本质。在他看来，人类历史的发展不过是绝对精神的自我设定、自我展现、自我认识过程的表现。因此，在他那里，全部人类历史都是抽象的绝对精神事先设定并一手促成的，人类仅仅是这种精神的有意识的或无意识的承担者，是绝对精神为完成其创造历史的业绩而操纵和利用的工具和材料。

因此，黑格尔并不把历史看作是现实的人类个体追求其目的而进行的实际活动。他认为历史的真正主体是超现实的绝对精神，现实个人的活动是按照绝对精神事先设定的隐蔽的目的和方向进行的。但是，由于他深刻地掌握了辩证法并有意识地把它运用于对人类历史的描述，黑格尔的历史理论毕竟蕴含了十分丰富而深刻的现实内容，这表现在他在上述客观唯心主义历史目的论的形式下，最初把人类历史的发展看成是一种有规律的辩证发展的过程。例如，在《精神现象学》中，黑格尔在抽象的"自我意识"的形式下，运用异化理论阐发了人类借助劳动创造自己历史的合理思想。

起初，由于受到法国启蒙思想和青年黑格尔派的影响，马克思站在黑格尔的客观唯心主义的历史目的论的立场上，把理性认作人类历史发展的决定性原则和动力。但是，马克思并不认同黑格尔对客观理性的单纯理解和顺从态度，而是主张作为时代精神的精华和人类理性之自我意识的哲学，通过对非理性现实的批判来推动和促进理性原则在历史中的实现。因此，在《莱茵报》工作期间，马克思就从黑格尔的客观唯心主义立场出发，把哲学当作批判现实的武器，用诉诸哲学、诉诸理性的方法，来批判非哲学、非理性的世界，以便作出改变现实使世界哲学化、理性化的结论。后来，他进入了关于物质利益和财产关系问题的批判研究，这促使他放弃了把哲学当作人类理性的完备表现而和现实世界相对置的"体系哲学"的旧观点。此后，对他来说，哲学便不再是掌握和规范人类历史的绝对真理的体系，而是具体地分析和研究现实历史运动的方法。马克思的哲学即他的历史观，开始向现实存在着的资本主义生产条件下的社会历史事实倾斜。同时，他开始了对其原有的黑格尔主义的哲学信仰的清算和批判。这时，费尔巴哈的出现以及他对黑格尔哲学的批判，给马克思提供了理解和批判现实历史运动的新视角。

费尔巴哈崇尚感性和直观而憎恶抽象的思辨。他认为，哲学应该将感性的人连同作为人的生存基础的自然界，理解为唯一的、普遍的和最高的对象。由此出发，费尔巴哈站在一般唯物主义的哲学立场上，批判了黑格尔的唯心主义，并明确地把人类历史理解为人的存在的历史。但是，由于费尔巴哈仅仅把人看作感性的对象，而不是感性的活动，他"没有从人们现有的社会联系，从那些使人们成为现在这种样子的周围生活条件来观察人们"①，因此，费尔巴哈对人及其存在的历史都作了抽象直观的理解。诚如马克思所指出的，费尔巴哈"从来没有看到真实存在着的、活动的人，而是停留于抽象的'人'，并且仅仅限于在感情范围内承认'现实的、单个的、肉体的人'"②。费尔巴哈从人不仅需要自然，而且需要其他人这个抽象一般的认识出发，认定人的本质在于他们的类的共同性。在他看来，"历史不过是人类人性化的过程"，即人类顺从自然界的运动并在自然界注定给他们的历史道路中实现着人的本质异化和复归的否定之否定历程。③不难发现，这种人本主义的异化史观，归根到底仍然是一种历史目的论的唯心史观，费尔巴哈所做的仅仅是把被黑格尔看成人类历史主体的绝对精神简单地置换成人的抽象的类本质。而且和黑格尔历史理论中所蕴含的丰富的现实内容相比，费尔巴哈仅仅把异化理论运用于对宗教的批判，对于现实的人类历史，除却上述形式主义的一般规定外，他就再也说不出其他的东西了。因此马克思说，"当费尔巴哈是一个唯物主义者的时候，历史在他的视野之外；当他去探讨历史的时候，他不是一个唯物主义者。在他那里，唯物主义和历史是彼此完全脱离的。"④

费尔巴哈对马克思的思想发展过程的影响是双重的。一方面，在马克思"从社会舞台退回书房"以后，他根据费尔巴哈的一般唯物主义哲学立场，开始了对黑格尔法哲学的批判。通过这种批判，马克思发现，"法的

---

① 《马克思恩格斯选集》第1卷，人民出版社1995年版，第78页。
② 《马克思恩格斯选集》第1卷，人民出版社1995年版，第78页。
③ ［德］费尔巴哈：《费尔巴哈哲学著作选集》上卷，荣震华等译，商务印书馆1984年版，第596—597页。
④ 《马克思恩格斯选集》第1卷，人民出版社1995年版，第78页。

关系正象国家的形式一样,既不能从它们本身来理解,也不能从所谓人类精神的一般发展来理解,相反,它们根源于物质的生活关系,这种物质的生活关系的总和,黑格尔按照18世纪的英国人和法国人的先例,称之为'市民社会',而对市民社会的解剖应该到政治经济学中去寻求。"① 通过对资产阶级政治经济学的批判和重新阅读黑格尔的《精神现象学》,马克思开始意识到劳动不仅在现实的资本主义经济结构中具有基础地位,而且在整个人类历史发展过程中都具有决定性的作用。因此,在《1844年经济学哲学手稿》中,马克思第一次明确规定,所谓历史,"不外是人通过人的劳动而诞生的过程,是自然界对人说来的生成过程"②。

另一方面,由于经济史的知识的缺乏和自启蒙运动以来的人道主义思想的深刻影响,马克思又认同了费尔巴哈从人的先验的类本质出发去规范历史的人本主义异化史观。这就是说,在马克思这一时期的哲学视域中,他主要还是从人之所以区别于动物的类本质出发,而不是从人的现实存在即人的现实社会关系出发去理解劳动概念。在人本主义的异化劳动史观的逻辑框架中,马克思以合目的逻辑推理形式论证了合乎人的类本质的理想社会形式——社会主义的历史必然性。因此,我们发现,在《1844年经济学哲学手稿》中,马克思对历史的观察方法实际上采取了两种逻辑思路,即从决定个人的现实存在的市民社会出发的科学分析逻辑和从"真正的人"的本质出发的价值批判逻辑。当然,在这一时期,从后一种逻辑思路生发出来的异化劳动史观显然占据了统摄地位。

通过《神圣家族》的写作和此后对资产阶级政治经济学的进一步研究(《布鲁塞尔笔记》和《曼彻斯特笔记》),马克思逐渐弱化了哲学人本主义的思维方式对社会历史事实的先验统摄作用,这主要表现为:(1)由于批判布鲁诺·鲍威尔等人的以"自我意识"的概念运动为基础的唯心主义历史观的需要,马克思开始放弃了《1844年经济学哲学手稿》中对费尔巴哈的"真正的人"的观点的强调,转向于研究在创造历史的实践活动中的"现实的、活生生的人"。与此相适应,在马克思的哲学视域中,已经

---

① 《马克思恩格斯全集》第13卷,人民出版社1962年版,第8页。
② 《马克思恩格斯全集》第42卷,人民出版社1979年版,第131页。

明确地把焦点投向了物质生产活动即"实践",并由此出发去理解人类现实的历史运动。① 关注"真正的人"的本质的异化劳动史观开始向关注现实的物质生产活动的实践史观过渡。(2) 在对李斯特的经济理论的批判研究中,马克思终于获得了解开"人类历史之迷"的钥匙,他从现实历史中工业所唤起的物质力量("生产力")与这种力量所依存的现存社会形式("生产关系")的矛盾关系中合乎规律地引出了资本主义制度必然灭亡的革命结论。共产主义不再是人们纯主观的善良愿望,而是以人类历史发展的客观规律为依据的现实可能性。因此,鉴于施蒂纳对费尔巴哈的类概念的毁灭性批判和真正社会主义思潮的泛滥,马克思便在《关于费尔巴哈的提纲》和《德意志意识形态》这两个文本中,彻底清算了费尔巴哈的人本主义异化史观,在哲学的新视域中第一次系统阐述了他的"新唯物主义"历史观。

二

在《德意志意识形态》中,马克思首先强调指出,要按照历史的本来面目去研究历史,历史理论的制定只能从历史上实际存在的、经验上可以确证的事实出发,这是唯物主义历史观和唯心主义历史观的根本区别。但是,研究历史的目的不同,观点和立场不同,所得出的历史理论的性质也就大不相同。

在历史研究中,究竟把什么作为研究的对象,或者说,究竟把什么作为要解决的根本问题提出来?这在具有不同观点和立场的哲学家那里,问题的提法和性质当然是不同的。对马克思来说,阶级对抗的历史发生及其最终解决当然是首要问题。如前所述,这个问题开始是以异化和扬弃异化的形式提出来的,但是进一步的研究表明,异化并不是发生在人的本质自身中的自我分裂过程,而是发生在现实历史过程中的人们之间的相互作用

---

① 《马克思恩格斯全集》第 2 卷,人民出版社 1965 年版,第 118 页。

过程。毫无疑问，在现实的历史活动中各个人都是从自己出发的，他们彼此间所结成的一定关系是他们在相互作用中创造出来的，那么为什么和在什么条件下这种关系成为和他们相独立、相对立的关系，并反过来成为压迫他们的力量？这个问题就成为马克思所要集中加以解决的根本哲学问题。在《德意志意识形态》中，马克思是这样提出这个问题的，他说："各个人过去和现在始终是从自己出发的。他们的关系是他们的现实生活过程的关系。为什么会发生这样的情况：他们的关系会相对于他们而独立？他们自己生命的力量会成为压倒他们的力量？"[①] 要回答和解决这个问题，就不能从人的概念或本质规定出发，而必须从现实生活过程中的现实的人出发。正如马克思所说，我们不是从"思考出来的、想像出来的、设想出来的人出发，去理解真正的人。我们的出发点是从事实际活动的人"[②]。可见，马克思所研究的人不是费尔巴哈所标榜的超验的"类存在物"，不是存在主义哲学家所关注的处于孤立无援的精神状态下的孤独的"个人"，也不是结构主义者所指称的社会经济关系的消极"承担者"，而是处在一定条件下进行活动的，可以通过经验观察到的历史进程中的"现实的个人"。这也就是说，马克思的哲学视域中的人的存在，主要是指人的社会存在。

在马克思看来，个人在任何时候都是社会中的个人，从现实个人的角度看社会和从社会的角度看个人，实质都是一样的，仅仅是视角不同而已。其次，马克思研究社会存在，是从作为人的全部社会生活基础的角度来进行的。所以，马克思所研究的社会存在，便不是泛指一般存在，而是指社会的物质存在。马克思认为，对社会生活作出基本的划分，区分开属于物质领域的人的社会存在和属于精神领域的人的意识存在，对这两个方面在历史中的相互关系、相互作用进行具体的分析和恰当的评估，是唯物主义历史观的基本要求。根据这样的区分，马克思进一步认为，社会存在主要是指作为人的现实生活的生产与再生产过程的物质实践活动，它在人的全部活动及整个历史的发展过程中具有决定性、基础性的意义，人的意

[①] 《马克思恩格斯选集》第 1 卷，人民出版社 1995 年版，第 35 页。
[②] 《马克思恩格斯选集》第 1 卷，人民出版社 1995 年版，第 73 页。

识，人的精神生活是在这个基础上发生和发展着的。因此，确切地说来，马克思首先是把历史看成是社会存在发展的历史，就其主要内容来讲是人们的物质生产活动发展的历史。这样，他一旦进入人类历史的研究，便紧紧围绕着物质生产这个主题展开。从《德意志意识形态》第一章的主题和结构来看，这一点是确信无疑的。

依照马克思的理解，人类历史开始于有生命的个人的生产活动。个人是什么样的，"这同他们的生产是一致的——既和他们生产什么一致，又和他们怎样生产一致。因而，个人是什么样的，这取决于他们进行生产的物质条件"①。生产是人与自然之间的物质交换过程，它不仅引起自然界的变化，也引起人自身以及社会的变化。作为一个统一的整体，它既表现为一种自然过程，又表现为一种社会过程。一方面，依凭着物质生活资料的生产与再生产，有生命的个人生产与再生产着自己肉体的存在和他人肉体的存在，从而在能动地表现自己的生活过程中，创造并延续着他们与自然界的动态统一关系；另一方面，物质生活的生产与再生产又是在许多个人的相互交往中进行的。随着新的需要的不断产生和人口的增长，这种物质生产活动又创造并扩展着人与人之间的社会关系。自然过程和社会过程，自然关系和社会关系，在统一的生产过程中是交织在一起的。个人必须通过彼此间的社会关系，以一定的社会关系为中介，才能作用于自然。马克思说："人们在生产中不仅同自然界发生关系。他们如果不以一定的方式结合起来共同活动和相互交换其活动，便不能进行生产。为了进行生产，人们便发生一定的联系和关系；只有在这些社会联系和社会关系的范围内，才会有他们对自然界的关系，才会有生产。"② 一定的社会关系是人的物质生产活动的必要前提，没有它，生产就不能进行。所谓社会关系，按照马克思的说法，包括两个方面的内容：一方面是在生产过程中需要有人们之间的共同活动，它表现为生产者之间的分工、协作和为了共同目的而采取的统一行动；另一方面则是指在分工条件下生产者之间进行的劳动及其产品的交换。同时，一个至关重要的事实是，分工、交换这些社会关系

---

① 《马克思恩格斯选集》第1卷，人民出版社1995年版，第68页。
② 《马克思恩格斯全集》第6卷，人民出版社1961年版，第486页。

的发展和性质是决定于人和自然的关系的发展的，就是说，在不同的生产发展水平上会形成不同的社会关系。因此，对物质生产发展的历史研究就必然转变为对生产力和生产关系这两个方面以及它们之间相互关系的研究。

生产力表现的是人和自然界的关系。生产力的发展反映在人改造自然的对象性活动的物质手段和活动方式上，或者说，反映在工具的进步和劳动方式的改变上。因此，生产力概念本身就包含了主体和客体两个方面。马克思认为，生产力发展的历史同时就是个人本身力量发展的历史。① 这种发展是以连续的和渐进的方式实现的，其中的质变通常是由长期的进步、积累而形成的跳跃。整个说来，生产力发展在人类历史上是一个不间断的过程。正如马克思所指出的，生产力是人类全部历史的基础，而"任何一种生产力都是一种既得的力量，以往的活动的产物"②。另一方面，生产力的发展，也必然要引起生产关系的变化和发展。生产关系之所以发生变化，首先取决于生产资料的性质。马克思说："生产者相互发生的这些社会关系，他们借以互相交换其活动和参予共同生产的条件，当然依照生产资料的性质而有所不同。"③ 人和自然界之间的关系即生产力的一定的发展，总是与人和人之间的关系即生产关系的一定发展阶段相联系的，或者说，人们所达到的生产力总和决定着社会的状况。但是，生产关系的变化、发展主要不是通过渐进的方式实现的，而是通过彼此更替，新的生产关系取代旧的生产关系实现的。在马克思看来，随着生产力的发展，生产关系"不断采取新的形式，因而就呈现为'历史'"④。因此可以说，生产力的变化是历史进步的最基本的动力，但真正标志历史发展的却是生产关系的变革。每当一种新的生产关系取代旧的生产关系，历史就向前跨进一大步。而且，生产关系的变革，其影响并不仅仅局限于人们的物质生活范围，它还会进一步改变全部社会生活的面貌，使规定人的现实存在的整个

---

① 《马克思恩格斯选集》第1卷，人民出版社1995年版，第123—124页。
② 《马克思恩格斯全集》第27卷，人民出版社1972年版，第477页。
③ 《马克思恩格斯全集》第6卷，人民出版社1961年版，第486—487页。
④ 《马克思恩格斯选集》第1卷，人民出版社1995年版，第81页。

社会生活发生变革。因此，马克思认为，社会存在即社会物质生活的两个方面——生产力和生产关系——在人类历史发展中所起的作用是不同的。就生产力本身的变化、发展而言，因为它主要涉及人和自然的关系，涉及人在自然面前的独立地位以及人对自然界的态度，所以，它并不会直接导致人们彼此间的利益关系的变化。也就是说，在自然面前，在生产力问题上，人和人之间在利益上是可以认同的，一般不会出现两种或几种截然不同的立场和态度。但生产的社会关系方面的变化就不同了，因为生产关系即社会中人的交往关系，主要反映了不同的人的利益的分化和组合，它对个人生活的性质和地位以及整个社会的面貌会发生决定性的影响和作用。马克思说："社会——不管其形式如何——究竟是什么呢？是人们交互作用的产物……在人们的生产力发展的一定状况下，就会有一定的交换[commerce]和消费形式。在生产、交换和消费发展的一定阶段上，就会有一定的社会制度、一定的家庭等级或阶级组织，一句话，就会有一定的市民社会。有一定的市民社会，就会有不过是市民社会的正式表现的一定的政治国家。"①

至此，在社会存在的范围内，从生产发展的历史这一基本线索来展开对历史的阐述，大致包含以下几个方面的内容：（1）物质基础，这是我们通常所讲的"人化自然"或"对人类来说的现实的自然界"，它构成了整个历史发展的永恒基础和人类活动的舞台。（2）人的社会交往关系，它随着生产的发展而不断改变其形式，并进而引起人类的整个社会生活面貌的变革，这主要包括社会结构以及与之相适应的国家形式的更替。（3）个人本身的能力的发展。在马克思看来，"人们的社会历史始终只是他们的个体发展的历史，而不管他们是否意识到这一点。他们的物质关系（生产关系——笔者注）形成他们的一切关系的基础。这些物质关系不过是他们物质的个体所借以实现的必然的形式罢了"②。

同时，马克思还认为，在不同历史时期，由每个历史阶段的社会存在所决定的社会生活是丰富多彩的。在这些丰富多彩的社会生活中间，精神

---

① 《马克思恩格斯全集》第27卷，人民出版社1972年版，第477页。
② 《马克思恩格斯全集》第27卷，人民出版社1972年版，第477页。

生活——伦理、艺术和科学也有自己相对独立的历史和独特的发展规律，以至，在某些领域内，精神生产的历史和物质生产的历史有时是很不平衡的。因此，那些远离社会生活的物质基础的精神现象的发展是在极其复杂的相互作用中实现的，对于它们的历史必须要作为十分复杂的综合问题来加以研究。我们知道，马克思的历史理论，目的在于为批判资产阶级社会中的剥削和奴役现象并从理论上论证无产阶级的革命历史作用提供科学的世界观和方法论。在以物质生产为基础对人类历史作了一般描述和阐明以后，马克思便以其新创立的唯物主义历史观为指导，集中精力剖析资本主义社会的内部结构及其发展的规律和趋势，进而在剩余价值理论的基础上，提出了一种从现实个人出发的社会批判理论和社会革命理论。在此背景下，马克思对有关精神生活领域的历史发展没有给予足够的研究和批判，只是由于批判唯心主义历史观的需要，围绕着社会存在和社会意识之间的关系这一基本问题，大致阐述了以下几点。

第一，社会意识对社会存在的反映不是孤立的客体的反映，而是对以人的社会关系为媒介的人的社会实践活动的反映。马克思认为，从历史角度看，人的意识的产生和发展大致经历了两个阶段：起初，人的意识是跟动物相类似的本能意识，马克思也把它叫做意识到的本能。这个时期的意识的特点，表现为人把自己和周围环境初步区别开来的对周围环境的一种感知，它具有直观反映的性质。后来，随着生产的发展，开始出现了真正的社会分工——突出地表现为脑力劳动和体力劳动的分工，形成了我们现在所讲的严格意义上的社会意识。和本能意识不同，社会意识的特点是，它是对于关系的意识，或者说，是意识到的关系，是人通过对自然的一定关系，或者对社会的一定关系而达到的对客体的意识。马克思强调，人和动物的区别不单表现在他对自然界实行改造的能动活动上，而且表现在这种能动活动是在一定的关系即一定的生产力水平和一定的社会关系的范围内进行的。处在一定社会生活中的个人既是实体，又是关系，他的一切现实活动都必须通过关系才能够实现。随着最初社会分工的出现，就同时产生了人和人之间的交往，需要和利益使他们既相互分离，又相互依赖，由此结成的一定关系是每个人走向现实生活、参与共同活动的必经的门槛。

马克思说："凡是有某种关系存在的地方，这种关系都是为我而存在的；动物不对什么东西发生'关系'，而且根本没有关系；对于动物说来，它对他物的关系不是作为关系而存在的。"① 因此，不仅由于和他人交往的需要而产生的意识是一种社会意识，而且，即使是人对外物的意识，由于必然以关系为媒介因而也是一种社会意识。因为只有通过这种关系，物才是为我而存在的。因此，人的意识一定要以一定的社会关系为其反映的内容。当然，由于在反映过程中，作为反映者的主体是根据自身的利益而作出选择和评价的，因此人们对社会存在的反映便有现实和虚幻之分。尽管这种社会始终是一种客观存在，不以人们的意志为转移。

第二，马克思认为，由于脑力劳动和体力劳动的分工，作为具有虚假的独立性的"意识形态"产生了。这就是说，人们能够"不想像某种真实的东西而能够真实地想象某种东西"②。如果说社会意识的主导内容是社会关系，那么意识形态或者是对社会生活中人与人之间关系的虚幻的、不真实的反映，或者是把这种关系在意识中固定化、永恒化，甚至用神秘的外衣把它们包裹起来。为此，马克思后来在政治经济学的研究过程中，着重阐明了经济范畴的历史性和暂时性，为批判资产阶级经济学的辩护性提供了重要的理论依据。③ 在马克思看来，意识形态的发展相对于社会存在的发展具有从属的意义，在内容上是反映社会存在的发展的，但在形式上它总是力图掩盖这种关系。所以，马克思认为，对意识形态必须作出内容和形式的区分。从内容上来说，意识形态没有独立的历史，它必须从社会存在的现实发展中吸取新内容才能有所发展、有所前进；而从形式上来说，意识形态又有自己独立发展的历史，有着前后相续的继承和发展关系。在马克思看来，研究道德、宗教、形而上学等意识形态的历史，主要是要通过这种研究去透视它们所经历的那个历史时代的社会存在的性质，如果不能通过这种研究把握它们所反映社会存在的面貌和性质，这样的道德史、宗教史、哲学史就没有任何认识价值可言。不过，

---

① 《马克思恩格斯选集》第1卷，人民出版社1995年版，第81页。
② 《马克思恩格斯选集》第1卷，人民出版社1995年版，第81页。
③ 《马克思恩格斯全集》第4卷，人民出版社1965年版，第153—154页。

就某些意识形式如文学、艺术等等来说，探讨这些意识形式本身的形式变化也有着重要的意义。因为这种变化对于丰富人们的精神生活具有不可忽视的价值和作用。

三

综上所述，在首先对人类历史作了"社会存在的历史"和"社会意识的历史"这一区分之后，马克思主要是在社会存在的范围内，围绕着作为人的现实生活的本质的物质生产活动，展开他对"历史"概念的阐述的。按照这个逻辑思路来观察历史，历史就既不是无主体的社会经济结构的自发运转过程，也不是脱离客体的纯粹精神的发展史，而是融合了作为主体的人的活动和作为客体的物质关系的生产发展的历史。

从生产作为自然过程来说，主体的活动，即人的生产行为，是一种对象性的活动，既要依赖于物质工具、物质手段来作用于自然，通过这种作用生产出一定的物质产品。如果我们把生产活动中的所有物质内容抽掉，抽掉工具的作用和人所付出的体能，抽掉作为生产结果的物质产品，这种活动就不成其为生产的实践活动，它就会跟思辨哲学家想象的活动成为一个东西。所以说生产是一种物质的实践活动，这一点并不难理解。从生产作为社会过程来看，社会关系表面看来是每一个独立主体彼此间发生的人的关系，但在马克思看来，这种关系同样是物质关系。因为通过这种关系和以这种关系为中介的社会过程，其本身就是以物质为内容的，本身就有劳动活动和劳动产品在不同的个人之间不断进行交换和流通。这种交换和流通当然可以以货币甚至证券等等为媒介，但货币所代表的依旧是一种物质关系。所以，对于生产的社会关系，一方面要看到它是物质关系，另一方面要看到它是人和人之间的物质关系。① 因此，马克思把对社会生活的研究转化为对生产力、对生产的社会关系的研究，并不是把主体丢开了。

---

① 参见《马克思恩格斯全集》第46卷上册，人民出版社1979年版，第102—110页；《马克思恩格斯全集》第23卷，人民出版社1972年版，第87—102页。

因为在马克思看来，生产方式就是主体的活动方式，主体是通过一定的生产方式并在一定生产方式的范围内来追求自己的目的并表现自己的生活的。在马克思的历史理论中，不管他把"生产"这一基础性的概念表述为生产方式、生产力或生产关系，还是表述为物质实践活动，都是兼有主体和客体的双重特征。在他那里，没有离开主体的客体，也没有离开客体的主体。

生产活动是有主体的，历史运动同样也是有主体的，但历史的主体同生产活动的主体有所区别。在生产中，马克思说，客体是自然，主体是人，这没有疑义。但如前所述，这个人不是孤立的个人，而是处在一定的社会关系和条件下的个人。至于生产活动对个人来说，是单独地进行还是系统地进行，这要看不同的社会条件、不同的社会阶段。在自然经济的条件下，生产的主体可以单独地进行活动，但在这种情况下，人也是社会的个人，因为他总是在一定的社会关系的前提下从事生产。甚至像鲁滨逊这样的个人也是社会的个人，他带到荒岛上的工具本身就是社会的。在生产发展的较高阶段，作为生产的主体就主要不再是独立的个人，而是许多个人协同的活动。所以，一般说来，生产的主体是个人，这是个经验事实。然而，从作为历史创造者的角度来讲，主体就不是单独的个人，更不是某种抽象的自我，而只能是前后相继、彼此相联，在历史上存在过的无数个人。他们一方面是相互继承，后人继承前人的活动，继承前人活动的成果；另一方面是相互作用，彼此间相互创造。作为这种前后相继、彼此相联、相互作用所形成的合力，就是历史的事实上的创造者，正是这种力量创造了人类的全部历史。从这个意义上也可以说，人民是历史的创造者。在这些无数个人的相互作用过程中，有的是有意识的，有的是无意识的，有的是自觉的自主活动，有的是自发的盲目活动；但所有这些活动，都对相互作用的结果产生影响，都对历史的发展产生影响。所以，马克思主义哲学对历史发展的主体的描述，既不是单纯从个体出发的，把历史说成是原子式的个人的意志活动的结果，也不是从抽象的人类概念出发的，把历史说成是人的类本质的实现过程。

总之，我们既不能同意西方某些学者主张科学与价值无涉，认为科学只是纯粹描述事实、测量数值大小的活动，是完全非意识形态化的，根本没有意识形态的功能；也坚决反对把科学本身看成是意识形态，是决定政治制度变革的根本原因。我们认为，科学是真理因素与价值因素、首要生产力功能与政治意识形态功能的统一。

论历史唯物主义的两种"历史"概念与意蕴[①]

刘怀玉　章慕荣

"回到马克思"的口号已经在中国学术界喊出了几十年，一个实质性的成果是：人们发现，马克思的哲学理念其实就是历史唯物主义。用历史唯物主义解读马克思主义哲学，已成为许多学者的共识，进而人们也普遍接受对历史唯物主义作出"广义"与"狭义"的理解。[②] 对于广义历史唯物主义之内涵，争论不大，可否定者不少，人们普遍认为决定论的进化论的唯物主义历史观过于"僵硬"而显得"迂阔"；对于狭义历史唯物主义，争议很大，可感兴趣、求新解的人很多，人们总在追问政治经济学批判何以是现代性批判的历史唯物主义的哲学话语。我们认为，历史唯物主义在原初经典中的面貌并不十分清楚，在很大程度上与马克思的叙述方式不无关系，有必要从叙述研究方式的角度去理解历史唯物主义中广义与狭义的历史概念与意蕴，弄清二者在通俗性与严格性、时代流行性与独创性上的区别。对这些问题的探讨，有助于更深入地理解马克思的哲学思想，也有助于推进历史唯物主义的研究。

[①] 原载《南京社会科学》2013年11期。
[②] 国内学界最早提出此问题的可能是南京大学的学者，1982年，孙伯鍨、姚顺良在《晋阳学刊》第5期合作发表了《从"两种生产"的理论谈对历史唯物主义的狭义和广义解释》一文，提出若不对历史唯物主义的基本观点作广义的解释，就不能对全部人类历史发展作出统一的、科学的说明。之后，张一兵教授出版了《马克思历史辩证法的主体向度》一书，明确了广义历史唯物主义和狭义历史唯物主义的提法。

一、广义与狭义：研究对象之分或者叙述方式之别

马克思恩格斯生前均没有对历史唯物主义作出过广义与狭义的区分，这只是后人的理解和说明。恩格斯在马克思逝世时动情地谈及了马克思一生的"两个发现"，即后来广为人知的唯物史观与剩余价值学说。[①] 恩格斯作为第二提琴手，在使历史唯物主义变得通俗易懂和广为流传方面功不可没，但他对马克思青年时代就已指出的、并在政治经济学研究中着力证明的资本主义社会异化的、颠倒的历史特征并不十分重视，这仅从他对"两个发现"的表述中可见一斑：作为"人类历史的发展规律"的唯物史观在篇幅上比作为"现代资本主义生产方式和它所产生的资产阶级社会的特殊的运动规律"的剩余价值学说多了一倍。再加上《政治经济学批判。第一分册》的匿名书评（但书评颇有影响）、《反杜林论》、《社会主义从空想到科学的发展》、《路德维希·费尔巴哈和德国古典哲学的终结》等公开发表的著作，恩格斯对历史唯物主义的通俗解释都加深了人们的判断：唯物史观与剩余价值学说是前后两种不同的理论形态，唯物史观既然研究并揭示的是人类社会历史的发展规律，当然是广义的；而以剩余价值学说为标识的政治经济学批判既然是以特定的现代资本主义社会为对象，那自然就是狭义的。在很长一段时间里，人们对历史唯物主义的理解就是广义历史唯物主义，是唯物主义历史观。

早在 1973 年前后，日本马克思主义学者望月清司就曾针对苏联僵化的教科书体系指出，"要严格区分马克思历史理论和唯物史观教义体系"，马克思的历史唯物主义与其说是反映人类社会历史发展普遍规律的历史哲学，不如说是主要局限于地中海和阿尔卑斯山脉以北的西欧市民社会兴起

---

① 《马克思恩格斯选集》第 3 卷，人民出版社 1995 年版，第 776 页。

过程问题研究的历史理论①。这实际上是较早地把历史唯物主义从研究对象上作出广义与狭义区分的重要尝试。改革开放后，历史唯物主义传统理解中含混的、模糊的广义和狭义之两分，逐渐被我国学者意识到并突出出来。南京大学的孙伯鍨先生从研究对象、研究重点以及研究方法上对历史唯物主义作出了广义与狭义的区分：在研究对象上，广义历史唯物主义主要指整个人类社会历史发展的一般的规律和本质；狭义历史唯物主义主要指当代社会尤其是资本主义社会历史发展的逻辑、特点以及研究方法；在研究重点上，广义历史唯物主义侧重于社会发展理论，狭义历史唯物主义侧重于当代资本主义社会的批判。在他和姚顺良合著的《马克思主义哲学史》第二卷部分章节中，他们又指出：在研究方法上，广义历史唯物主义是通过对德国思辨唯心主义和传统唯物主义历史哲学的批判，实现了对所有唯心主义历史观的唯物主义批判；狭义历史唯物主义则是通过认识论的批判揭示资本主义社会颠倒着的、物化外观，从而恢复人的实践的主体性、实现人的自由解放。②张一兵教授是国内最早明确采用广义历史唯物主义与狭义历史唯物主义提法的学者。他指出广义历史唯物主义是客体向度的、在历史发展中始终起决定作用的、基础作用的客观的物质生产过程，任何一个社会都有着人们无法选择、无法改变、客观的历史基础；狭义历史唯物主义则是主体向度的、需要认识的主体批判地揭示资本主义社会种种迷雾和假相的辩证的历史的唯物主义。人类社会不存在一个一般的、永恒的社会生产，还原论意义上的历史是不存在的，只有用历史的、批判的方法才能重构历史认识论意义上的历史。③几乎与张一兵教授同时，俞吾金教授也提出广义与狭义的历史唯物主义概念，但明显对狭义历史唯物主义持批判态度。他认为，如果对历史唯物主义的理解仅仅停留于社会

---

① 参看［日］望月清司：《马克思历史理论的研究》，韩立新译，北京师范大学出版社2009年版。
② 参看《从"两种生产"的理论谈对历史唯物主义的狭义和广义解释》一文；孙伯鍨《探索者道路的探索》，江苏人民出版社2002年版；孙伯鍨、张一兵主编：《走进马克思》，江苏人民出版社2001年版；黄楠森、庄福龄、林利主编：《马克思主义哲学史（修订本）》第2卷，北京出版社2005年版，第109—262页。
③ 参见张一兵：《马克思历史辩证法的主体向度》，河南人民出版社1995年版；张一兵：《回到马克思》，江苏人民出版社2003年版。

历史领域的观念的"狭义的历史唯物主义概念",就不可能理解马克思划时代哲学变革的真正实质和意义,马克思哲学是对应于广义的社会或社会生活(即在人的生存实践活动中展现出来的整体世界)的"广义的历史唯物主义概念"。①

本文认为,广义与狭义历史唯物主义之二分法,与其说是由于研究对象的广义与狭义之分而造成的,不如说实际上反映的是马克思在创立与发展历史唯物主义过程中的两种叙述方法。换言之,广义的历史唯物主义是一种通俗或大众化的理论叙述方法,而狭义的历史唯物主义则是一种严格的而富有创造性的理论叙述方法。

正如马克思所说的"在形式上,叙述方法必须与研究方法不同"②,他因此还自我提醒同时也警告别人:"叙述的辩证形式只有明了自己的界限时才是正确的"③。而当我们面对马克思本人的哲学时,实际上也存在着马克思表面的叙述形式以及他其实想表述的真实思想之间的重要区别,这就使得他的思想不是现成可用而是需要回溯性与重建性的双重阅读研究过程。

他出于要为同时代人所理解的考虑,常常要采用19世纪流行的价值观念、思想方法和语言风格来叙述自己的思想,而他的本真的创造性的哲学革命思想,往往被遮蔽在对他而言不得已的、时代化的语言风格中或者无声地隐匿在没有发表的手稿中。"历史"作为马克思主义哲学的基本的理论空间,无论是广义的还是狭义的历史概念,都不是可以现成接受的,而是需要经过批判予以重构的。

二、广义与狭义:两种不同的叙述方式

马克思确立广义历史唯物主义的《德意志意识形态》(以下简称《形

---

① 参见俞吾金:《论两种不同的历史唯物主义概念》,载《中国社会科学》1995年第6期。
② [德] 马克思:《资本论》第1卷,人民出版社2004年版,第21页。
③ 《马克思恩格斯全集》第31卷,人民出版社1998年版,第398页。

态》）生前没有发表，他是在"第一次科学地表述了关于社会关系的重要观点"①的《政治经济学批判。第一分册》序言（以下简称《序言》）中对相关问题作了集中而简要的论述，即人们耳熟能详并进行了概述的"社会存在决定社会意识"、"生产力和生产关系、经济基础和上层建筑的矛盾运动与社会革命"、"五形态社会理论"。恩格斯在马克思墓前的讲话基本上是《序言》中相关论述的浓缩，所以《序言》就成了马克思第一次、也是唯一一次公开系统阐述广义历史唯物主义乃至历史唯物主义基本原理、创立过程及其与经济学研究关系的文本。

不到 3000 字的《序言》以"警示性的语言和简短的回顾"②，将广义历史唯物主义的重要观点高度概括又中规中矩地表达了出来，但《序言》中还是有一点"悬念"的。马克思开篇在介绍全书内容时写道："我面前的全部材料形式上都是专题论文，它们是在相隔很久的几个时期内写成的，目的不是为了付印，而是为了自己弄清问题，至于能否按照上述计划对它们进行系统整理，就要看环境如何了。"③ 遥相呼应，在《序言》的倒数第二段，马克思在"不点名"地回忆《形态》书稿命运时写道："两厚册八开本的原稿早已送到威斯特伐利亚的出版所，后来我们才接到通知说，由于情况改变，不能付印。既然我们已经达到了我们的主要目的——自己弄清问题，我们就情愿让原稿留给老鼠的牙齿去批判了。"④ 马克思的思想发展确实存在"自己弄清问题"的艰苦历程，这个历程也几乎伴随他终生，但在一篇不长的序言里两次强调"自己弄清问题"与"环境"（能否系统整理取决于环境如何）、"情况"（因情况有变而不能付印）的紧密关系，我们有理由认为他在《序言》中公布广义历史唯物主义，着实有着对《形态》没能发表之遗憾的弥补。

---

① 《马克思恩格斯文集》第 10 卷，人民出版社 2009 年版，第 167 页。
② ［英］戴维·麦克莱伦：《马克思传》，王珍译，中国人民大学出版社 2006 年版，第 318 页。
③ 《马克思恩格斯选集》第 2 卷，人民出版社 1995 年版，第 31 页。关于马克思说的"面前的全部材料"，《马克思恩格斯选集》的注释部分认为是"指他的《1857—1858 年经济学手稿》和一些准备材料、大纲及摘录笔记等"，见第 2 卷第 648 页；而麦克莱伦则认为"完全是指 1844 年手稿和 1850—1852 年的伦敦笔记"，见《马克思传》第 313 页。二者虽然在解释的范围上差别不小，但都确证了马克思"自己弄清问题"与其思想历程息息相关。
④ 《马克思恩格斯选集》第 2 卷，人民出版社 1995 年版，第 34 页。

在当时还不为人知的《形态》中，马克思就指认了为传统哲学所忽视的物质生产的基础性地位，也借此确立了广义历史唯物主义。在第一分册出版前，马克思就已敏锐地觉察到一般意义上的物质资料生产亘古就有且会一直存在下去，但建立在其之上的哲学反思却是当代历史与思想的结果，只有通过政治经济学批判才能将对传统哲学的批判推进到对社会历史生活本身的批判。

马克思的研究理路和潜在动因在当时还不为人知，他庞大的政治经济学研究又尚在进行中，他既觉得"预先说出正要证明的结论是有妨害的"①，又不确定读者是否愿意真想跟他一道下定决心"从个别上升到一般"②，所以，马克思在《序言》中就用一种迎合当时在英国流行的进步主义历史观的文风阐述了自己"所得到的、并且一经得到就用于指导我的研究工作的总的结果"③。马克思的表述，逻辑周延，结构清楚，也顾及了人们普遍的接受能力与习惯，所以很容易被人理解，列宁认为这就是马克思本人对"推广运用于人类社会及其历史的唯物主义的基本原理"所作的"完整的表述"。④

这种人们理解起来不怎么困难的表述，影响是巨大的，几乎所有关于历史唯物主义的研究与论争都绕不开这个"纯粹典型形式"。⑤ 但《序言》中的经典表述恰恰存在三个不容忽视的问题：第一，《序言》中的广义历史唯物主义确实存在有违马克思实际上已经在《政治经济学批判（1857—1858年手稿）》（以下简称《57—58手稿》）中确立的严格的历史批判精神，因而没能完全摆脱超历史的形而上学幽灵的问题。马克思先是用社会静力学的方式对人类社会的结构层次作了决定论意义上的说明，又从社会动力学角

---

① 《马克思恩格斯选集》第3卷，人民出版社1995年版，第31页。
② 《马克思恩格斯选集》第3卷，人民出版社1995年版，第31页。
③ 《马克思恩格斯选集》第3卷，人民出版社1995年版，第31页。
④ 《列宁选集》第3卷，人民出版社1995年版，第423—424页。
⑤ 前苏联学者巴伐图利亚语，原话为："为了把握一种观点最一般最本质的特征，必须考察这种观点表现为纯粹典型形式的时刻。而对于唯物史观来说，这一时刻在马克思主义史上就是1859年马克思所发表的《政治经济学批判》一书的序言。"参见[苏]巴加图利亚：《马克思的第一个伟大发现——唯物史观的形成和发展》，陆忍译，中国人民大学出版社1981年版，第3页。

度指出了两重社会基本矛盾所推动的人类社会发展过程及其形态。这无疑是在实证科学层面指认人类社会有一个普遍适用的过程与规律,实际上也就成了对生产方式、社会结构等马克思自己的核心概念的非历史、非批判的扩张和运用。第二,马克思因为当时对东方历史还不够了解,使用了"亚细亚生产方式"一词,这难免不落入欧洲中心论的历史哲学狭隘性之窠臼。《序言》里的马克思对社会历史形态作的划分,与《形态》、《雇佣劳动与资本》等当时没公开和已发表的文本中所作的划分一样,都是以欧洲的历史为线索展开的。第三,马克思阐述的社会发展动力的两种革命形式,可以看成是对人类社会作出了直线性的决定论的进步论假设。这种假设极易导致政治行动策略上对历史复杂性、跳跃性与历史主体能动性作用的误解与忽略。这就有了第二国际后来"坐等革命"的改良主义严重错误。也就是说,由于缺失狭义而严格的历史唯物主义理论规定,广义历史唯物主义便有可能沦落为晚年马克思所担心的超历史的历史哲学,以致恩格斯不得不引用马克思批评19世纪70年代末法国马克思主义者时说的话来告诫"唯物史观的许多朋友":"我只知道我自己不是马克思主义者"。①

与叙述流畅、表述完整的《序言》相比,被马克思坚决压下来的、隐藏狭义历史唯物主义要害的《导言》②中叙述的声音则是多重的,里面有科学的话语,有反讽的话语,有审美的话语,也有道德的话语,这些不同话语交织在一起,使人们在阅读时颇感艰涩。所以《导言》1902年发表时,世人对这个未完成的手稿并不十分在意。直到1939—1941年《57—58手稿》陆续公之于世后,人们才回过头来发现《导言》的震撼力与穿透力。

《导言》表达的强烈的意向以及透露的理论意图表现为三个方面:第一,构成历史发展本质的,不是每个历史时代连续的一般性和共同点,而恰恰是"区别于这个一般和共同点"的"差异",正如马克思所言:"构成语言发展的恰恰是有别于这一般和共同点的差别"。③社会历史总是一定的差异的生产方式。第二,马克思在《导言》中强烈反对了启蒙时代的进

---

① 《马克思恩格斯选集》第4卷,人民出版社1995年版,第691页。
② 指写作于1857年8月下旬、发表于1902—1903年的《〈政治经济学批判〉导言》。——编者注
③ 《马克思恩格斯选集》第2卷,人民出版社1995年版,第3页。

步观，他以古希腊艺术显示出恒久魅力为例，说明了文化、艺术的发展与社会的经济发展并不具有一一对应的同构性或者普遍的进步性，历史有断裂、有分叉、有不平衡性，线性的平滑的积累式的进步观应当让位于断裂的分叉的不平衡的历史观。第三，马克思强调研究历史尤其是研究资本主义的历史，不在于研究历史上究竟发生了什么以及延续了什么，而在于我们必须研究既定的、当下的主体的结构，"问题不在于各种经济关系在不同社会形式的相继更替的序列中在历史上占有什么地位，更不在于它们在'观念上'（蒲鲁东）（在关于历史运动的一个模糊的表象中）的次序。而在于它们在现代资产阶级社会内部的结构"①。资本主义社会的历史不仅是以往人类历史的高度发展和继续发展，而且是一种断裂，更是在总体性结构中对以往历史的摧毁和重构。马克思用"世界史不是过去一直存在的；作为世界史的历史是结果"② 这句结论道破了天机：资本主义社会以前是没有严格意义上世界历史的。

而《形态》中的世界历史则是基于不同民族、族群、国家在商业、经济、文化、政治等现实交往过程中，慢慢地由多样性转变为普遍性、统一性的世界史。"只有随着生产力的这种普遍发展，人们的普遍交往才能建立起来；普遍交往，一方面，可以产生一切民族中同时都存在着'没有财产的'群众这一现象（普遍竞争），使每一民族都依赖其他民族的变革；另一方面，地域性的个人为世界历史性的、经验上普遍的个人所代替。"③这是交往的世界历史观，还明显带有亚当·斯密的分工理论与交往理论的经验主义历史观的痕迹，即将历史看成是交往之"多"所形成的最终之"一"。《形态》中所展望的未来共产主义也是"以生产力的普遍发展和与此相联系的世界交往为前提的"④，是摆脱了地方局限性和私有制狭隘性交往共同体。《序言》中的"经典表述"与《形态》中带有目的论色彩的历史观是一致的。这些实际上仍是基于资产阶级市民社会社会关系的批判性

---

① 《马克思恩格斯选集》第 2 卷，人民出版社 1995 年版，第 25 页。
② 《马克思恩格斯选集》第 2 卷，人民出版社 1995 年版，第 28 页。
③ 《马克思恩格斯选集》第 1 卷，人民出版社 1995 年版，第 86 页。
④ 《马克思恩格斯选集》第 1 卷，人民出版社 1995 年版，第 86 页。

超越想象，并不足以揭示资本主义社会特殊的、必然的历史特征。既然历史唯物主义针对的世界历史乃是历史发展到资本主义阶段的产物，就有必要对"历史"作出限定，以使其具有严格的当代性意义。因此，马克思的狭义历史唯物主义进行了非常有意义的区分：一是区分经济社会的客观物质性特征与经济社会的暂时的历史的物化特征；二是区分经济发展的基础性决定性作用与经济的历史阶段性的主导性总体影响；三是区分经济发展的不可超越的历史过程的必然性与经济发展的盲目扩张的暂时必然性。

正是基于对"历史"严格的自觉的限定，《导言》以及《57—58手稿》、《资本论》及其手稿所表达的历史观，才突破交往历史观的局限而转向了资本积累的历史观。马克思深刻地指出，现代社会的本质是资本的权力，"资本是资产阶级社会的支配一切的经济权力"①，资本主义社会之所以不是以往历史的简单继续和数量积累，是与其资本逻辑的特殊生产方式密不可分的。马克思在《资本论》中使用从抽象到具体的黑格尔逻辑学的叙述方式，从某种意义上说正是他找到了理论再现资本主义生产逻辑发生、发展过程的最好方法。资本主义的生产不是为了眼前的直接的物质生活需要，而是为了追逐剩余价值，是一种抽象的价值驱动和支配下的现实的生产与再生产。前资本主义社会的社会生产中，商品的生产是为了获得货币以购买想要的商品，是 $W—G—W$，起点和终点都是商品；而在资本主义生产中则为了价值的增殖，是 $G—W—G'$，"循环的动机和决定目的是交换价值本身"，"货币在运动终结时又成为运动的开端"②。资本主义社会追求剩余价值现实的历史活动过程与黑格尔绝对观念自我外化、自我扬弃的过程恰是高度地一致的，正像绝对观念是遮蔽了历史起源、社会起源和意识起源的形而上学怪影一样，资本主义也总是想尽一切办法遮蔽自己作为以往历史结果的前提，将资本生产的前提当成永恒的自我运动。在马克思那里，从抽象到具体当然不是观念生成万物并在万物中认识自身、实现自身的唯心主义的神秘过程，也不只是科学再现事物的研究方法，更是揭示资本主义特殊的必然的历史特征的科学方法。

---

① 《马克思恩格斯选集》第1卷，人民出版社1995年版，第25页。
② [德] 马克思：《资本论》第1卷，人民出版社2004年版，第175—177页。

资本主义社会的特殊性就在于其是一个以掩盖自己历史起源、将自己作为自己起源的自我膨胀、自我繁殖的过程,历史成了一个没有主体的抽象物支配人的主客颠倒的必然性过程。这个过程如果不采取一种历史的辩证的想象是无法把握的,只有指出资本主义是独特的、暂时的历史形态,而不是以往社会的自然延续,才能洞穿资本主义社会的暂时性、独特性,才能在根基上批判资本主义。狭义历史唯物主义的独特意义绝非是广义历史唯物主义的具体运用,而是一种哲学方向的转折。马克思在《导言》中实现的话语转换,正是从之前本质地认定经济是人类社会发展永恒的基础前提与最终动力机制,转换为历史地确认资本主义所开创的发达的市场经济社会形态无非是人类历史上暂时出现的一种以盲目—自发的调节机制来控制社会生活的现实秩序。他深刻地写道:"在一切社会形式中都有一种一定的生产支配着其它一切生产的地位和影响。这是一种普照的光,一切其它色彩都隐没其中,它使它们的特点变了样。这是一种特殊的以太,它决定着它里面显露出来的一切存在的比重。"①"因此,把经济范畴按它们在历史上起作用的先后次序来安排是不行的,错误的。它们的次序倒是由它们在现代资产阶级社会中的相互关系决定的,这种关系看来是同它们的合乎自然次序或者符合历史发展次序的东西恰好相反"②。在后来的《资本论》中,马克思更是深入而具体地阐述了这种不平衡发展的特点。

不过,人们以往不太注意的是,马克思的政治经济学批判一方面充分揭露了资本主义社会不可克服的内在矛盾及其不平衡的发展特征,另一方面又指出现代社会是一个有机体社会。他在《资本论》第一版序言中写道:"现在的社会不是坚实的结晶体,而是一个能够变化且经常处于变化过程中的有机体。"③ 这也就是说,一方面从人类发展的总过程和总趋势看,社会愈来愈具有有机整体性;另一方面社会机体具有自我更新的能力,任何一个具体的社会都经历从形成、发展到衰亡,最后被新社会取代的过程。人类社会的历史就是社会有机体不断自我更新代谢的历史,具体

---

① 《马克思恩格斯选集》第2卷,人民出版社1995年版,第24页。
② 《马克思恩格斯选集》第2卷,人民出版社1995年版,第25页。
③ [德] 马克思:《资本论》第1卷,人民出版社2004年版,第10—13页。

表现为各种社会形态的更替,即社会机体类型或"形式"更迭的历史。当然,社会有机体的自组织、自调节能力是有限的,当矛盾的激化超过了自我调节的限度时,必然会被新的社会形态所代替,又开始新的自我组织与调节的运动。一个是对过去起源的批判性的追溯,一个是对未来的科学展望,两端共同构成马克思非普通意义的、批判的历史辩证法,使得马克思牢牢地把握住了资本主义独特的、矛盾的、必然灭亡的本质。

三、广义与狭义之争的历史误区与当代反思

在马克思主义发展史上,广义和狭义的两种"历史"概念时常被人自觉不自觉地提到,却又总是被误解、曲解和非难。

受恩格斯影响,第二国际开启了广义历史唯物主义的解释模式。在第二国际的理论家那里,马克思的历史观不是被简化为类似于达尔文进化论意义上的社会进化论,就是被简化为类似于机械力学意义上的经济决定论;或者,干脆用康德式的二元对峙取代马克思哲学中主客体统一的、辩证的历史概念。前者表现为以卡尔·考茨基为代表的、主流的、实证科学的社会进化论,后者表现为以爱德华·伯恩斯坦为代表的修正主义的人道关怀的价值哲学。在面对资本主义的现实与矛盾时,他们不是用实证科学的办法就事论事地解释,就是仅从外在的、主体的、道德的良知来论证社会主义。这实际上是对历史唯物主义的庸俗化和肢解化。

苏联和东欧的马克思主义(尤其是斯大林意识形态体系),基本沿袭了第二国际的理解模式。尽管他们也不同程度地强调社会的内在矛盾而不再将社会看成是一个简单的进化过程,但仍然片面强调历史规律的客观性与经济的决定作用,同时又小心翼翼地掩盖甚至竭力消解人的主观能动性和无产阶级的主体意识,试图用一种虚假神圣的历史必然性命令来代替历史主体的选择,从而形成了对广义历史唯物主义机械教条化的理解,历史唯物主义成了无历史的、封闭的、必然逻辑的五形态历史哲学和经济决定论。

随着马克思生前手稿的陆续发现，西方掀起了对"两个马克思"（即青年马克思与老年马克思）的持久争论，许多西方学者都指责第二国际和苏联教科书体系中非批判性的、机械决定论的弊端，转而强调无产阶级和人的主体性问题。在以卢卡奇、葛兰西为开端的第一代西方马克思主义学者看来，历史唯物主义的主要任务不再是揭示人类社会历史的客观规律，而是批判地揭示资本主义社会物化的、异化的拜物教现实。这实际上就是将广义历史唯物主义悬置了。而以阿尔都塞为代表的结构主义学派则将广义历史唯物主义改造成为一种社会关系、社会结构的多元决定论，从而将历史决定论变成了结构决定论，历史也就成了"无主体的过程"。① 以霍克海默和阿多诺为代表的、西方马克思主义最有影响力的学派之一法兰克福学派在反对机械决定论、经济决定论和庸俗唯物论解释模式的同时，将历史唯物主义置于工具理性批判的理论逻辑之中，认为当代资本主义已经从马克思所看到的生产关系异化发展为生产力的异化，即从"过去"劳动对"现在"劳动、资本对人的奴役发展成为科学技术生产力对人的自我奴役，人与人的矛盾被人与自然的对抗所取代。广义历史唯物主义成了他们眼中非批判的社会进化论或工具理性支配下的进化过程。

另一方面，法兰克福学派和结构主义学派又都从狭义历史唯物主义强调的资本逻辑中寻找为我所用的理论资源。前者从以隐性人本主义价值悬设为前提的物化、主客体颠倒的角度，将马克思对资本主义的批判转化成了对工具、技术的批判，最终把资本主义看成是人类不可抗拒、不断危机的命运，从而在消极悲观意义上看待现代性的矛盾和危机。后者则用无主体的、无历史的结构取消了人的主体地位，成了另一种悲观主义。到了后马克思主义那里，由于阿尔都塞的消极影响，他们不约而同地放弃了历史唯物主义的核心构件，生产方式的作用、资本逻辑的批判被话语批判、权力批判、符号批判、意识形态批判等微观批判幻觉所取代。这些各执一端的理论想象不同程度地遮蔽了狭义历史唯物主义的"历史"概念，从而也付出了沉重的理论代价，历史唯物主义的理论锋芒被钝化，马克思历史辩

---

① ［法］路易·阿尔都塞：《列宁和哲学》，杜章智译，远流出版公司（台湾）1990年版，第146页。

证法严格的核心意义也愈加含混。

我们认为,历史唯物主义不是一般意义上的唯物主义历史观,不是一般意义的历史哲学,不是批判社会的价值悬设和人文解释学,也不仅是认识社会的逻辑方法,而是独特的、辩证的逻辑形态和结构。历史一方面有其客观实在的过程,另一方面则必须通过辩证的科学的认识逻辑加以把握。历史唯物主义的关键既不是简单地将人类社会历史过程还原成一个基本的客观实在,也不是把人的历史本质还原成一种永恒不变的客观实在,更不是将历史归结为一个所谓客观的决定过程,历史唯物主义的要害是彻底的、历史性的精神和方法,只有彻底的历史性才能保证历史唯物主义的合法性。

虽然广义历史唯物主义备受责难,但广义、通俗的唯物史观叙述逻辑,在前苏联等国家革命与现代化传播实践过程中确实起了重大的作用,这一点无可否认。广义历史唯物主义仍是马克思主义哲学得以当代言说的合法性底线。马克思有明显地域性特征的语意自然不能成为超越地理空间的理论声明,迄今为止也没有一个民族完全匹配《序言》中的"五形态",但谁也无法否认物质生活资料的生产与再生产是全部人类社会生存的基础,人类必须不断地与外部自然界进行物质和能量变换才能生存,这是人的生命活动的本质特征。人类社会历史既是物质生产发展的历史,也是社会关系不断变化的历史。物质资料的生产、人的生产和社会关系的生产与再生产本身是同一个历史过程,共同构成了人的社会活动的三个方面,而且社会关系的生产与再生产构成社会结构变迁所必需的动力机制和保障。这正是广义历史唯物主义的开放性意义之所在。我们不赞成将广义历史唯物主义仅仅看成是供马克思进一步研究的指导线索和一个研究假设[1],但确实也

---

[1] 英国学者特雷尔·卡弗(Terrell Carver)在《马克思的社会理论》一书中强调《序言》中广义历史唯物主义的经典表述只是供马克思进一步研究的指导线索,更像是研究假设,用卡弗在书中引用的劳丹《进步及其问题:科学增长的理论》中的话就是"关于某一研究领域的实体和过程、关于用以探究该领域问题和建构理论的一套一般假定",它"既不是解释性的,也不是预测性的或可直接验证的"。卡弗还进一步认为,虽然在马克思看来,特定现象或环境与实际确证这一研究假设的程度完全是一个不能肯定的问题,但不妨碍这一研究假设在历史学研究中的生命力以及其对后来历史学研究的很大影响。国内有学者基于此认为卡弗要表达的意思就是:马克思的唯物史观不是"科学"(因为它不可证伪),但却有"意义"。参看鲁克俭:《国外马克思学研究的热点问题》,中央编译出版社2006年版,第196—198页。

要看到其实乃一个期盼中的可能，而正是因为其没有现成的方案，我们才需要激活马克思辩证的批判的历史概念。

　　狭义历史唯物主义的理论优势在于，当古典政治经济学和传统的进步观念把自己封闭在由历史上资本主义特定经验衍生出来的观念范畴的局限中，封闭在有关人性、合理性、系统的运动法则及历史过程的资本主义假定中的时候，其提供了超越资本主义的政治经济学批判，从而解构资本主义最顽固的意识形态。马克思的创造性就在于不再把感性的和现象形态的社会现实作为社会的唯物主义的客观本质，而是将以颠倒的神秘的方式存在着的统治人的资本的力量和资本的逻辑作为社会最深刻的现实，通过从抽象上升到具体的辩证方法，既指认了资本主义是过去历史的断裂，也指认了资本主义自身不可克服的局限性和向未来社会飞跃的可能性。与此同时，马克思狭义的严格的"历史"概念也是一种颠倒、摧毁资本主义颠倒世界的辩证想象。马克思的历史辩证法不仅是科学地解释、再现社会矛盾发生和发展的辩证过程，而且是通过理论方式获得人的自由的可能和自由的追求，包含存在论、价值论、实践论在内的哲学活动。从必然王国抵达自由王国的过程，就是重新获得人的主体性，摆脱类似形而上学的资本逻辑统治，从抽象的客观性所支配下的片面的抽象的主观的个人，变成具有社会丰富性规定、社会发展能力的人，实现个人与类的重新统一。① 历史唯物主义的生命力过去、现在、将来都在于既批判性地揭示资本主义对现代历史的总体性统治的逻辑及其必然的危机命运，又提出历史发展新的可能途径或替代性前景。

　　在资本主义全球化发展的今天，"历史"已不再是多线论与单线论、普遍论与特殊论的"非此即彼"的二者择一式命题，也不再是传统马克思主义所强调的世界历史体系的等级制，而是资本的统治逻辑不断流动、不断制造地方性差别和对立以及中心和边缘等级制的过程。我们一方面必须恪守广义历史唯物主义的策略底线和开放性视野，另一方面必须坚持狭义历史唯物主义把握特殊对象的特殊逻辑的科学方法论，赋予历史唯物主义

---

① ［德］马克思：《资本论》第3卷，人民出版社2004年版，第928—929页。

以严格的形式，从而形成一种新的严格的批判维度（在这方面，以大卫·哈维为代表的地理维度和空间维度的历史唯物主义是一个典型的对狭义历史唯物主义的激活与运用）。唯有如此，历史唯物主义才能合乎时代要求而始终具有旺盛的理论生命。至于马克思在表述上的"弱点、空缺和疏忽"（阿尔都塞语），尚可进一步研究，但这不影响其基本理论的正确性。

"现代私有制社会"批判的理论一般
——《德意志意识形态》中的资本主义观①

张一兵 周嘉昕

1845—1846年,经过布鲁塞尔和曼彻斯特时期的第二次系统的经济学研究,马克思恩格斯在《德意志意识形态》中已经初步确立了从实践(生产)出发分析社会历史的一般方法论原则。这一方面为马克思回过头来清理自己的理论思路以及同与青年黑格尔派,特别是费尔巴哈的关系奠定了基础;另一方面,也为马克思恩格斯制定"科学的历史观",批判资本主义现实提供了理论上的出发点。也就是说,在经济学研究和资本主义现实分析的基础上,马克思恩格斯在同《德意志意识形态》的论战中确立了自己的科学方法论——历史唯物主义最一般的原则,即把物质生产作为历史的基础,从一定生产方式之上的交往形式即"市民社会"入手分析历史的发展,特别是第一次系统地说明了现代资本主义的历史性发生,并在这个"现代私有制社会"的生产力和交往形式的矛盾中寻求共产主义的客观可能性。此时,马克思恩格斯还没有找到对资本主义社会的正式指称,他们较多地使用"现代私有制"和"资产阶级统治"来指认资本主义现实。只有少数几次,他们使用了"现代资产阶级社会"一语。应该说,《德意志意识形态》是马克思恩格斯在创立马克思主义科学理论之后,第一个关于资本主义社会科学认识和理解的重要研究成果。

---

① 原载《人文杂志》2008年第4期。

一、生产与历史：资本主义批判的科学基础

从哲学范式的变革上来说，《德意志意识形态》在马克思恩格斯的思想历程中扮演着至关重要的角色，在某种意义上的确可以称之为"认识论上的断裂"。同样，对于资本主义批判来说，这部手稿也具有理论奠基性意义——从物质生产出发分析现实历史，并在这一过程中提供针对资本主义的科学批判。换句话说，就是确立了历史唯物主义的方法论，并以之作为资本主义理解与批判的科学理论基础。首先，马克思恩格斯从现实的个人出发得出了客观历史的真实起点，感性的生产活动。在此基础上，人类历史性存在的四重原初关系得以展开，即物质生产生活本身、新的需要的产生、人的生命本身的生产以及社会关系和作为共同活动方式的"生产力"。在考察了远处的历史关系的四个因素之后，马克思恩格斯才分析了"意识"的产生并运用生产过程—交往形式—意识形式框架对包括资本主义在内的人类历史作出整体的说明。

从生产和历史出发，马克思恩格斯确立了广义的历史唯物主义的一般原则。然而，这种历史观的一般原则并不仅仅是元哲学方法论的探讨，更是直接同资本主义批判结合在一起的。换言之，马克思恩格斯的哲学变革是在对现实的批判性分析和历史研究中实现的，而对生产和历史的理解也内在地根植于人类解放和社会革命的价值指向之中：《德意志意识形态》中实现的理论变革为资本主义批判提供了一般的历史观基础。

对于马克思恩格斯来说，历史是人的社会存在及其方式的历史转换本身，社会存在本身就是历史的，历史已经内在地编织进当下的社会存在中。从这种历史观出发，人类历史发展也可以获得科学的说明。

从直接的物质生产出发阐述现实的生产过程，把同这种生产方式相联系的、它所产生的交往形式及各个不同阶段上的市民社会理解为整个历史的基础。从市民社会作为国家的活动描述市民社会，同时从市民社会出发阐明意识的所有各种不同理论的产物和形式，如宗教、哲学、道德等等，

而且追溯它们产生的过程。①

其实，在此之前马克思恩格斯还在与"商业史"、"工业史"并列使用过"市民社会史"一语。不难发现，这里的"市民社会"（"bürgerliche Gesellschaft"）一语显然是指广义的社会经济结构，以作为国家、法律等上层建筑的基础，而并非特指"资产阶级社会"。我们可以发现，马克思恩格斯《德意志意识形态》一书的第一卷第一章中，"bürgerliche Gesellschaft"一词的使用在绝大多数语境中都是这种广义的社会经济基础之义，而在第一卷第二章以后，马克思恩格斯则开始较多地使用"bürgerliche Gesellschaft"直接指认资本主义社会，只有两处在加了"现代的"定语后，直接指称"现代资产阶级社会"。

对此，马克思恩格斯还指出，"在过去一切历史阶段上受生产力制约同时又制约生产力的交往形式，就是市民社会……这个市民社会是全部历史的真正发源地和舞台"。这里的历史当然是指现代资本主义的历史。

市民社会包括各个人在生产力发展的一定阶段上的一切物质交往。它包括该阶段的整个商业生活和工业生活，因此它超出了国家和民族的范围，尽管另一方面它对外仍必须作为民族起作用，对内仍必须组成为国家。"市民社会"这一用语是在18世纪产生的，当时财产关系已经摆脱了古典古代的和中世纪的共同体［Gemeinwesen］。真正的市民社会只是随同资产阶级发展起来的；但是市民社会这一名称始终标志着直接从生产和交往中发展起来的社会组织，这种社会组织在一切时代都构成国家的基础以及任何其他的上层建筑的基础。②

很显然，马克思恩格斯这里对"bürgerliche Gesellschaft"一词的使用语境是没有什么争议的，它就指在资本主义近代发展以来所形成的特定的工业和商业生活中的"社会组织"——经济结构，这种"市民社会"结构是资本主义社会上层建筑的基础。包括马克思后来在1858年《〈政治经济学批判〉序言》中提出的那个基础决定上层建筑的表述，都是在狭义的资本主义社会规律的意义上才具有合法性，它并没有对全部历史描述的普适

---

① 《德意志意识形态》（节选本），人民出版社2003年版，第36页。
② 《德意志意识形态》（节选本），人民出版社2003年版，第75页。

性要求。还有一点需要特别指出的是，由于受到黑格尔市民社会理论和赫斯交往理论的影响，马克思恩格斯此时关于社会关系的理解主要还着眼于人与人的一般社会交往，这个交往关系还没有深入到真正的生产关系层面。实际上，交往不等于交换。生产关系决定交换关系，只是在资本主义生产方式中交换关系才成为统治的关系。交换关系是表象，生产关系才是本质。这些问题，只是在50年代以后的经济学研究中才被马克思逐步解决。

也就是说，在对历史的生产基始性理解以及历史性存在的四重原初关系探讨的基础上，马克思提供了历史分析的一般框架，特定阶段的"市民社会"即由生产方式所产生的交往形式并且是历史的基础，并且一切意识形式都可以在"市民社会"中得到阐明。此外，这种历史分析本身就是同资本主义批判结合在一起的。不同于青年黑格尔派"从观念出发来解释实践，而是从物质实践出发来解释观念的形成"，"历史的动力是革命，而不是批判"。在这种历史观的基础上，革命的可能性可以在现实的历史发展中得到论证，也就是说，人类社会的未来发展不再如青年黑格尔派和青年马克思所理解的那样是一种与"现有"相对应的"应有"，而是一种基于客观可能性出发的"能有"。反过来，如果还没有具备这些实行全面变革的物质因素，就是说，一方面还没有一定的生产力，另一方面还没有形成不仅反抗旧社会的个别条件，而且反抗旧的"生活生产"本身、反抗旧社会所依据的"总和活动"的革命群众，那么，正如共产主义的历史所证明的，尽管这种变革的观念已经表述过千百次，但这对于实际发展没有任何意义。[①]

生产过程（生产方式）——交往形式（市民社会）——意识形式，作为马克思恩格斯广义历史唯物主义基础上的一般理论框架，提供了资本主义理解与批判的基础性分析范式，但这并不能代替对现实历史发展过程的具体分析。在"费尔巴哈章"的手稿中，对历史过程的分析主要依赖于政治经济学研究中所袭得的一个理论范畴——分工。在分工的基础上，马克思恩

[①]《马克思恩格斯选集》第1卷，人民出版社1995年版，第93页。

格斯运用所有制形式、市民社会等概念尝试着对现实的世界历史发展作出科学的说明。

二、分工与对抗性的所有制

在阐述广义历史唯物主义一般逻辑的同时，马克思恩格斯还直接从分工出发，基于欧洲经济发展史对资产阶级社会所有制进行现实的批判。①这是一种直接发源于马克思初步肯定经济学研究的科学批判话语，也是在新世界观确立之后，马克思恩格斯关于资本主义批判理论的直接理论基础。

在"费尔巴哈章"的第［Ⅱ］、［Ⅳ］和［Ⅰ］手稿中，马克思恩格斯都谈到了分工在现实的世界历史中的作用：在手稿［Ⅱ］中，马克思恩格斯从对意识的分析出发引出分工范畴，并以分工说明生产的不同方式，即分工产生分配，因而产生了所有制；在手稿［Ⅳ］中，分工范畴被用来说明现实社会的历史发展，这实际上是真正的资本主义社会，即狭义的"bürgerliche Gesellschaft"（"资产阶级社会"）的历史形成过程。此时马克思恩格斯较多地还是使用"现代私有制"来指认这一资本主义社会现实。从马克思恩格斯全部思想史进程来看，这是马克思恩格斯在创立了马克思主义科学理论之后，对资本主义现实的第一次全面的历史性解剖。在手稿［Ⅰ］中，分工又进一步被推广到人类社会既往历史发展的全程，即分工基础上的四种所有制形式。在我们接下来的分析中，出于理论逻辑的需要，对分工和世界历史的分析将按照一般理论、人类历史全程和资产阶级社会形成的顺序进行。

实际上，从分工入手分析现实的历史发展一方面反映了马克思恩格斯跳出《德意志意识形态》的理论尝试，以及《1844年经济学哲学手稿》中已经开始的针对劳动内在过程分析的延续；另一方面，也表明马克思恩

---

① 张一兵：《回到马克思》，江苏人民出版社1999年版，第471页。

格斯虽然初步确立了新的理论框架，但是在对现实的批判中仍不免借助于既有的理论范畴。问题是，这些范畴在被赋予了新的理论意蕴的同时，其既有的原初理论语境也会对马克思恩格斯理论逻辑的全面制定产生妨碍。由于分工概念本身更多是对生产过程的一种现象分析，无法深入资本主义生产的内在本质，所以此时马克思恩格斯对资本主义的批判和共产主义的论述仍然带有假想的色彩。也基于此，资本主义的历史阶段性特征并不十分清晰，资本主义这种特殊的"所有制形式"在分工的相互关系上表现为"阶级"。这就意味着，马克思恩格斯还无法彻底地从生产的内在过程（劳动对资本的从属）出发阐明资本主义（生产方式），而不得不诉诸"现代私有制"社会这种特殊的交往形式，奴役性的分工与所有制。在对生产力、社会状况和意识之间矛盾的分析中，马克思恩格斯提到了分工。此时的分工，是处于生产力和社会交往之间的一个重要概念。显然，马克思恩格斯此时并没有从经济学和现实社会历史发展的进程中仔细地区分社会分工和劳动分工的历史性生成，这里的分工概念更多的是一个准哲学的范式。这个分工概念在《德意志意识形态》中主要集中在两种语境之中。在第一种语境中，分工不准确地接近后来马克思的社会分工概念，它只是笼统地表征了一种社会分化和分裂，在一定的意义上，它是原有的那个异化范式在广义历史唯物主义批判尺度上的逻辑替代。所以，正是在此基础上，马克思恩格斯常常用分工来说明资本主义现实社会中的某种物对人的奴役。第二种语境是一种广义的分工，它常常作为社会发展的生产力水平出现的。与分工概念相关联，马克思恩格斯此时的分析还关涉另外的概念，即社会的所有制形式，实际上，这是此时马克思恩格斯对对抗性社会生产方式的一种不成熟的表达。

对于分工，马克思恩格斯说："分工起初只是性行为方面的分工，后来是由于天赋（例如体力）、需要、偶然性等等才自发地或'自然形成'分工。分工只是从物质劳动和精神劳动分离的时候起才真正成为分工。"[1] 任何新的生产力"都会引起分工的进一步发展"。这是分工的那

---

[1] 《德意志意识形态》（节选本），人民出版社2003年版，第26页。

个广义的语境。

一个民族内部的分工，首先引起工商业劳动同农业劳动的分离，从而也引起城乡的分离和城乡利益的对立。分工的进一步发展导致商业劳动同工业劳动的分离。同时，由于这些不同部门内部的分工，共同从事某种劳动的个人之间又形成不同的分工。这种种分工的相互关系取决于农业劳动、工业劳动和商业劳动的经营方式（父权制、奴隶制、等级、阶级）①。

其次，"分工的每一个阶段还决定个人的与劳动材料、劳动工具和劳动产品有关的相互关系"，即"所有制的各种不同形式"。这里的"所有制形式"显然并不是后来斯大林主义政治经济学教科书中那种狭义的生产关系中的生产资料所有关系的含义，而是马克思恩格斯在资产阶级法权概念基础上拓展的结果，在某种意义上可以看作是对抗性社会生产方式概念形成过程中的一种理论参照。这是因为，此时所有制的概念在马克思那里指认了一种基于财产不公正的社会奴役关系。在他们看来，所有制是一定历史条件下分工和社会分裂的产物，由于劳动及其产品的不平等的分配，才出现了奴役性的所有制：

> 它的萌芽和最初形式在家庭中已经出现，在那里妻子和儿女是丈夫的奴隶。家庭中这种诚然还非常原始和隐蔽的奴隶制，是最初的所有制，但就是这种所有制也完全符合现代经济学家所下的定义，即所有制是对他人劳动力的支配。其实，分工和私有制是相等的表达方式，对同一件事情，一个是就活动而言，另一个是就活动的产品而言②。

在此时的马克思恩格斯这里，所有制是与第二种语境中的奴役性分工相同质的。

所以，马克思恩格斯认为，在自然形成的社会中，"只要分工还不是出于自愿，而是自然形成的，那么人本身的活动对人来说就成为一种异己

---

① 《德意志意识形态》（节选本），人民出版社2003年版，第12页。
② 《德意志意识形态》（节选本），人民出版社2003年版，第28页。

的、同他对立的力量，这种力量压迫着人，而不是人驾驭着这种力量"。为什么？按马克思恩格斯此时给出的解释，这是由于分工本身具有的强制性和奴役性："原来，当分工一出现之后，任何人都有自己一定的特殊的活动范围，这个范围是强加于他的，他不能超出这个范围"。其实，这个分工可以被看作特写的奴役性分工，后面马克思恩格斯多次强调的"消灭分工"，都只是在这个意义上才成立的。这种分工的本质是奴役性活动的结构化和固定化，而这种固定化则造成了一种客观的奴役。"社会活动的这种固定化，我们本身的产物聚合为一种统治我们、不受我们控制、使我们的愿望不能实现并使我们的打算落空的物质力量，这是迄今为止历史发展的主要因素之一。"① 我们还可以看到，这种分工概念所起的作用正是前不久在《1844年经济学哲学手稿》中异化概念的作用。同样是批判对抗性的社会现实，在那里是"私有制"和"异化"，而这里则是"所有制"和"分工"。马克思恩格斯自己也指认到，这种物对人的奴役现象，用过去哲学家们的话来说，就叫"异化"。其实，在马克思恩格斯此时对社会历史的批判性分析中，我们还能看到两个非常重要的批判性指认，一是社会历史发展中的某种与自然界盲目运动相类似的自发性的批评。在《德意志意识形态》一书中，马克思恩格斯常常指认为"自然形成"和自发性，有一处，他们直接提到了斯密的"看不见的手"。我们可以将其表述为似自然性。二是在这种对抗性"所有制"社会中人的创造物颠倒地聚合成一种奴役人的物性力量的观点，对此，我们可以将其指称为物役性。这也是马克思恩格斯批判资本主义社会的重要理论观点。②

人类历史上基于分工形成四种所有制形式（对抗性的社会生产方式）。既然从物质生产出发理解历史，并将特定生产阶段上的"市民社会"看作历史的基础，那么作为生产力发展标志的分工便可以作为分析历史的一般标尺。尽管此时马克思恩格斯对人类历史的论述囿于自身的理论资源——主要是黑格尔哲学中对历史发展的论述和《曼彻斯特笔记》中对经济史的摘录——而带有某种程度的猜测性质。无论如何，这一分析代表了马克思

---

① 《德意志意识形态》（节选本），人民出版社2003年版，第29页。
② 具体讨论可参见张一兵：《马克思历史辩证法的主体向度》，南京大学出版社2002年版。

恩格斯运用历史唯物主义分析社会历史现实的一种尝试。

"分工发展的各个不同阶段，同时也就是所有制的各种不同形式"，此外，"分工的相互关系取决于农业劳动、工业劳动和商业劳动的经营方式（父权制、奴隶制、等级、阶级）"。这里提到的不同经营方式实际上对应于四种对抗性的社会所有制形式。第一种是部落所有制，同生产的不发达阶段相适应，分工"仅限于家庭中现有的自然形成的分工的进一步扩大"。这种部落所有制中已经存在着对奴隶的统治。第二种是"古典古代的公社所有制和国家所有制"，在这个阶段"分工已经比较发达，公民和奴隶之间的阶级关系已经充分发展"，其中，除去公社所有制以外，不动产和动产私有制都已经发展起来。"第三种形式是封建的或等级的所有制，"它的主要形式"一方面是土地所有制和束缚于土地所有制的农奴劳动，另一方面是拥有少量资本并支配着帮工劳动的自身劳动"①。这里，马克思恩格斯第一次指认了历史性的奴隶劳动、拥有少量资本的手工业者自身劳动和对帮工劳动的支配。可以说，这是我们看到了迄今为止马克思恩格斯第一次关于现实存在着的具体劳动历史形式的理论指认。同时，资本概念在这里也是第一次以历史的形态出现，固然这还是一种并不准确的表述。以阶级为特征的是第四种所有制形式，即"现代私有制"，这就是当时马克思恩格斯眼中的资本主义社会了。对它的全面分析是在手稿［Ⅳ］中展开的。我们看到，马克思恩格斯关于四种社会所有制的分析和讨论，也是他们第一次将资本主义社会历史地置于人类社会发展的总体进程中，对其进行历史性确认的尝试。无论如何，这是马克思恩格斯关于资本主义理解和认识思想史中的一个里程碑式的站点。

此时，马克思恩格斯认为封建等级所有制"像部落所有制和公社所有制一样，也是以一种共同体［Gemeinweisen］为基础的"。共同体同社会的区分，在某种程度上对应于马克思后来所理解的资本主义生产以前的各种形式同资本主义生产的差别。依马克思恩格斯此时的理解，分工的发展程度表现了生产力发展的水平，一定的交往形式（市民社会）又是与一定

---

① 《德意志意识形态》（节选本），人民出版社2003年版，第13—14页。

的生产力发展水平相对应的,同时,分工和所有制又是同一个东西的两个方面。可见,在《德意志意识形态》中,马克思恩格斯虽然已经确立了科学的历史观,所有制形式已经有了对抗性社会形态(生产方式)的含义,资产阶级现代所有制社会也可以看作是对资本主义现实的概括,但是并未形成资本主义本质剖析的清晰概念体系。

三、"现代私有制"社会的质性规定

关于第四种所有制分析,马克思恩格斯首先是通过与前三种所有制的异质性关系,来确证这个"现代私有制社会"的。

第一,从社会生产发展的基础上看,因为前者的生产工具是"自然形成"的,而后者则是由"文明"创造的。

第二,在人与外部世界的关系上看,"在前一种情况下,即在自然形成的生产工具的情况下,各个人受自然界的支配,在后一种情况下,他们受劳动产品的支配。因此在前一种情况下,财产(地产)也表现为直接的、自然形成的统治,而在后一种情况下,则表现为劳动的统治,特别是积累起来的劳动即资本的统治"。与前三种所有制社会中人为自然界支配不同,现代私有制社会是受人的劳动所创造的东西——资本的统治。

第三,在人的交换关系上,在前三种所有制社会中,交换是人与自然交换,现代私有制社会则是人与人交换,并且,"前一种情况的前提是,各个人通过某种联系——家庭、部落或者甚至是土地本身,等等——结合在一起;后一种情况的前提是,各个人互不依赖,仅仅通过交换集合在一起"。这种个人"互不依赖"而仅仅通过市场交换联系起来的观点,正是黑格尔市民社会的指称对象。后面,马克思恩格斯对此还有更具体的说明。

第四,在体力劳动和脑力劳动的关系上,"在前一种情况下,只要具备普通常识就够了,体力活动和脑力活动彼此还完全没有分开;而在后一种情况下,脑力劳动和体力劳动之间实际上应该已经实行分工"。这一点,似乎并不十分精确，体力劳动与脑力劳动的分离不是资本主义社会才发生的事情。

第五，在社会统治的方式上，"在前一种情况下，所有者对非所有者的统治可以依靠个人关系，依靠这种或那种形式的共同体［Gemeinwesen］；在后一种情况下，这种统治必须采取物的形式，通过某种第三者，即通过货币"。这一点其实跟第三点是相通的。后来马克思将这二者重新表述为"人的依赖性"和"物的依赖性"。关于通过货币建立起来的人与人的关系的物化问题，后面马克思恩格斯也有具体的讨论。

最后，在社会的分工问题上，"在前一种情况下，存在着小工业，但这种工业决定于自然形成的生产工具的使用，因此这里没有不同的个人之间的分工；在后一种情况下，工业只有在分工的基础上和依靠分工才能存在"①。

在工业发展的一定阶段上必然会产生私有制。在采掘工业［industrie-extractive］中私有制和劳动还是完全一致的；在小工业以及到目前为止的整个农业中，所有制是现存生产工具的必然结果；在大工业中，生产工具和私有制之间的矛盾才是大工业的产物，这种矛盾只有在大工业高度发达的情况下才会产生。因此，只有随着大工业的发展才有可能消灭私有制。②

马克思恩格斯这里表述是不准确的，许多用语都还带有过去学术资源的痕迹，但这毕竟是他们第一次对资本主义社会的现实批判。我们可以看到后来在科学话语中的一些重要新观念的雏形：一是资本主义是一定社会历史发展阶段的产物，此处为"私有制"是"工业发展一定阶段"的产物，其实，广义的私有制不是在工业之后出现的；二是一定的生产方式是一定的生产力发展的结果，落后的生产关系与相适应的生产水平一致，此处的说明为，所有制是生产工具的结果，落后的私有制与农业和小工业是一致的；三是生产力的社会化发展要求与资本主义生产方式中的生产资料私人占有之间的矛盾是大工业高度发达的结果，此处是说，生产工具与私有制的矛盾是大工业高度发达的产物；最后，资本主义的内部矛盾只有在

---

① 《德意志意识形态》（节选本），人民出版社2003年版，第47—48页。
② 《德意志意识形态》（节选本），人民出版社2003年版，第48页。

社会生产力的解放中才有真正的现实可能性,此处是说,只有大工业的发展才能消灭私有制。

我们应该特别注意的是,这是马克思恩格斯第一次对资本主义社会作出如此全面的系统的质性认定。这是马克思恩格斯资本主义理解和认识史上,基于马克思主义科学方法论的第一个总体表征。相对于《1844年经济学哲学手稿》中的那个对资本主义经济生活所进行的人本主义异化逻辑批判,这也是马克思恩格斯的第二个系统的资本主义观。

在此之后,马克思恩格斯又对这个现代私有制社会进行了历史性的发生学说明。在此时的他们看来,现代私有制社会的历史形成是从"分工"开始的,中世纪以来,现代私有制的发展经过了三个历史阶段。能够看得出来,此时马克思恩格斯理论目标是要说明资本主义形成和发展的三个时期中由资本的世界市场完成建构的所谓世界历史。这是他们关于资本主义社会更深入的分析和历史性说明。

马克思对第一个时期的说明,是从城市与乡村的对立开始的。马克思将其称为"物质劳动和精神劳动的最大一次分工"。在人类社会历史的进程中,它也是"随着野蛮向文明的过渡、部落制度向国家的过渡、地方局限性向民族的过渡而开始的,它贯穿着文明的全部历史并一直持续到现在"。马克思还指认,"城乡之间的对立是个人屈从于分工、屈从于他被迫从事的某种活动的鲜明反映"[1]。这种奴役性的屈从,导致了相互对立的"城市动物"和"乡村动物"。马克思恩格斯认为,这种奴役性的屈从就是劳动。此时,马克思恩格斯还没有确认资本主义生产方式中的雇佣劳动,而是使用了去掉了异化前缀(《1844年经济学哲学手稿》)和打上双引号的(《评李斯特》)的劳动。这个劳动,也是他们前面指认的那种人所创造却反过来奴役人、凌驾于个人之上的物质力量,只要这种"凌驾于个人之上的力量还存在,私有制也就必然会存在下去"。私有制的存在基础现在不是因为异化劳动,而是去掉了"异化"的奴役性劳动。最后,马克思说,"城市和乡村的分离还可以看作是资本和地产的分离,看作是资

---

[1]《德意志意识形态》(节选本),人民出版社2003年版,第48—49页。

本不依赖于地产而存在和发展的开始，也就是仅仅以劳动和交换为基础的所有制的开始"①。请注意，作为资本主义社会本质最重要的资本概念就要隆重出场了。

第一个时期，马克思是说明欧洲中世纪后期城市中的经济发展进程，这实际上是西方资本主义最早的发展。起点是行会制约下的手工业劳动者与"自然形成的等级资本"。手工业者同时具有自己那种"特殊的劳动"以及主要"由手工劳动工具构成的那一点点资本"。

首先，由于这个时候在城市中各行会之间的分工还是非常少的，而在行会内部，各劳动者之间则根本没有什么分工。每个劳动者都必须熟悉全部工序，凡是用他的工具能够做的一切，他必须都会做；各城市之间的有限交往和少量联系、居民稀少和需求有限，都妨碍了分工的进一步发展，因此，每一个想当师傅的人都必须全盘掌握本行手艺②。这里的劳动显然不同于上述那个奴役性的劳动，而是特指手工业者的劳动，这种劳动是总体性的、具有"艺术感"的全盘"手艺"。

其次，与此对应的"自然形成的资本"，即"它是由住房、手工劳动工具和自然形成的世代相袭的主顾组成的，并且由于交往不发达和流通不充分而没有实现的可能，只好父传子，子传孙"。这种资本是"直接同占有者的特定的劳动联系在一起、同它完全不可分割的资本，因此就这一点来说，它是等级资本"③。这是马克思恩格斯第一次历史性地确认资本的不同形态。显然这还是极不准确的说明。

接下去，分工进一步扩大为"生产与交往的分离"，这表现为商人阶层的形成。正因为"交往"由一个特殊的阶层专门操持，商业的交往得到充分的发展，这直接促进了城市的生产与分工的发展，也促进了城市间的相互交往，在这种交往中，"最初的地域局限性开始逐渐消失"④。同时，更重要的是大工业基础之上的发达的生产力，创造了世界性的交往。不同

---

① 《德意志意识形态》（节选本），人民出版社2003年版，第49页。
② 《德意志意识形态》（节选本），人民出版社2003年版，第51页。
③ 《德意志意识形态》（节选本），人民出版社2003年版，第50—51页。
④ 《德意志意识形态》（节选本），人民出版社2003年版，第52页。

城市之间的分工的直接结果就是工场手工业的产生，这就是资本主义的最初发生。值得注意的是，马克思恩格斯在这里历史性地直接指认了真正历史时间中资本主义的生成和发展：

> 工场手工业的初期繁荣——先是在意大利，然后是在弗兰德——的历史前提，是同外国各民族的交往。在其他国家，例如在英国和法国，工场手工业最初只限于国内市场。除上述前提外，工场手工业还以人口特别是乡村人口的不断集中和资本的不断积聚为前提。资本开始积聚到个人手里，一部分违反行会法规积聚到行会中，另一部分积聚到商人手里。①

这是马克思恩格斯理论文本中最早出现的资本主义早期发展的有时间、有具体地点的具体历史事实。在此前不远的文本中，马克思恩格斯举了"腓尼基人"的例子，稍后的地方，马克思恩格斯还列举了英王亨利八世下令绞死72000名流浪汉的具体历史事件。这是马克思恩格斯对资本主义的分析进入一定时空构架中具体历史研究的标志。并且，资本的集中被指认出来。

在这里，首先是脱离了旧有的生产形式（行会束缚）的劳动，以及从自然形成的等级资本发展而来的商人资本。马克思说，这是现代意义上的资本。相对于自然形成的实物形态上的等级资本，现代资本"是以货币计算的资本——用货币计算，资本体现为哪一种物品都一样"。并且，商业资本从"一开始就是活动的"②。商业的活动资本，也叫动产。而在《1844年经济学哲学手稿》中马克思对此是持怀疑态度的。后来马克思的表述为与固定资本相对的流动资本。这时，原来在行会中存在于帮工和师傅之间的"宗法关系"开始为工场手工业中的工人与资本家之间的"金钱关系"所取代。

有意思的是，马克思恩格斯对资本主义的历史性说明不断地在强化

---

① 《德意志意识形态》（节选本），人民出版社2003年版，第53页。
② 《德意志意识形态》（节选本），人民出版社2003年版，第54页。

起来：

> 随着美洲和通往东印度的航线的发现，交往扩大了，工场手工业和整个生产运动有了巨大的发展。从那里输入的新产品，特别是进入流通的大量金银完全改变了阶级之间的相互关系，并且沉重地打击了封建土地所有制和劳动者；冒险的远征，殖民地的开拓，首先是当时市场已经可能扩大为而且日益扩大为世界市场，——所有这一切产生了历史发展的一个新阶段①。

显然，从具体的历史事实出发来说明现代私有制社会的质性特征越来越多了。马克思恩格斯在此发现，随着商业和工场手工业的扩大，活动资本的积累与自然形成的资本的结构也在发生改变，特别重要的是，"商业和工场手工业产生了大资产阶级，而集中在行会里的是小资产阶级，现在它已经不再像过去那样在城市里占统治地位了，而是必须屈从于大商人和手工工场主的统治"。这是马克思恩格斯第一次对资产阶级本身作了具体的划分。马克思在此页手稿的边注还加了一句话："小资产者——中间等级——大资产阶级"。

第二个时期开始于17世纪中叶，并一直持续到18世纪末。这是工场手工业进一步发展阶段。与此相同步的是由殖民主义商业交往所开辟出来的"世界市场"和商业与航运的发展。此时，工场手工业仍然是脆弱的，依赖于商业的扩大或缩小。马克思注意到，虽然资本的运动在加快，但由于世界市场还被分割成许多部分，国家之间的壁垒，生产本身的不灵活和尚不发达的货币制度，都严重影响了资本的流通。

这一时期还有这样一些特征：禁止金银外运法令的废除，货币经营业、银行、国债和纸币的产生，股票投机和有价证券投机，各种物品的投机倒把等现象的出现以及整个货币制度的发展。资本又有很大一部分丧失了它原来还带有的那种自然性质。②

---

① 《德意志意识形态》（节选本），人民出版社2003年版，第54页。
② 《德意志意识形态》（节选本），人民出版社2003年版，第57页。

具体的历史史实强势地出现在马克思恩格斯的说明中,先是直接指认了此时"已经出现商业和工场手工业集中于一个国家的现象",这就是英国。同时,他们还具体提到了"本国生产的原料(英国的羊毛和亚麻,法国的丝)的加工受到鼓励,国内出产的原料(英国的羊毛)禁止输出,进口原料的[加工]仍受到歧视或压制(如棉花在英国)"①。并且,马克思恩格斯正是在这里(第三手稿第50页),再一次在自己的文本中集中地直接实证地引述政治经济学(第一次是在第一手稿第18页上引述斯密的"看不见的手")。与《1844年经济学哲学手稿》不同,这一次,政治经济学不再是批判的对象,而成了面对历史现实的根据。并且在同一页上出现了三次。一是18世纪商业城市与工厂城市的差别问题上引述艾金;二是在"十八世纪是商业的世纪"这一论断引述品托;三是在资本运动与工场手工业时期商人和工场手工业主的特性上引述斯密。而在本书后面的讨论中,马克思恩格斯则第一次比较全面地讨论了资产阶级古典经济学的思想史,对其进行了第一次比较完整的评论。②

第三个时期被马克思恩格斯称之为"大工业"的发展阶段,即"利用自然力来为工业服务,采用机器生产以及实行最广泛的分工"③的时期。这一新阶段的前提条件是国内的自由竞争环境、"理论力学的发展(牛顿所完成的力学在18世纪的法国和英国都是最普及的科学)"和英、法的社会政治革命。在这个时期所发生的最重要的社会改变为:

首先,在这个新的阶段上,现代私有制"大工业创造了交通工具和现代的世界市场,控制了商业,把所有的资本变成为工业资本,从而使流通加速(货币制度得到发展)、资本集中"。这是一个总体描述。

其次,现代私有制的"大工业通过普遍的竞争迫使所有个人的全部精力处于高度紧张状态。它尽可能地消灭意识形态、宗教、道德等等,而在它无法做到这一点的地方,它就把它们变成赤裸裸的谎言"。这是后来韦伯所说的祛魅。

---

① 《德意志意识形态》(节选本),人民出版社2003年版,第56页。
② 《德意志意识形态》(节选本),人民出版社2003年版,第116—119页。
③ 《德意志意识形态》(节选本),人民出版社2003年版,第58页。

其三，正是这个大工业，"它首次开创了世界历史，因为它使每个文明国家以及这些国家中的每一个人的需要的满足都依赖于整个世界，因为它消灭了各国以往自然形成的闭关自守的状态"①。世界历史是由大工业创造的，这是对从黑格尔一直到鲍威尔"德意志意识形态"那种观念的世界历史的最沉重的打击。

其四，"它使自然科学从属于资本，并使分工丧失了自己的自然性质的最后一点痕迹。它把自然形成的关系一概消灭掉（只有在劳动的范围内才有可能做到这一点），并把所有自然形成的关系变成货币的关系"。

最后，"它建立了现代的大工业城市——它们的出现如雨后春笋——来代替自然形成的城市。凡是它渗入的地方，它就破坏手工业和工业的一切旧阶段。它使城市最终战胜了乡村"。

一直到这里，我们能看出马克思恩格斯都是在肯定性地描述现代私有制（资本主义）的大生产在建构出新的世界历史。可是，这并不是他们的真正目的。马克思恩格斯的真正目的还是要批判资本主义，但这一次，不再是从人的劳动本质异化中引申出来那种价值否定，而是从经济运动本身的客观趋势中确认资本主义灭亡的根据。

首先，资本主义大工业以自动化体系创造出"大量的生产力"，以至于"私有制成了它们发展的桎梏"。其次，资本主义大工业消灭了各民族的特殊性，特别是创造了"一个真正同整个旧世界相脱离并与之对立的阶级"，这就是无产阶级②。更重要的是，"大工业不仅使工人与资本家的关系，而且使劳动本身都成为工人不堪忍受的东西"。生产力的客观发展正在直接否定资本主义的生产关系。这正是马克思在《1844年经济学哲学手稿》第一手稿中论说分工与异化关系时那两个客观条件的具体的历史性诠释。这一次，从资本主义走向共产主义，决不再是通过扬弃劳动异化和人的类本质的复归，而是真实的历史（经济）发展的结果了。这就是由资本主义大工业自己创造出来的世界历史性生存中人类解放的现实可能性。从总体上说，由于马克思恩格斯此时的经济学研究水平和对具体历史知识

---

① 《德意志意识形态》（节选本），人民出版社2003年版，第58页。
② 《德意志意识形态》（节选本），人民出版社2003年版，第116—119页。

的了解还不够充分，所以他们此时的历史描述还多有推测和抽象的特点。如果对比马克思在《1861—1863年经济学手稿》中对于这段相同历史的论述，可以发现后者的分析已经站在了更高的理论平台之上，从资本主义生产方式发展出发，着眼于劳动和资本的结合方式。而这里的分析仍主要是从抽象的分工视角出发的，这也意味着马克思恩格斯此时对资本主义的理解尚未真正深入到生产的内在过程、建构完成自己的独特理论框架。即便如此，这并没有阻碍马克思恩格斯在《德意志意识形态》，特别是第一章《费尔巴哈》中，基于广义历史唯物主义理论框架展开了对资本主义现实的科学批判。

广义历史唯物主义基础上对资本主义的科学批判
——《德意志意识形态》研究[①]

张一兵 周嘉昕

正如《德意志意识形态》这部著作的标题所表征的那样,马克思、恩格斯写作的出发点是为了批判以费尔巴哈为代表的德国哲学,第一章《费尔巴哈》的写作顺序也表明马克思、恩格斯是在同鲍威尔、费尔巴哈和施蒂纳等人的争论中逐步将自己的理论正面阐述出来的。进一步说,这些论战之所以发生,归根结底是源于对当下社会现实和人类未来之可能性的理解。这就必然涉及对资本主义现实的剖析和批判,换言之,尽管《德意志意识形态》是一部论战性著作,第一章《费尔巴哈》主要阐述了马克思、恩格斯新世界观的基础,但它本身有着明确的现实指向,即批判"现代私有制"(马克思、恩格斯此时对资本主义社会的指称),为共产主义提供科学论证。

一、"现代私有制"社会现实的基本关系

从工业和竞争出发理解现实资本主义并不是《德意志意识形态》的首创,早在恩格斯的《英国状况》组文和《国民经济学批判大纲》,以及马

[①] 原载《江西社会科学》2008年第4期。

克思克罗茨纳赫历史研究和《1844年经济学哲学手稿》(以下简称《手稿》)中,工业和竞争便已经成为理解资本主义的重要理论范畴。在《德意志意识形态》中,工业的发展和自由竞争的出现借由分工得到了充分的说明,"工业只有在分工的基础上和依靠分工才能存在"[①],"大工业使竞争普遍化了"[②]。由此,以大工业和贸易自由为基础的现代私有制社会便在分工与生产力的发展中得到了说明。

可是在这里,分工除去表征了一种社会生产水平的意味,同时也承担起那个已经消失的异化逻辑的理论功能:马克思、恩格斯进一步指出,"在大工业和竞争中,各个人的一切生存条件、一切制约性、一切片面性都融合为两种最简单的形式——私有财产和劳动",所谓私有财产就是"积累起来的劳动","私有制,就它在劳动的范围内同劳动相对立来说,是从积累的必然性中发展起来的"。这种积累起来的劳动与"现实的劳动"相对立,并且统治和奴役现实的劳动。显然,后一个现实的劳动,在这里是指称工人和劳动者。在《手稿》中,是本真的劳动与异化的劳动相对立,而此处,则是死劳动与活劳动相对立。这是十分不同的理论和现实判断。私有财产与劳动的对立,其实就是资本与劳动的对立,是劳动范围内的对立。这是一个重要的指认。

在此时的马克思、恩格斯看来,个人本身完全屈从于分工,分工"包含着资本和劳动之间的分裂以及所有制本身的各种不同的形式,分工越发达,这种分裂也就发展的越尖锐,劳动本身只能在这种分裂的前提下存在"。这里的分工,显然不是后来马克思历史地指认出来的社会分工和劳动分工,而是一个理论逻辑抽象。并且,这里的私有财产(私有制)和劳动,实际上是现实的人的感性物质活动在特殊历史条件下的存在方式,也就是说在马克思恩格斯以"现代私有制社会"来认定的所有制形式中的特定生产力。在这里,现代私有制社会的内在矛盾不仅仅是私有财产和劳动之间的对立,而是劳动(生产)过程的内在冲突:大工业所带来的发展了的生产力同现代私有制条件下特殊的交往形式之间的矛盾。较之《手稿》,

---

① 《马克思恩格斯选集》第1卷,人民出版社1995年版,第104页。
② 《马克思恩格斯选集》第1卷,人民出版社1995年版,第114页。

马克思、恩格斯在这里已经放弃了作为人的类本质用以批判现实的劳动概念，转而强调现实的劳动本身就处在同私有财产的分裂之中，并在这一分裂中寻求现实的批判。

简言之，现代私有制社会有其自身的形成过程，是一种特定生产力基础上的有限历史性存在：随着分工的扩大产生了机器大工业和普遍的自由竞争，并摧毁了"过去的种种冒充的共同体"，形成了私有财产和劳动之间的对立；这种对立反映了工业（分工）生产力同私有制之间的矛盾；只有在工业的发展中，才能消除分工，进而消灭私有财产和劳动本身，实现共产主义。依后来马克思的认识，这里的消灭分工应该理解为消灭奴役性的分工。

私有财产和劳动之间对立的历史性本质在唯物主义历史观之上通过分工获得了说明，而马克思在《手稿》中所据以批判资本主义现实的人的"异化"，也在这一全新理论框架中脱胎换骨——"现代私有制"社会中个人在分工和货币统治下的偶然性存在和物役性关系。

分工不仅是生产力、社会状况和意识之间矛盾的原因，而且"随着分工的发展也产生了单个人的利益或单个家庭的利益与所有互相交往的个人的共同利益之间的矛盾"。

只要人们还处在自然形成的社会中，就是说，只要特殊利益和共同利益之间还有分裂，也就是说，分工还不是出于自愿，而是自然形成的，那么人本身的活动对人来说就成为一种异己的、同他对立的力量，这种力量压迫着人，而不是人驾驭着这种力量。①

这是由于奴役性的分工使得人自己的活动——劳动成为一种奴役性的压迫力量。这是物役性的另一种表现。在后面的讨论中，马克思、恩格斯指出：

> 在任何情况下，个人总是"从自己出发的"，但由于从他们彼此不需要发生任何联系这个意义上来说他们不是唯一的，由于他们的需

---

① 《德意志意识形态》（节选本），人民出版社2003年版，第29页。

要即他们的本性，以及他们求得满足的方式，把他们联系起来（两性关系、交换、分工），所以他们必然要发生相互关系。但由于他们相互间不是作为纯粹的我，而是作为处在生产力和需要的一定发展阶段上的个人而发生交往的，同时由于这种交往又决定着生产和需要，所以正是个人相互间的这种私人的个人的关系、他们作为个人的相互关系，创立了——并且每天都在重新创立着——现存的关系。①

正是因为历史中的个人的出发点是"处于既有的历史条件和关系范围之内的自己，正是由于在分工范围内社会关系必然独立化，在每一个人的个人生活同他的屈从于某一劳动部门以及与之相关的各种条件的生活之间出现了差别"，所以，在现代私有制社会中，"有个性的个人与阶级的个人的差别，个人生活条件的偶然性，只是随着那本身是资产阶级产物的阶级的出现才出现。只有个人之间的竞争和斗争才产生和发展了这种偶然性本身。因此，各个人在资产阶级的统治下被设想得要比先前更自由些，因为他们的生活条件对他们来说是偶然的；事实上，他们当然更不自由，因为他们更加屈从于物的力量"②。马克思、恩格斯在此没有使用那个广义的"市民社会"一语，而开始直接用资产阶级的统治来特指这个全新的奴役性的社会。

在现代私有制社会中，个人的偶然性存在还"得益"于货币的力量，"货币使任何交往形式和交往本身成为对个人来说是偶然的东西"，货币"是产生下述现象的根源：迄今为止的一切交往都只是在一定条件下个人的交往，而不是作为个人的个人的交往。这些条件可以归结为两点：积累起来的劳动，或者说私有财产（私有制），以及现实的劳动"③。个人不再是作为个人的个人，而是作为偶然的个人进行交往。作为私有财产运动形成的抽象，"现代资本"——货币具有购买一切的能力，在此时的马克思、恩格斯看来，"货币是普遍的、通用的和流通的交换手段；货币使一切财

---

① 《马克思恩格斯选集》第3卷，人民出版社1960年版，第514—515页。
② 《德意志意识形态》（节选本），人民出版社2003年版，第64页。
③ 《德意志意识形态》（节选本），人民出版社2003年版，第71页。

产保持着流动的状态"①。可是，在货币权力的支配下，"在普遍的交换手段独立化而成为一种对社会或个人来说独立的力量"，于是，这也成为现代私有制社会中的个人相互联系起来的唯一途径。

在这里，马克思、恩格斯通过分工为这种偶然性奠定了科学的理论基础，但是具体到资本主义的认知，特别是资本概念，马克思、恩格斯在相当大程度上仍是从货币入手的。就是说，虽然在一般理论框架上已经确定了生产分析范式，但对现实生产过程的解剖，则限于分工概念而无法深入资本生产的内在过程，这也是马克思、恩格斯只能以"现代私有制"社会这一"交往形式"来判定资本主义现实的根本原因。

二、自主活动与现代私有制社会中的物役性

马克思、恩格斯还发现，从更大一些的尺度去看，这种交往还反映了这样两个重要的事实：一是人们的生产力表现出"非人的"性质。"生产力表现为一种完全不依赖于各个人并与他们分离的东西，表现为与各个人同时存在的特殊世界，其原因是，各个人——他们的力量就是生产力——是分散的和彼此对立的。"前面我们看到过，马克思、恩格斯说人们共同活动的方式就是生产力，可是在现代私有制社会中，生产力本身也不再是人的力量。二是生产力成为私有制的力量。"这些力量只有在这些个人的交往和相互联系中才是真正的力量。因此，一方面是生产力的总和，生产力好像具有一种物的形式，并且对个人本身来说它们已经不再是个人的力量，而是私有制的力量，因此，生产力只有在个人是私有者的情况下才是个人的力量。"② 不难发现，马克思、恩格斯这里对生产力与私有制条件下人的交往问题的分析，极其深刻地与黑格尔关系市民社会的经济结构分析相接近。并且，马克思、恩格斯说："同这些生产力相对立的大多数个人，这些生产力是和他们分离的，因此这些个人丧失了一切现实的生活内容，

---

① 《马克思恩格斯选集》第3卷，人民出版社1960年版，第461页。
② 《德意志意识形态》（节选本），人民出版社2003年版，第72页。

成了抽象的个人,然而正因为这样,他们才有可能作为个人彼此发生联系。"

马克思、恩格斯发现:"在一定的、当然是不以意志为转移的生产方式内,总有异己的、不仅不以分散的个人而且也不以他们全体为转移的实际力量支配着人们。"① 或者换一个角度说:

> 个人关系向它的对立面即向纯粹的物的关系的转变,个人自己对个性和偶然性的区分,这正如我们已经指出的,是一个历史过程,它在发展的不同阶段上具有不同的、日益尖锐的和普遍的形式。在现代,物的关系对个人的统治、偶然性对个性的压抑,已具有最尖锐最普遍的形式。②

这里是说,人的力量不正常地表现为物的力量,个人的关系颠倒为物的关系,主体与客体的地位被倒置了。这一物役性问题,在前面关于分工的讨论中我们已经多次看到。可是,这个物役性是在什么意义上说的,或者说主客颠倒的发生和确定相对于什么尺度?它显然已经不是那种人应该具有的类本质("劳动")。事实上,在马克思、恩格斯这里的科学表述中,他们提出了一个新的核心概念,这就是自主活动(Selbstbstatigung,又译自我活动)。应该说,这个概念初看起来与《手稿》中的理想化"劳动"有相近点,但实际上,这是马克思、恩格斯在哲学新视界中说明人类自身发展主体地位的一个新的现实尺度。"自主活动"这一概念并不是马克思在这一逻辑层面上的终极规定,在后来的进一步研究中,马克思又将其科学地确定为人类社会历史发展中人的全面自由发展状态。

这个自主活动范式有两个统一的逻辑层面。其一,自主活动是人的现实地改造外部世界的具体的、历史的创造活动。人的自主活动在历史中的真实状况实际上是一个不断历史地确立和实现的过程,而不是一种人类先验的应该具有的类本质(或主体状态)。在人类历史发展的每一个具体时

---

① 《德意志意识形态》(节选本),人民出版社2003年版,第103页。
② 《马克思恩格斯选集》第3卷,人民出版社1960年版,第515页。

期，人们现实的自主活动总要遇到一定的物质生活条件："它们是这样一些条件，在这些条件下，生存于一定关系中的一定的个人独立生产自己的物质生活以及与这种物质生活有关的东西，因而它们是个人的自主活动的条件，而且是由这种自主活动产生出来的。"① 这也就是马克思所说的人们"表现他们生活"，但又是能在"一定的物质的、不受他们的任意支配的界限、前提和条件下活动着的"主客体辩证关系。显而易见，这是在历史辩证法客体向度中对自主活动的确定。

其二，自主活动是指人类自身在大工业物质生产中已经能够看得到的一种现实可能性，即人的自觉自由活动或历史的主导地位。马克思、恩格斯说，在人类过去的历史发展中（前三种所有制形式那种"自然形成"或"自发形成"的社会），人好像直接拥有自主活动，人的力量（直接聚集在一起）是面对物（自然）的力量的，但实际上这是一个假象！在过去的历史中，"自主活动和物质生活的生产是分开的，这是因为它们是不同人的命运"。奴隶主和地主是人的主体，而奴隶和农民则实质上成为物质生产的"会说话的工具"。同时，"物质生活的生产，由于个人本身的局限性，还被认为是自主活动的次要形式"。在那时，统治阶级少数人拥有的自主活动，正是建立在他们认为是次要的劳动人民的物质生产之上的。可是，在现代资本主义社会中，情况就大大不同了，"物质生活一般都表现为目的，而这种物质生活的生产即劳动（它现在是自主活动的唯一可能的形式，然而正如我们所看见的，也是自主活动的否定形式）则表现为手段"。这是因为，"各个个人必须占有现有的生产力总和，这不仅为了实现自主活动，而且是为了保证自己的生存。这种占有首先受所要占有的对象的制约，即受发展成为一定总和并且只有在普遍交往的范围里才存在的生产力制约"②。这也就是说，现实的自主活动变成了物的生产的手段，人的自主活动和主体地位恰恰是被否定的。人被物所奴役，人类活动的主体状态颠倒地表现为客体状态。

马克思指出，人们后来发现在过去的历史中，人的生活背离自主活动

---

① 《德意志意识形态》（节选本），人民出版社2003年版，第67—68页。
② 《德意志意识形态》（节选本），人民出版社2003年版，第73页。

的非主体状况（"非人的状态"）本身恰恰是历史的现实结果。这是因为：

人们进行生产的一定条件是同他们的现实的局限状态，同他们片面存在相适应的，这种存在的片面性只是在矛盾产生时才表现出来，因而只是对于后代存在。这时人们才觉得这些条件是偶然的桎梏，并且把这种视上述条件为桎梏的意识也强加给先前的时代。——这些不同的条件，起初是自主活动的条件，后来却变成了它的桎梏的旧交往形式被适应于比较发达的生产力，因而也适应于进步的个人自主活动方式的新交往形式所代替；新的交往形式又会成为桎梏，然后又为别的交往形式所代替。① 这就是历史，就是人的"本身力量发展的历史"。

在这里，马克思、恩格斯并没有在总体上否定人的自主活动这个重要的人类生存的主导状况，而是科学说明了这个人类主体和现实主导状态本身不是什么应该具有的本体状态，自主活动的确定和实现是人类自身客观实践能动发展的历史过程。特别需要指出，马克思、恩格斯从来没有将人类在现实生活中还不能真实确立自己的主体地位的状况（史前社会中的主客颠倒现象）视为永恒的一般历史规律。因为这正是资产阶级意识形态的实质。他们指出：只有在"个人利益变为阶级利益而独立存在的这个过程中，个人的行为不可避免地受到物化、异化，同时又表现为不依赖于个人的、通过交往而形成的力量，从而个人的行为转变为社会关系，转化为某些力量，决定着和管制着人"。实际上，只是"在一定的、当然不以意志为转移的生产方式内，总有某些异己的、不仅不以分散的个人而且也不以他们的总和为转移的实际力量统治着人"②。

在无产阶级的立场上，马克思当然要否定这种外在的物的力量对人的统治。但这种否定和批判性不再是那种"人"的抽象价值伦理要求，也不是那种逻辑的否定之否定（黑格尔式的对立面的"否定统一"），"而是过去的由物质决定的个人生产方式由物质决定的消灭，随着这种生存方式的消灭，这种对立连同它的统一也同时跟着消灭"③。这也就是说，马克思现

---

① 《德意志意识形态》（节选本），人民出版社2003年版，第68页。
② 《马克思恩格斯选集》第3卷，人民出版社1960年版，第273—274页。
③ 《马克思恩格斯选集》第3卷，人民出版社1960年版，第276页。

在认为，正是人类社会实践的能动历史发展本身开辟了人类真正获得自己主导地位的现实可能性。而这种来自于社会发展本身的现实可能性，正是他们新的革命目标——共产主义的基础。

三、通过占有和联合实现共产主义

马克思、恩格斯就已经分别从不同的道路转向了无产阶级立场，但并没有简单认同现实的社会主义思潮和共产主义运动。在《手稿》中，马克思还曾专门指出，"共产主义是最近将来的必然的形式和有效的原则"，但"共产主义本身并不是人的发展的目标，并不是人的社会的形式"①。在《德意志意识形态》中，共产主义更是直接作为现实的社会运动："共产主义对我们来说不是应当确立的状况，不是现实应当与之相适应的理想；我们所称为共产主义的是那种消灭现存状况的现实的运动。"② 这意味着在唯物主义历史观的基础上，共产主义运动得到了科学的说明，而且它根源于现有的社会历史，不是一种历史目的论式的"应有"，而是一种从现实出发，在当下历史发展中所蕴含着的"能有"。

作为一种面向未来的可能性，共产主义的条件"是由现有的前提产生的"，即生产力的普遍发展和人们普遍交往的建立。

共产主义和所有过去的运动不同的地方在于：它推翻一切旧的生产关系和交往关系的基础，并且第一次自觉地把一切自发形成的前提看作前人的创造，消除这些前提的自发性，使它们受联合起来的个人的支配。因此，建立共产主义实质上具有经济的性质，这就是为这种联合创造各种物质条件，把现存的条件变成联合的条件。③

这就是说，资本主义的发展造成了大量的生产力，对于这种生产力来说，私人所有制成了它们发展的桎梏，于是大工业第一次产生了生产力和

---

① 《德意志意识形态》（节选本），人民出版社2003年版，第311页。
② 《德意志意识形态》（节选本），人民出版社2003年版，第31页。
③ 《德意志意识形态》（节选本），人民出版社2003年版，第66页。

私有制之间的矛盾，并且创造了消灭私有制的条件。① 并且，马克思、恩格斯认为，现代的"私有制是生产力发展一定阶段上必然的交往形式，这种交往形式在私有财产成为新出现的生产力的桎梏以前是不会消灭的，并且是直接的物质生活的生产所必不可少的条件"②。

从根本上说，实现共产主义必须消灭旧式分工，因为在私有制的条件下，分工造成了物的关系对人的统治、偶然性对个性的统治。为了消灭分工，就必须扬弃私有财产（私有制），实现"无产阶级的占有制（Aneigung）"，而"占有只有通过联合才能实现，由于无产阶级本身固有的本性，这种联合又只能是普遍的，而且占有也只有通过革命才能得到实现"，"随着联合起来的个人对全部生产力的占有，私有制也就终结了"。在此意义上，无产阶级的世界历史意义也得以阐明："只有完全失去了整个自主活动的现代无产者，才能够实现自己充分的、不再受限制的自主活动，这种自主活动就是对生产力总和的占有以及由此而来的才能总和的发挥"；因为这"是以生产力的普遍发展和与此相联系的世界交往为前提的"，所以无产阶级就像共产主义一样"只有在世界历史意义上才能存在"。马克思、恩格斯最后说：

> 在共产主义社会中，即在个人的独创的和自由的发展不再是一句空话的唯一的社会中，这种发展正是取决于个人间的联系，而这种个人间的联系则表现在下列三个方面，即经济前提，一切人的自由发展的必要的团结一致以及在现有生产力基础上的个人的共同活动方式。③

以上，基本上就是马克思、恩格斯在《德意志意识形态》第一卷第一章中对资本主义的历史唯物主义批判。可是，这种批判还有一种并没有为人察觉的例外。正是在这个例外中，马克思、恩格斯关于资本主义理解和认识的尺度已大大向前推进了。这种理论推进又是与经济学研究

---

① 孙伯鍨：《探索者道路的探索》，南京大学出版社2002年版，第309页。
② 《德意志意识形态》（节选本），人民出版社2003年版，第94页。
③ 《马克思恩格斯选集》第3卷，人民出版社1960年版，第516页。

相关联的。

四、剥削关系——"现代资产阶级社会"的本质

其实,在上述马克思、恩格斯关于现代私有制社会的批判中,我们不难体会出哲学逻辑在其中所起的关键性逻辑。可是,在第一卷的第三章中,我们发现了一个例外,一个对资本主义社会哲学批判的例外,这是一个基于经济学和现实历史的批判。也是在这里,马克思、恩格斯提出了对资本主义社会的一个新的概括:"现代资产阶级社会",并且,第一次用剥削关系来指认资本主义社会的本质。

在《德意志意识形态》一书第一卷第三章的后半段,当马克思、恩格斯批判施蒂纳的道德、交往和剥削理论时,他们直接采用了自己经济学的研究成果。我们能看到,马克思、恩格斯顺着施蒂纳的思路"资产阶级时期"的说法很快形成了一个新的理念概括:"现代资产阶级社会"。马克思、恩格斯指出:"在现代资产阶级社会中,一切关系实际上仅仅服从一种抽象的金钱盘剥关系。"① 因为施蒂纳不是在黑格尔那个广义市民社会的意义上使用 bürgerliche Gesellschaft 一词,所以,马克思、恩格斯显然也开始用此词再加上"现代"的定语来直接指称资本主义社会。首先,从前面的"现代私有制"到这里的"现代资产阶级社会",这是一个极重要的逻辑进展。其次,我们发现马克思、恩格斯第一次看出了作为这个现代资产阶级社会中最重要的本质关系即"抽象的金钱盘剥关系",即剥削关系。虽然剥削关系并不是马克思、恩格斯的理论原创,但他们已经肯定性地以此来说明资本主义社会的本质。

对资产者来说,只有一种关系——剥削关系——才具有独立自在的意义;对资产者来说,其他一切关系都只有在他能够把这些关系归结到这种

---

① 《马克思恩格斯选集》第 3 卷,人民出版社 1960 年版,第 479 页。

唯一的关系中去时才有意义，甚至在他发现了有不能直接从属于剥削关系的关系时，他最少也要在自己的想象中使这些关系从属于剥削关系。这种利益的物质表现就是金钱，它代表一切事物，人们和社会关系的价值。①

马克思、恩格斯这时还没有仔细去研究这个"剥削关系"的真正内涵，而只是说明这种关系是"人们对每种能力所要求的是与它相异的产物；这是一种由各种社会关系所决定的关系，而它恰巧就是功利关系"。所谓功利关系即人与人之间在自由竞争中的合法的"相互剥削"，"在理论上宣布符合于这种资产阶级实践的意识、相互剥削的意识是一切个人之间普遍的相互关系，——这也是一个大胆的公开的进步，这是一种启蒙，它揭示了披在封建剥削上面的政治、宗法、宗教和闲逸的外衣的世俗意义，这些外衣符合于当时的剥削形式"。并且，马克思、恩格斯认为，功利和剥削的理论与资产阶级发展的不同阶段是密切关联的。

也在这里，马克思、恩格斯是在批判几乎整个资产阶级思想史中开始他们新的理论探索的，也是在这个过程中，马克思、恩格斯十分详尽地评论了资产阶级经济学的理论逻辑。首先，马克思、恩格斯认为，肯定性地描述现代资产阶级社会中这种相互剥削理论的是功利主义的老祖宗边沁。马克思、恩格斯专门标注道，黑格尔在《精神现象学》的"启蒙和迷信的斗争"一章中讨论过这一问题。而将这种东西科学化的恰恰是资产阶级的古典政治经济学。在这一理论线索中，霍布斯和洛克的理论基础是"荷兰资产阶级的较早发展"和英国资产阶级"工场手工业、海外贸易和开拓殖民地的已经比较发展的阶段"，特别是洛克的思想"属于英国经济学的第一个时期的，属于出现股份公司、英国银行和英国海上霸权的那个时期"。其次，爱尔维修、霍尔巴赫的经济理论，不仅建立在荷兰和英国的资本主义发展现实之上，而且还有资本主义在法国的发展。比他们二人更系统地反映法国资本主义经济关系的，是重农学派。"重农学派最先把政治经济学变成一个体系"，可是，"重农学派所根据的是法国的尚不发达的经济关系，当时在法国，地产起着主要作用的封建制度还没有消灭，所以他们当

---

① 《马克思恩格斯选集》第3卷，人民出版社1960年版，第480页。

了封建主义观点的俘虏,以致认为地产和农业劳动是决定整个社会制度的〔生产力〕"①。再次,剥削理论在英国是通过葛德文和边沁的思想得到了进一步的发展。第四,在穆勒的学说中,功利论与政治经济学"完全结合在一起了"。

马克思、恩格斯看到,是边沁第一次将资产阶级社会中的一切关系都归属于功利关系,"在法国革命和大工业发展以后,资产阶级已经不是一个特殊的阶级,而已成为这样一个阶级,即它的生存条件就是整个社会的生存条件"。然而,在资产阶级古典政治经济学那里,已经提出了这样一种思想:"主要的剥削关系是不以个人意志为转移,是由整个生产决定的,单独的个人都面临着这些关系。"② 这是非常重要的一个理论逻辑指认。

可是,此时马克思、恩格斯对现代资产阶级社会中的剥削关系的分析还是抽象的。因为它还没有能够深化为:在资本主义生产关系之中资本家对无产阶级的剩余价值无偿占有的剥削这样一个问题的实质。无论如何,这已经是马克思、恩格斯资本主义理解和认识上一个很了不起的理论进展了。

---

① 《马克思恩格斯选集》第3卷,人民出版社1960年版,第482页。
② 《马克思恩格斯选集》第3卷,人民出版社1960年版,第483页。